WIE MAN AN AKTIENMÄRKTEN GELD VERDIENT

Michael Sincere

WIE MAN AN AKTIENMÄRKTEN GELD VERDIENT

Bewährte Trading- und Investmentstrategien

Michael Sincere

Börsenbuchverlag

Die Originalausgabe erschien unter dem Titel
How to Profit In the Stock Market: Short-Term Trading and Investing Strategies for Beginners
ISBN 978-1-264-26731-6

Übersetzung: Rotkel. Die Textwerkstatt
Gestaltung Cover: Johanna Wack
Coverbild: Getty Images
Gestaltung und Satz: Sabrina Slopek
Lektorat: Elke Sabat
Druck: GGP Media GmbH, Pößneck

ISBN 978-3-86470-895-4

Bibliografische Information der Deutschen Nationalbibliothek:
Die Deutsche Nationalbibliothek verzeichnet diese Publikation in der Deutschen Nationalbibliografie; detaillierte bibliografische Daten sind im Internet über <http://dnb.d-nb.de> abrufbar.

BÖRSEN MEDIEN
AKTIENGESELLSCHAFT

Postfach 1449 • 95305 Kulmbach
Tel: +49 9221 9051-0 • Fax: +49 9221 9051-4444
E-Mail: buecher@boersenmedien.de
www.boersenbuchverlag.de
www.facebook.com/plassenbuchverlage
www.instagram.com/plassen_buchverlage

Für meine wunderbare Mutter und meinen wunderbaren Vater und meinen tollen Hund Chili

Für Chip, der für seinen scharfen Verstand, seine Liebe zu Katzen und für die Entwicklung eines einfachen, aber erfolgreichen Rohstoffhandelssystems in Erinnerung bleiben wird

INHALT

VORWORT

Was Sie zuerst wissen müssen

Ich möchte Ihnen dafür danken, dass Sie sich die Zeit genommen haben, mein Buch zu kaufen, einen Nachfolger meines Bestsellers „Aktien verstehen". Ich wollte ein Buch für Trader und Investoren schreiben, die keine Anfänger mehr sind, und so ist dieses Buch entstanden. Im ersten Buch habe ich Ihnen die Grundlagen beigebracht, unter anderem wie man Aktien kauft und verkauft und wie man die fundamentale und Technische Analyse anwendet.

In diesem Buch bin ich noch ein paar Schritte weiter gegangen, indem ich mich eingehender mit Indikatoren und Oszillatoren befasst sowie Kauf- und Verkaufstaktiken erforscht habe und eine Vielzahl von Strategien vorstelle, die sich an erfahrene Trader und Investoren richten. Ich freue mich, ein Buch für diejenigen geschrieben zu haben, die auf der Suche nach übergeordneten Strategien, Tools und Ideen sind.

Machen Sie sich keine Sorgen: Ich erkläre die Konzepte weiterhin in demselben freundlichen Ton und in der verständlichen Sprache, die meine anderen Finanzbücher so erfolgreich gemacht haben. Ich habe dieses Buch so geschrieben, als ob wir uns am Küchentisch unterhalten hätten.

Was Sie lernen werden

Hier sind Sie richtig, wenn Sie bereits die Grundlagen kennen und mehr über den Aktienmarkt erfahren möchten. Wie immer bei meinen Büchern habe ich versucht, auch dieses Buch nicht nur unterhaltsam, sondern vor allem lehrreich zu gestalten. Ich möchte, dass Sie Zeit und Geld sparen, und Ihnen gleichzeitig Wege aufzeigen, wie Sie Ihr Einkommen steigern und Vermögen aufbauen können.

Bevor ich dieses Buch geschrieben habe, habe ich jahrelang den Aktienmarkt getestet und bewertet. Ich habe mich dem Aktienmarkt wissenschaftlich genähert und zahlreiche Experimente durchgeführt, um herauszufinden, was funktioniert und was nicht. Als Ergebnis meiner Forschung konnte ich neue Erkenntnisse und Ideen in dieses Buch einbringen. Ich freue mich darauf, das Gelernte mit Ihnen zu teilen.

Mein Ziel ist es, Ihnen zu einem tieferen Verständnis des Aktienmarktes zu verhelfen, damit Sie Ihre Gewinne kurz- oder langfristig steigern können. Ich habe Kurse besucht, Bücher gelesen, Videos angesehen und mit Dutzenden von Profis gesprochen. Ich habe auch investiert und mit Aktien gehandelt, und dabei habe ich viele Fehler gemacht, die ich Ihnen helfen werde zu vermeiden.

Fakt ist, dass Sie dieses Buch lesen, weil Sie Geld verdienen wollen. Eine der besten Möglichkeiten, dies zu erreichen, ist die aktive Teilnahme am Aktienmarkt, entweder als Anleger oder als Trader. Wenn Sie dieses Buch zu Ende gelesen haben, sollten Sie eine Vielzahl verschiedener Methoden und Strategien gelernt haben, um damit erfolgreich zu sein.

Aktienmarktrisiken

Als Ihr Autor – eine Aufgabe, die ich sehr ernst nehme – möchte ich Ihnen sagen, dass Sie sowohl die Vorteile als auch die Risiken einer Beteiligung am Aktienmarkt kennen müssen. Trading und Investieren sind mit Risiken verbunden, genau wie alles andere, was mit den Finanzmärkten zu tun hat.

Auch wenn man nie alle Risiken ausschließen kann, so gibt es doch Möglichkeiten, sie zu minimieren. Das heißt, wenn Sie am Markt Geld verlieren, ist das zwar schmerzhaft, aber nicht verheerend für Ihr Portfolio. Deshalb ist es so wichtig zu lernen, wie man Verluste begrenzt.

Ich bin auch realistisch. Leider ist der Markt keine gute Fee, die all Ihre finanziellen Probleme lösen kann. In den meisten Fällen sind Aktien eine ausgezeichnete Investition. Ich weiß aber auch, dass man Geld verlieren kann, wenn man die falsche Aktie auswählt, wenn der Markt fällt oder wenn es eine Kurskorrektur gibt.

Deshalb ist es eines meiner Hauptziele, Ihre Aktienpositionen vor großen Verlusten zu schützen. Sie wollen keine leichte Beute sein, und deshalb gebe ich Ihnen einige Anhaltspunkte, auf die Sie achten sollten, bevor der Markt fällt. Ich zeige Ihnen sogar, wie Sie von Kursrückgängen und -einbrüchen profitieren können.

Wie das Buch aufgebaut ist

Im ersten Teil lernen Sie Kaufstrategien kennen und erfahren, wie Sie erfolgreiche Aktien finden. Tatsächlich ist die Fähigkeit, potenzielle Gewinner zu finden, der erste Schritt auf Ihrem Weg zum kurzfristigen Trader oder Investor.

Im zweiten Teil gehe ich auf die nützlichsten Indikatoren und Oszillatoren ein, von gleitenden Durchschnitten bis hin zur Stochastik, und erläutere, wie sie spezifische Kauf- und Verkaufssignale erzeugen. Ich habe zusätzliche Erkenntnisse gewonnen, indem ich viele der Entwickler der beliebtesten Indikatoren befragt habe, und teile diese mit Ihnen.

Der dritte Teil befasst sich mit Trendfolge- und Momentum-Trading-Strategien. Ich habe auch spezifische technische Signale berücksichtigt, die bei Kauf- und Verkaufsentscheidungen helfen. Viele Trader nutzen eine dieser Strategien oder beide, weshalb ich sowohl die Vorteile als auch die Risiken der einzelnen Methoden untersuche.

Jeder, der sich für Strategien mit hohem Risiko und hohen Gewinnen interessiert, wird an Teil 4 Gefallen finden. Dann führe ich Day-Trading, Gap-Trading, Kryptowährungen und Pennystocks ein. Diese Strategien sind zwar nicht für jeden geeignet, aber es kann nützlich sein, zu wissen, wie sie funktionieren. Für viele sind sie reine Unterhaltung.

Da ein Bärenmarkt, eine Kurskorrektur oder ein Crash immer droht, möchte ich, dass Sie darauf vorbereitet sind. Im fünften Teil stelle ich Ihnen die Methoden vor, die Sie anwenden sollten, um in einem volatilen Marktumfeld nicht nur zu überleben, sondern auch erfolgreich zu sein. Als zusätzlichen Bonus erkläre ich, wie Marktprofis, von erfahrenen Anlegern bis hin zu Leerverkäufern, mit Bärenmärkten umgehen. Apropos Leerverkäufe: In diesem Teil zeige ich Ihnen auch, wie man diese durchführt.

Der sechste Teil befasst sich mit Taktiken und Strategien für den Verkauf von Aktien und Optionen, was ich die Kunst des Verkaufens nenne. Zum Abschluss des Buches erkläre ich, wie man gedeckte Calls verkauft. Diese leicht zu erlernende Optionsstrategie ist ideal für jeden, der Aktien besitzt und diese an andere vermieten möchte. Selbst wenn Sie kein Interesse daran haben, Optionen zu nutzen, können Sie auf diese Strategie zurückgreifen, wenn Sie auf der Suche nach Einkommen und Cashflow sind.

Abschließend erhalten Sie von mir noch einige Ratschläge für das weitere Vorgehen, hilfreiche Quellen für weitere Informationen und ein Glossar der Indikatoren.

Jetzt ist es an der Zeit, anzufangen

Es gab noch nie einen besseren Zeitpunkt, um etwas über den Aktienmarkt zu lernen und sich daran zu beteiligen. Sie haben Zugang zu neuen Technologien, Tools und Equipment, von denen frühere Generationen nur träumen konnten.

Am wichtigsten ist, dass Sie am Ende dieses Buches wissen, wann Sie ein- und aussteigen, wann Sie kaufen und verkaufen sollten und wie Sie die Fallen vermeiden, in die die meisten Trader tappen. Es gibt noch viele weitere Strategien zu erlernen, aber mein Ziel ist es, Ihnen zumindest die Informationen zu vermitteln, die Sie benötigen, um als Trader oder Anleger des 21. Jahrhunderts erfolgreich zu sein.

Mit mir Kontakt aufnehmen

Nochmals vielen Dank, dass Sie sich die Zeit nehmen, mein Buch zu lesen. Ich weiß es zu schätzen, dass Sie von all den Büchern, die Sie hätten wählen können, meins ausgewählt haben. Ich werde mein Bestes tun, damit Sie diese Entscheidung nicht bereuen.

Mein Ziel ist es, Ihnen zu zeigen, wie Sie selbst eine anständige Summe Geld verdienen können (eine Summe, die für jede Person unterschiedlich hoch ist), sodass Sie nicht auf mich oder jemand anderen angewiesen sind.

Ich hoffe auch, dass ich Sie dazu inspirieren kann, mehr über den Aktienmarkt zu lernen, so wie ich es getan habe. Wenn Sie Fragen zu meinem Buch haben oder Fehler entdecken, können Sie mir eine E-Mail an msincere@gmail.com schicken oder meine Website www.michaelsincere.com besuchen. Ich freue mich immer, von Ihnen zu hören, und ich werde versuchen, umgehend zu antworten.

Also, an die Arbeit – es gibt viel zu lernen!

TEIL 1

DIE KUNST DES KAUFENS

In diesem Buch werde ich als Ihr persönlicher Reiseleiter fungieren und Ihnen viele verschiedene Wege aufzeigen, wie Sie Ihre finanziellen Ziele erreichen können. Der erste Schritt in diesem Prozess ist, die zu kaufenden Aktien zu identifizieren.

Nicht jeder ist sich dessen bewusst, aber es ist eine Kunst, Aktien zu kaufen. Der wissenschaftliche Aspekt des Aktienmarktes ist die Technische Analyse, die Sie im zweiten Teil kennenlernen werden. Zum „künstlerischen" Teil gehört nicht nur, die Signale richtig zu interpretieren, sondern auch, den richtigen Trade zum richtigen Zeitpunkt zu tätigen. Im ersten Teil stelle ich Ihnen viele hilfreiche Taktiken und Strategien vor.

Der schwierige Teil des Tradens besteht nicht nur darin, einen Gewinn zu erzielen, sondern diesen auch zu halten. Dies ist eine Herausforderung für alle Marktteilnehmer. Nehmen wir zum Beispiel an, dass zwei große Aktienanalysten, Warren Buffett und Peter Lynch, Ihnen gesagt haben, dass sie ein Unternehmen, YYYY Manufacturing (kein reales Unternehmen), für gut halten, weil dessen Gewinne in den nächsten Jahren erheblich steigen werden. Sie empfehlen Ihnen, die Aktie von YYYY zu kaufen.

Am nächsten Morgen nach Börseneröffnung melden Sie sich in Ihrem Account an und kaufen 400 Aktien von YYYY. Nun raten Sie mal! Die Chancen stehen sehr gut, dass Sie in einem Monat statt der großen Gewinne, von denen Sie geträumt haben, Verluste machen. Wie ist das möglich?

Diese Geschichte ist unter Tradern weitverbreitet. Trader und Investoren kaufen oft gute Aktien, aber zum falschen Zeitpunkt. Andere kaufen zu einem günstigen Zeitpunkt, müssen aber zusehen, wie ihre gesamten Gewinne verschwinden, weil sie die Verkaufssignale ignoriert haben. Andere kaufen Aktien, verlieren dann die Geduld und verkaufen sie, kurz bevor der Kurs steigt.

Ich werde Ihnen die Wahrheit sagen: Während es einfach ist, den wissenschaftlichen Teil des Tradens (technische und fundamentale Analyse) zu lehren, ist es eine Herausforderung, zu vermitteln, wie man gewinnbringend kauft und verkauft. Wenn Sie sich zum Beispiel emotional zu sehr auf eine Aktie einlassen oder die technischen Signale falsch deuten, werden Sie höchstwahrscheinlich ein schlechtes Ergebnis erzielen.

Die gute Nachricht ist, dass Sie Ihre Trading-Skills mit Übung und dem richtigen Buch zum Thema Trading (ich frage mich, welches!) verbessern können. Niemand hat behauptet, dass es einfach ist, Gewinne zu erzielen, aber ich werde Ihnen erklären, wie man es schaffen kann. Wie Sie ebenfalls feststellen werden, gibt es überall potenzielle Gewinner. Der Schlüssel liegt darin, die Spreu vom Weizen zu trennen, sprich die Gewinner von den Verlierern.

Sie fragen sich vielleicht: Wenn es so einfach ist, Gewinner zu finden, warum macht dann nicht jeder Geld an der Börse? Gute Frage. Ich hoffe, dass Sie am Ende des Buches zu der glücklichen Gruppe von Tradern und Anlegern gehören werden, die nicht nur gewinnbringende Aktien finden, sondern auch Geld mit ihnen verdienen. Und nun lassen Sie uns lernen, wie man Gewinner-Aktien findet.

Hinweis: Ich gehe davon aus, dass Sie bereits wissen, wie man Orders zum Kauf und Verkauf von Aktien erteilt. Falls nicht, werden die einzelnen Schritte in meinem früheren Buch „Aktien verstehen“ ausführlich beschrieben.

Kapitel 1

SO FINDEN SIE GEWINNER-AKTIEN

Ganz gleich, wie gut Ihre Strategie, Ihr Equipment oder die technischen Indikatoren sind: Wenn Sie die falschen Aktien auswählen, werden Sie wahrscheinlich Geld verlieren. Einer der Schlüssel zum Erfolg als Trader oder Investor ist es daher, einen potenziellen Gewinner zu finden. Genau das werden Sie in diesem Kapitel lernen, und ich kann gar nicht genug betonen, wie wichtig das ist.

Es gibt viele Möglichkeiten, erfolgreiche Aktien zu entdecken. Die meisten Trader nutzen die Technische Analyse, einige betrachten die fundamentalen Informationen, während andere die Scanning-Software ihres Brokers nutzen. Es gibt nicht die eine, beste Methode, denn es ist immer eine persönliche Entscheidung.

Bevor Sie einen Gewinner finden können, benötigen Sie Suchkriterien. Offensichtlich haben fast alle Marktteilnehmer unterschiedliche Meinungen darüber, welche Aktien es in den Kreis der Gewinner schaffen werden. Wichtig ist, dass man die richtige Aktie zum richtigen Zeitpunkt wählt. Wenn Sie das tun können, stehen Ihre Chancen gut, einen Tag, eine Woche, einen Monat oder länger Geld zu verdienen.

Wenn Sie sich hingegen für eine Aktie entscheiden, die Verluste macht, ist die Wahrscheinlichkeit hoch, dass Sie Geld verlieren, egal wie gut Ihre Trading-Skills sind. Seien Sie auch vorsichtig, wenn Sie Aktien kaufen, die Ihnen ein besserwisserischer Anpreiser im Fernsehen oder ein schlecht informierter Bekannter empfiehlt. Oftmals entpuppen sich diese Aktien als Blindgänger. (Diese Aktien sollten zunächst auf eine sogenannte *Watchlist* gesetzt werden, auf die ich im Exkurs am Ende dieses Kapitels näher eingehe.)

In diesem Buch zeige ich Ihnen verschiedene Möglichkeiten, Gewinner zu finden und Verlierer zu vermeiden. Oft erwähne ich eine Reihe von Trophäenaktien, die in der Vergangenheit gut abgeschnitten haben. Beachten Sie jedoch, dass es zwar hilfreich ist, etwas über Aktien aus der Vergangenheit zu erfahren, ich mich jedoch darauf konzentriere, Ihnen bei der Suche nach Aktien zu helfen, die in der Zukunft erfolgreich sein könnten.

Mit den sich ändernden wirtschaftlichen Bedingungen und im Laufe der Jahre wird sich auch die Liste der potenziellen Gewinner verändern. Viele der erfolgreichen Aktien, die in diesem Buch erwähnt werden, könnten mit dem technologischen Fortschritt und den sich ändernden wirtschaftlichen Bedingungen in Ungnade fallen. Ich möchte Sie ermutigen, gründlich zu überlegen, welche Kriterien Sie wählen.

Machen Sie sich keine Sorgen, wenn Sie nicht wissen, wo Sie anfangen sollen. In diesem Kapitel gebe ich Anregungen, worauf man beim Kauf von Aktien achten sollte. Die Aktientipps können für jede in diesem Buch behandelte Strategie verwendet werden, einschließlich *Trend-*, *Momentum-*, *Swing-* und *Positions-*Trading. Wählen Sie Aktien aus, die für die von Ihnen verwendete (oder geplante) Strategie und Methode geeignet sind.

Wie man eine Gewinner-Aktie findet

Wie Sie bereits gelesen haben, gibt es überall Gewinner-Aktien. Sie erhalten Tipps über Finanz-Websites, Zeitschriftenartikel, von Vermögensverwaltern und TV-Persönlichkeiten, die Dutzende von Aktien vorschlagen. Fast jeder hat Aktientipps und die Leute teilen sie bereitwillig mit Ihnen.

Im Folgenden finden Sie einige Kriterien, nach denen Sie suchen sollten, um starke Aktien zu finden, die das Potenzial haben, sich nach oben zu entwickeln (oder nach unten, wenn Sie gegen den Markt wetten). Dies ist die Art von Aktien, mit denen sowohl Trader als auch Investoren in der Regel traden wollen.

Hinweis: Sie müssen sich nicht auf Aktien beschränken. Viele Trader bevorzugen zum Beispiel das Trading mit *börsengehandelten Fonds* (Exchange Traded Funds, kurz ETFs). Die drei beliebtesten und liquidesten börsengehandelten Fonds sind SPY, QQQ und IWM, die den S&P 500, den Nasdaq und den Russell 2000 abbilden. Eine andere Möglichkeit ist das Trading mit einzelnen Sektoren wie Technologie, Einzelhandel, Pharmazeutika oder Rohstoffen.

Hinweis: Ich zeige Ihnen zwar, wie Sie gewinnbringende Aktien finden können, aber eine andere Möglichkeit ist, die Scanning-Software auf der Website Ihres Brokers zu nutzen, um Kandidaten zu finden, die die von Ihnen festgelegten Kriterien erfüllen. Sie haben noch keine Kriterien? Keine Sorge, Ihnen werden Dutzende einfallen, wenn Sie im zweiten Teil über die Indikatoren und Oszillatoren lesen.

Tipps zum Kauf von Aktien

Die folgenden Überlegungen sollten Sie dazu anregen, darüber nachzudenken, wie Sie gewinnbringende Aktien finden können. Führen Sie ein Trading-Tagebuch, in dem Sie alle neuen Perspektiven festhalten. Einige der besten Hinweise stammen von den Produkten, die Sie kaufen, den Geschäften, in denen Sie einkaufen, und den Dienstleistungen, die Sie nutzen.

Tipp Nr. 1: Suchen Sie nach Aktien, die 52-Wochen-Hochs oder -Tiefs erreichen

Eine der einfachsten Möglichkeiten, potenzielle Gewinner zu finden, ist ein Blick auf die Liste der Aktien, die neue 52-Wochen-Hochs oder -Tiefs erreicht haben. Diese Listen finden Sie in der Software Ihres Brokers oder auf zahlreichen Finanz-Websites wie MarketWatch, Yahoo Finance, Google Finance, *Barron's*, dem *Wall Street Journal*, Barchart, CNN Money und Market Chameleon.

Aktien, die an oder in der Nähe ihrer Allzeithochs gehandelt werden, erhalten die meiste Aufmerksamkeit. Die Liste der 52-Wochen-Hochs ist für Momentum- und Trend-Trader, die häufig Aktien in der Nähe von Allzeithochs kaufen, äußerst interessant. Auf der anderen Seite können *Contrarians* gegen dieselben Aktien wetten.

Viele Institutionen wie Investmentfonds und Hedgefonds sind ebenfalls an Aktien interessiert, die auf Jahreshöchstständen gehandelt werden. Am Ende eines jeden Quartals stürzen sich viele Manager auf Aktien, die Allzeit- oder Jahreshöchststände erreichen, während sie Verlierer abstoßen. Der Besitz erfolgreicher Aktien lässt die Vermögensverwalter clever erscheinen, was die Kunden zufriedenstellt und gleichzeitig neue Anlegergelder anzieht.

Tipp Nr. 2: Finden Sie Aktien mit hohem Volumen

Aktien, die sich durch ein hohes *Volumen* auszeichnen, werden oft kurz- und langfristig gehalten. Das Volumen ist der Treibstoff, der Aktien nach oben oder unten treibt. Je höher das Volumen ist, desto stärker ist der Trend und desto größer ist die Wahrscheinlichkeit, dass die Aktie eine Halteposition wird.

Ein Vorteil des Kaufes volumenstarker Aktien ist, dass sie *liquide* sind (leicht zu kaufen und zu verkaufen). Liquide Aktien werden aktiv gehandelt (eine Million oder mehr täglich gehandelte Aktien). Andererseits sind die Geld-Brief-Spannen bei illiquiden Aktien in der Regel größer, sodass es schwierig ist, eine gute Ausführung für Ihren Trade zu erhalten.

Achten Sie daher auf Aktien mit einem überdurchschnittlich hohen Volumen. Die brachiale Kraft des hohen Volumens macht einige dieser Aktien unaufhaltsam, insbesondere während eines Bullenmarktes. Diese Aktien haben das Potenzial, große Gewinner zu sein.

Sie sollten auch Aktien mit einem hohen „relativen" Volumen identifizieren. Dies sind Aktien, deren Volumen in letzter Zeit so stark gestiegen ist, dass sie Ihre Aufmerksamkeit verdienen. Wenn zum Beispiel eine Aktie, die normalerweise mit einer Million Anteilen gehandelt wird, jetzt mit zehn Millionen Anteilen gehandelt wird, sollte sie auf Ihre Watchlist gesetzt werden. Höchstwahrscheinlich haben die Institutionen die Aktie entdeckt, und es ist oft eine gute Idee, Aktien mit einem starken institutionellen Rückhalt zu finden.

Hinweis: Es gibt Trader, die kein Interesse daran haben, das „Übliche" zu kaufen, das heißt die bekanntesten und am meisten gehandelten Aktien. Stattdessen bevorzugen sie den Kauf von weniger bekannten, preisgünstigen Aktien mithilfe von Momentum-Strategien.

Einige dieser Aktien mit geringer Liquidität sind leicht zu kaufen, aber schwer zu einem für Sie günstigen Preis zu verkaufen. Da einige Trader diese Strategien und diese Aktien lieben, erörtere ich in Kapitel 10 die Vor- und Nachteile des Kaufes von Momentum-Aktien.

Tipp Nr. 3: Finden Sie Aktien, die vorbörslich steigen

Identifizieren Sie Aktien, die bereits *vorbörslich* um ein oder zwei Prozent (oder mehr) gestiegen sind. Aktien, die mit einem Plus von einem oder zwei Prozent (bzw. einem oder zwei Punkten bei einigen Aktien) aus den Startlöchern kommen, werden wahrscheinlich den ganzen Vormittag und vielleicht den ganzen Tag oder länger weiter steigen.

Es gibt keine Garantie dafür, dass sie nach der Eröffnungsglocke weiter steigen werden, denn vieles hängt vom allgemeinen Marktumfeld ab. Hinzu kommt, dass einige Aktien, die bei der Eröffnung stark gestartet sind, ins Stocken geraten und die Richtung ändern.

Es ist relativ einfach, Aktien zu identifizieren, die zu den frühen Gewinnern gehören. Der schwierige Teil besteht darin, diejenigen zu finden, die den ganzen Tag oder die ganze Woche über nach oben tendieren. Natürlich ist die Suche nach erfolgreichen Aktien nur der erste Schritt. Sie sollten das gesamte Buch lesen, um zu lernen, wie Sie zum richtigen Zeitpunkt einsteigen und mit Gewinn aussteigen. In der Regel benötigen Sie die Technische Analyse zur Orientierung.

Wichtig: Eröffnet eine Aktie höher, ist dies noch kein ausreichender Grund, sie zu kaufen. Verfolgen Sie die Gewinner und versuchen Sie herauszufinden, welche das größte Potenzial haben. Auf keinen Fall sollten Sie Aktien *hinterherlaufen*, vor allem nicht solchen, die bei der Eröffnung extrem hoch notieren *(Gapping-Aktien)*. Es kommt vor, dass Aktien nach der Markteröffnung in die Höhe schnellen, dann aber ins Stocken geraten und schnell wieder zurückfallen.

Der wichtigste Punkt ist, dass Aktien, die bei der Eröffnungsglocke stark starten und durch ein bullishes Marktumfeld unterstützt werden, eine ausgezeichnete Chance haben, den ganzen Tag über nach oben zu tendieren. Diese Aktien sind echte Gewinner und viele von ihnen sind zumindest für den heutigen Tag (und vielleicht auch länger) nicht zu stoppen.

Trading-Hinweis: Wenn Sie sich für das Trading mit diesen Aktien entscheiden, machen Sie nicht den Fehler, in den ersten fünf Minuten einen Trade zu platzieren (was Trader als „Amateurstunde" bezeichnen). Da die gegensätzlichen Orders bei der Eröffnung so volatil sind, kann man leicht in die Irre geführt werden, was eine schlechte Ausführung zur Folge hat. Die Kaufstrategien werden in Kapitel 2 ausführlich erörtert.

Hinweis: Einige der Websites, die Aktien auflisten, die sich vorbörslich nach oben oder unten bewegen, sind MarketWatch, CNN Money, Yahoo Finance, Google Finance, Market Chameleon und Barchart.

Tipp Nr. 4: Identifizieren Sie Aktien in einer Handelsspanne

Einige Trader oder kurzfristige Anleger sollten nach Aktien Ausschau halten, die sich in einer vorhersehbaren Handelsspanne bewegen, zum Beispiel zwischen 40 und 50 Dollar pro Aktie. Bei dieser Strategie kaufen Sie, wenn sich die Aktie in der Nähe der unteren Spanne bewegt (zum Beispiel bei 40 Dollar in diesem Beispiel), und reduzieren oder verkaufen die Position in der Nähe der oberen Spanne (zum Beispiel bei 50 Dollar).

Die gute Nachricht ist, dass es immer wieder Aktien wie diese gibt, die darauf warten, entdeckt zu werden. Um nach geeigneten Kandidaten zu suchen, sollten Sie Langzeit-Aktiencharts zurate ziehen.

Früher waren General Electric und IBM die idealen Kandidaten. Man konnte am unteren Ende einer Handelsspanne kaufen und am oberen Ende verkaufen. Jahrelang konnten sich Anleger darauf verlassen, dass Aktien wie diese in einer klar definierten Spanne bleiben und nicht nach unten oder oben ausbrechen.

Gelegentlich steigen Aktien, die innerhalb einer Spanne gehandelt werden, deutlich an (sie brechen aus), was Anleger und Trader gleichermaßen erfreut. In den letzten Jahren haben Aktien wie Apple, Alphabet, Netflix und viele andere den *Widerstand* durchbrochen und nie zurückgeschaut.

Hinweis: Aktien, die innerhalb einer Handelsspanne gehandelt werden, haben sowohl einen *Unterstützungs-* als auch einen *Widerstandspreis*, die wir in Kapitel 3 besprechen werden.

Im obigen Beispiel waren 40 Dollar die Unterstützungsmarke und 50 Dollar die Widerstandsmarke. Wenn eine Aktie den Widerstand durchbricht, sind viele Trader und Anleger von den kurz- und langfristigen Aussichten des Unternehmens begeistert. Viele betrachten dies als eine Kaufgelegenheit.

Tipp Nr. 5: Kaufen Sie „Langweiler-Aktien“

Es gibt nichts Befriedigenderes, als eine „Langweiler-Aktie“ zu finden, die sich in eine stabile, relativ gleichmäßige Richtung (in der Regel nach oben) bewegt, mit nur ein paar kleinen Ausreißern auf dem Weg. Einige der Aktien, die dieses Kriterium erfüllen, sind Walmart, Home Depot, Lowe's und Johnson & Johnson. Da diese Aktien über Jahre hinweg stiegen, war der Kauf solcher Aktien ein lohnendes Unterfangen. Langweiler-Aktien können Jahr für Jahr konstante Gewinne erwirtschaften.

Halten Sie während der Lektüre dieses Buches Ausschau nach anderen Aktien, die über hervorragende Fundamentaldaten verfügen und sich in einem Aufwärtstrend befinden. Es handelt sich oft um bekannte Aktien, die von großen Institutionen bevorzugt werden, aber für manche Kleinanleger nicht spannend genug sind.

Die Aktien von Banken und Versicherungen sind oft ausgezeichnete Kandidaten – die Art von Aktien, die Warren Buffett gern kauft, auch wenn einige von ihnen vielleicht zum Einschlafen sind. Vielleicht sind einige dieser Aktien nicht so attraktiv wie die von einigen Tradern bevorzugten „Go-Go“-Aktien, aber solange sie sich weiter nach oben bewegen, kann man mit ihnen kaum etwas falsch machen (zumal viele auch satte *Dividenden* ausschütten).

WARNUNG: Auch wenn viele der hier erwähnten Aktien einst ideale Kandidaten waren, gibt es keine Garantie, dass das auch in Zukunft so sein wird. Deshalb ist es wichtig, weiterhin nach neuen Kandidaten zu suchen.

Tipp Nr. 6: Finden Sie Aktien mit Relativer Stärke

Achten Sie auf einzelne Aktien, die sich in eine andere Richtung als der Gesamtmarkt bewegen. Wenn zum Beispiel der gesamte Markt rückläufig ist, aber eine Handvoll Aktien stagniert oder steigt, sollten Sie diese Aktien auf Ihre Watchlist setzen und auf mögliche Aufwärtsbewegungen hin beobachten. Auf der Grundlage der Relativen Stärke haben sich diese Aktien besser entwickelt als der Index und wahrscheinlich viele andere Wertpapiere.

Genau genommen ist die Relative Stärke eine Kennzahl, die die Kursentwicklung einer Aktie mit der eines Index, eines Sektors oder einer anderen Aktie über einen bestimmten Zeitraum vergleicht. Eine Aktie, die vom Gesamtmarkt nach oben abweicht, besitzt eine sogenannte „Relative Stärke“. Mit anderen Worten: Die Aktie hat sich besser entwickelt als der Gesamtmarkt oder der Index.

Umgekehrt werden Aktien, die sich im Vergleich zum Gesamtmarkt nach unten bewegen, als „relativ schwach“ bezeichnet. Dies ist eine der ältesten Methoden unter den Tradern und sie kann zur Entdeckung von Gewinner-Aktien führen.

Aktien mit einer hohen Relativen Stärke sind oft die ersten, die sich erholen, wenn der Markt nach einem Ausverkauf wieder ansteigt (und nachdem die Aktie ihren Tiefpunkt erreicht hat). Sie überleben den Ausverkauf und profitieren von der Trendwende nach oben. Dies ist nur einer von vielen Gründen, warum es nützlich ist, die Relative Stärke zu verstehen und anzuwenden, wenn man Aktien kauft.

Hinweis: Verwechseln Sie den oben erwähnten Begriff der *Relativen Stärke* nicht mit dem Relative-Stärke-Index (RSI), über den Sie in Kapitel 5 lesen werden.

Tipp Nr. 7: Finden Sie „Homerun"-Aktien

Suchen Sie nach Aktien, die innerhalb von Monaten das Potenzial haben, sich vom Einstieg bis zum Ausstieg um 15 bis 25 Prozent zu bewegen. Die Idee ist, eine dieser Schönheiten ihre Magie entfalten zu lassen, bis sie voll ausgereift ist.

Es ist nicht einfach, eine Aktie zu finden, die solch einen Homerun hinlegt – also ein Selbstläufer ist. Solche Aktien sind oft unauffällig und stehen bei vielen Tradern nicht auf der Watchlist. Als Apple in den 1990er-Jahren auf unter sechs Dollar pro Aktie fiel, war das rückblickend einer der größten Homerun-Trades der Geschichte. Nachdem Steve Jobs triumphierend zurückkehrte und den Apple iPod entwickelte, ist der Rest Geschichte.

Obwohl Apple die perfekte Selbstläufer-Aktie war, gibt es Gelegenheiten wie diese nicht oft. Es war auch kein einfacher Trade, denn es bestand das Risiko, dass sich Apple nicht von seinem Debakel erholen würde.

Der ideale Zeitpunkt, um eine Selbstläufer-Aktie zu finden, ist in der Regel nach einem größeren Rückschlag oder einer Korrektur. Das bedeutet, dass man nach einer stark überverkauften Aktie sucht, die vorübergehend unter Druck geraten ist. Wenn Sie einen dieser „Rohdiamanten" finden, haben Sie die Chance, einen Volltreffer zu landen.

Diese Strategie ist für jeden geeignet, der bereit ist, auf eine seltene Gelegenheit zu warten, um von besonderen Situationen zu profitieren (zum Beispiel in Krisenzeiten). Während alle anderen Angst haben und vor dem Aktienmarkt davonlaufen, kaufen Sie angeschlagene Aktien, die vorübergehend in der Klemme stecken. Mit der richtigen Aktie können Sie erhebliche Gewinne erzielen.

Trading-Hinweis: Wenn Sie einen geeigneten Kandidaten identifiziert und ein Kaufsignal erhalten haben, sollten Sie erwägen, den Trade zu *skalieren* (anstatt die Einmalanlage-Methode zu verwenden). Der Schlüssel zum Erfolg bei dieser Methode ist das Warten auf ein Kaufsignal. Nach dem Kauf sollten Sie dem Bestand Zeit geben, sich zu entwickeln und zu reifen. Es handelt sich nicht um einen kurzfristigen Trade, sondern um *Positions-Trading* (Position mehrere Monate oder länger halten). Warten Sie ab, bis Ihre Gewinnziele erreicht sind (und wenn nicht, begrenzen Sie Ihre Verluste).

Tipp Nr. 8: Vergessen Sie nicht die Grundlagen

In diesem Buch konzentrieren wir uns hauptsächlich auf die Technische Analyse. Wie ich jedoch in meinem Buch „Aktien verstehen" erörtert habe, empfehle ich Ihnen, bei der Suche nach Aktienkandidaten Vermögenswerte, Verbindlichkeiten und andere grundlegende Daten zu berücksichtigen.

Aktien mit ausgezeichneten Fundamentaldaten weisen in der Regel über mehrere Jahre hinweg steigende Umsätze und Erträge auf, können Dividenden ausschütten und haben wenig oder keine Schulden. Die Fundamentaldaten finden Sie auf der Website Ihres Brokers oder auf den Internetseiten, die im Abschnitt „Quellen" am Ende des Buches genannt werden. Oftmals ist das Studium von Fundamentaldaten ein idealer Ausgangspunkt für die Suche nach Aktien zum Kauf.

Der berühmte Fondsmanager Peter Lynch nutzte die Fundamentalanalyse, um preisgünstige Aktien erstklassiger Unternehmen zu finden. Er studierte die Bilanz eines Unternehmens, um jene zu identifizieren, deren Aktien er besitzen wollte.

Lynch war immer auf der Suche nach Aktien, die das Potenzial hatten, das Zehnfache ihrer Anschaffungskosten zu erzielen. Er nannte diese Aktien „Tenbagger", ein Begriff, den er geprägt hat. Diese Selbstläufer-Aktien weisen extrem hohe Erträge auf und sind zudem sehr günstig.

Ich hoffe, dass Sie nun eine Idee davon haben, welche Aktien Sie kaufen sollten (im nächsten Kapitel, wenn wir uns mit der Technischen Analyse beschäftigen, wird es noch mehr Tipps dazu geben). Wenn Ihre Liste der Aktienkandidaten wächst, müssen Sie diese im Auge behalten. Deshalb ist es wichtig, eine Watchlist zu erstellen.

ERSTELLEN SIE EINE WATCHLIST

Das Führen einer aktuellen Watchlist ist für Ihren Erfolg als Trader unerlässlich. Es handelt sich um eine Liste von Aktien, ETFs oder anderen Wertpapieren, die Sie verfolgen und deren Kauf Sie in Erwägung ziehen. Jeder Broker macht es Ihnen leicht, mit seiner Software eine oder mehrere Watchlists zu erstellen.

Sie könnten zum Beispiel eine Liste mit Aktien eines bestimmten Sektors wie Technologie oder Einzelhandel erstellen oder eine Liste mit preisgünstigen Aktien, die Sie kaufen möchten, oder sogar eine Liste mit Aktien, die von Tippgebern stammen.

Der erste Schritt besteht darin, Aktien hinzuzufügen, die Ihren Kriterien entsprechen. Die Watchlist sollte so viele oder so wenige Aktien enthalten, wie Sie leicht überwachen können. Ihre Liste kann aus einigen Dutzend und mehr Einträgen bestehen, Fachleute führen nicht selten Listen mit Hunderten von Einträgen.

Die Watchlist enthält grundlegende Informationen wie den Aktienkurs, das Volumen und andere wichtige Trading-Details. Sie können die Watchlist über das iPad oder ein anderes Tablet, einen Computer oder Ihr Smartphone einsehen.

Viele Aktien auf Ihrer Watchlist weisen eine hohe Korrelation zum Gesamtmarkt auf und stellen die Kerngruppe der von Ihnen beobachteten Aktien dar.

Eine weitere beliebte Methode, um potenzielle Gewinner zu finden, ist die Verwendung eines *Aktienscreeners*. Ein Aktienscreener (auch Aktienscanner genannt) ist ein hervorragendes Tool, um nach Aktien zu suchen, die beliebigen, von Ihnen festgelegten technischen oder fundamentalen Kriterien entsprechen. Bei der Lektüre dieses Buches werden Sie sich Ihre eigenen Kriterien überlegen (zum Beispiel Aktien, die 52-Wochen-Hochs oder -Tiefs erreicht haben).

Ihr Broker sollte einen Aktienscreener in seiner Trading-Software integriert haben. Zu den Finanz-Websites mit Aktienscreenern gehören außerdem Yahoo Finance, Google Finance, Barchart, MarketWatch, Finviz, MSN Money, Market Chameleon und andere.

> *Hinweis:* Ihre Watchlist sollte auch die drei wichtigsten Indizes enthalten: Dow Jones Industrial Average (DJIA), Standard & Poor's 500 (SPX) und Nasdaq Composite Index (IXIC). Außerdem sollten zumindest ETFs wie SPY und QQQ auf Ihrer Watchlist stehen.

• • • • • •

Nachdem ich Ihnen nun einige Tipps gegeben habe, wie Sie gewinnbringende Aktien finden können (und ich weiß, dass Sie weitere entdecken werden), werde ich im nächsten Kapitel eine Reihe von Kauftaktiken vorstellen, die hilfreich sein können.

Kapitel 2

KAUFSTRATEGIEN UND -TAKTIKEN

In diesem Kapitel werde ich eine Reihe von Kaufstrategien vorstellen. Was ist der Unterschied zwischen einem Amateur-Trader und einem professionellen Trader? Die Profis haben Trading-Strategien, Taktiken und Möglichkeiten im Voraus durchdacht. Nur wenige erfahrene Trader machen impulsive, emotionale Käufe und das sollten Sie auch nicht.

Nachdem sie einen potenziellen Gewinner gefunden haben, kaufen viele Trader die Aktie sofort, manchmal schon wenige Minuten nach der Eröffnungsglocke. Wenn Sie einen potenziellen Gewinner finden, müssen Sie ihn nicht *sofort* kaufen. Sollten Sie von einem Gefühl der Verzweiflung überwältigt werden, empfehle ich dringend, den Trade nicht zu tätigen. Es ist wichtig zu lernen, dass „jetzt" selten ein guter Zeitpunkt ist, um einen neuen Trade zu beginnen. Wenn überhaupt, könnte es der richtige Zeitpunkt sein, einen schlechten Trade zu beenden. Viele Aktien, die man aus Angst oder Gier kauft, entpuppen sich oft als Verlierer.

Andere haben so viel Angst, den Trade zu verpassen, dass sie so viele Aktien kaufen, wie sie sich leisten können. Alles, woran sie denken können, ist das Geld, das sie verlieren könnten, wenn sie den Trade nicht machen. Dieses emotionale Leiden, bekannt als *FOMO* (fear of missing out, deutsch: Angst, etwas zu verpassen), ist bei ängstlichen Tradern weitverbreitet.

Um Ihnen die Kaufentscheidung zu erleichtern, finden Sie im Folgenden drei Kaufstrategien. Wählen Sie diejenigen aus, die für Sie am sinnvollsten sind. Die erste Kaufstrategie, das Skalieren einer Investition, ist eine clevere Art zu kaufen, ohne große Einsätze zu tätigen, und bietet eine Möglichkeit, das Risiko zu minimieren.

Strategie Nr. 1: Skalieren einer Investition

Nachdem sie entschieden haben, dass eine Aktie kaufenswert ist, nutzen viele Trader die Methode der Einmalanlage. Sie kaufen so viele Anteile, wie sie sich leisten können (oder wollen), zum Beispiel 1.000 Aktien auf einmal. Auch wenn diese Methode einige Vorteile hat, kann es riskant sein, eine Handvoll Dollar auf eine beliebige Aktie zu setzen, vor allem, wenn sich die Aktie in die falsche Richtung bewegt.

Eine strategischere Kaufmethode ist das *Skalieren* einer Investition. Nehmen wir zum Beispiel an, dass Sie am Kauf von XYZ interessiert sind. Anstatt 1.000 Dollar auf einmal zu investieren, sollten Sie zunächst 200 Dollar in XYZ investieren. Mit anderen Worten: Sie „staffeln" die Käufe über einen kurzen oder langen Zeitraum und verwenden bei jeder Rate nur einen Teil Ihres Kapitals.

Lehnen Sie sich nach dem Kauf zurück und beobachten Sie, wie sich die Aktie entwickelt. Ich empfehle Ihnen, der Aktie etwas Zeit zu geben, bevor Sie weitere Anteile hinzufügen. Wenn sich der Aktienkurs nicht bewegt, warten Sie erst einmal ab, bevor Sie die Position aufstocken.

Das Skalieren eines Trades ist eine wirkungsvolle Risikomanagementmethode, die Sie in Betracht ziehen sollten. Auch wenn Sie die

Aktienkurse nicht kontrollieren können, so haben Sie doch die Kontrolle über den Umfang Ihres Trades.

Dies ist einer Ihrer besten Hebel zur Risikokontrolle.

Skalieren von Gewinnern

Wenn die Aktie im obigen Beispiel nach dem Kauf ansteigt, können Sie zu einem „geeigneten“ Zeitpunkt weitere 200 Dollar ausgeben (lesen Sie den nächsten Abschnitt für genauere Ratschläge). Diese Kaufstrategie besteht darin, auf Gewinner zu setzen, sobald sie sich nach oben bewegen.

Viele Trader, deren Mantra lautet, „billig kaufen, teuer verkaufen“, sind nicht bereit, auf Gewinner zu setzen. Die Idee, zu höheren Preisen zu kaufen, widerspricht allem, was diesen Tradern beigebracht wurde. Wenn Sie es nicht ertragen können, Aktien zu höheren Kursen zu kaufen, dann wird Ihnen diese Skalierungsmethode vielleicht nicht gefallen. Dennoch empfehle ich, sie ernsthaft in Erwägung zu ziehen.

Höher skalieren

Wenn Sie die oben erwähnte Methode des „höher Skalierens“ anwenden, fragen Sie sich vielleicht, wann Sie Ihre Position aufstocken sollten. Das ist eine ausgezeichnete Frage. In der Tat ist beim Skalieren nicht der erste Trade der wichtigste, sondern der zweite. Er wird über den Erfolg oder Misserfolg Ihrer Strategie entscheiden. Vergewissern Sie sich, dass alle zusätzlichen Käufe strategisch und nicht zufällig erfolgen.

Der erste Trade ist einfacher, weil er getätigt wird, wenn die Aktie auf ihrem Weg nach oben ist. Die Hoffnung ist, dass die Aktie weiter steigt (und wenn nicht, können Sie Ihre Verluste zu einem vorher festgelegten Preis schnell begrenzen). Solange die Aktie stetig steigt, können Sie langsam in die Position einsteigen.

Wenn Sie mit der Richtung des Aktienkurses richtigliegen, wird sich Ihre Position rentieren. Wenn sich die Aktie nach oben bewegt, kommt der Punkt, an dem Sie aufhören sollten, einzusteigen (das ist der schwierige Teil). Ein solcher Zeitpunkt ist dann gegeben, wenn Sie voll investiert sind, das heißt, wenn die 1.000 Dollar, die Sie für diese Position vorgesehen hatten, investiert wurden.

Mit anderen Worten: Skalieren Sie nicht wahllos, wann immer Ihnen danach ist, sondern tun Sie es nach Plan. Das Letzte, was Sie tun möchten, ist, eine Gewinnposition aufzustocken, die *überkauft* ist und Gefahr läuft, sich umzukehren. Dies ist die sogenannte Bullenfalle, eine schmerzhafte Erfahrung, die bullishe Trader vermeiden wollen.

Keine Verlierer skalieren

Wenn die Aktie, die Sie gerade gekauft haben, in die falsche Richtung geht, werden Sie froh sein, dass Sie (in diesem Beispiel) nur 200 Dollar in diese Position investiert haben. Anstatt 1.000 Dollar zu verlieren, haben Sie den Verlust auf 200 Dollar begrenzt.

Wichtig: Wenn Sie mit Ihrem ersten Kauf Geld verlieren, kaufen Sie keine weiteren Anteile. Der Versuch, in ein fallendes Messer zu greifen, ist ein weiterer Schritt auf dem Weg zur Niederlage, den Sie nicht unternehmen sollten. Behalten Sie folgendes Sprichwort stets im Hinterkopf: Nur Verlierer setzen auf Verlierer.

Strategie Nr. 2: Buy the Dip

Viele Trader lieben es, nach dem Prinzip „Buy the Dip“ dann Aktien zu kaufen, wenn die Kurse fallen, in der Hoffnung, einen Kauf zu einem möglichst niedrigen Preis zu tätigen. Diese Strategie wird an vielen Finanzschulen gelehrt und in vielen Büchern und auf zahlreichen

Websites empfohlen. Schließlich ist es das Ziel vieler Menschen, die mit den Finanzmärkten zu tun haben, billig zu kaufen und teuer zu verkaufen.

Damit der Kauf bei Kursrückschlägen funktioniert, müssen Sie einen Plan, eine Strategie oder ein System haben. Der Markt ist verrückt genug: Machen Sie den Wahnsinn nicht noch schlimmer, indem Sie ohne Strategie kaufen.

Einige der besten Kaufkandidaten sind Aktien, die Sie kennen und schon seit Wochen, Monaten oder Jahren beobachten. Wenn eine Aktie auf Ihrer Watchlist einen Kursrückschlag erleidet, ist das der Zeitpunkt, an dem einige Trader kaufen. Habe ich gesagt, dass es einfach ist? Nein. Man muss schon ein wenig probieren, um es richtig zu machen.

Sicher, manchmal haben impulsive Käufer Glück und machen mit einem spontanen Kauf auf Pump einen Gewinn, aber eines Tages kann ihr Glück vorbei sein. Deshalb ist es so wichtig, einen gut durchdachten Plan zu haben.

> *Erinnerung:* Wenn Sie die Buy-the-Dip-Methode nutzen wollen, sollten Sie die bereits erwähnte Skalierungsstrategie anwenden. Kaufen Sie nicht mit einem Einmalbetrag, sondern gestaffelt über einen kurzen Zeitraum.

Wenn der Kurs weiter fällt

Eines der möglichen Probleme bei der Buy-the-Dip-Strategie besteht darin, dass die fallenden Aktien sich nicht erholen, sondern ihr Kurs weiter fällt. Ehe man sich versieht, kann es passieren, dass man mit dem Trade schmerzlich ins Hintertreffen gerät.

Zu diesem Zeitpunkt weigern sich viele Amateure zu verkaufen oder stocken die Verlustposition sogar auf. Einige begannen als Trader und wurden zu sogenannten „Stuckholdern“ (Kunstwort aus *stuck*, deutsch: feststecken, und *stakeholder*, deutsch: Aktionär), als sich die Aktie nicht erholte. In manchen Fällen bleiben sie jahrelang auf der Verliererseite stehen.

Einige Trader rechtfertigen den verlustreichen Trade mit der Behauptung, sie würden auf das Dollar-Cost-Averaging (deutsch: Durchschnittskosteneffekt) setzen, das heißt einen bestimmten Geldbetrag über einen bestimmten Zeitraum hinweg langfristig investieren. Es tut mir leid, aber man kann nicht von der Buy-the-Dip-Strategie zu einem Dollar-Cost-Averaging wechseln, es sei denn, man ist ein hoffnungsloser Träumer.

Hier ein Ratschlag: Wenn ein Trade gegen Sie läuft, hören Sie auf zu kaufen und steigen Sie aus. Werfen Sie nicht gutes Geld dem schlechten hinterher.

> *Hinweis:* Denken Sie daran, dass der Kauf bei Kursrückschlägen eine Markt-Timing-Strategie ist, die darauf abzielt, von kurzfristigen Rückschlägen zu profitieren. Der Plan des Traders ist es, vom Verkaufspreis zu profitieren und zusätzliche Aktien zu erwerben. Tiefststände halten möglicherweise nicht lange an, sodass es keine gute Idee ist, auf einen noch niedrigeren Preis zu warten.

Wenn „Buy the Dip“ nicht mehr funktioniert

Der Kauf bei Kursrückschlägen funktioniert, weil der Markt die meiste Zeit nach oben tendiert. Leider funktioniert das in einem langfristigen Bärenmarkt nicht gut. Wenn Sie während eines Abwärtstrends die Buy-the-Dip-Strategie anwenden, werden Sie sich wünschen, Sie hätten es nicht getan.

Wenn der Markt nachgibt, gibt es eine Flut von Finanzexperten, die Ihnen raten, den Rückgang für einen Kauf zu nutzen, weil die Aktien „im Angebot“ sind. Andere verkünden, dass Aktien „zu billig sind, um sie zu verkaufen“.

Ich möchte mich klar ausdrücken: Es ist nichts falsch daran, bei Kursrückschlägen zu kaufen, aber machen Sie es richtig. Nutzen Sie die Tools und Strategien, die in diesem Buch beschrieben sind. Dies ist eine bessere Methode, als nach Gehör zu spielen, auf Tippgeber zu hören oder impulsiv zu handeln.

Hinweis: Der brillante Finanzier und Trader Bernard Baruch witzelte einmal: „Versuchen Sie nicht, am Tiefpunkt zu kaufen oder am Höchststand zu verkaufen. Das ist nicht möglich – außer für Lügner." Er sagte einmal, das Geheimnis seines Erfolgs an der Börse sei, dass er immer zu spät kaufe und zu früh verkaufe.

Ich erwähne dies nur, um Ihnen zu ermöglichen, den Markt mit anderen Augen zu betrachten. Nur weil die Mehrheit an der Wall Street Ihnen rät, niedrig zu kaufen und hoch zu verkaufen, bedeutet das nicht, dass es richtig ist.

Strategie Nr. 3: Teuer kaufen und teurer verkaufen

Diejenigen, die die Buy-the-Dip-Strategie lieben, könnte diese beliebte Trendfolgestrategie abstoßen: teuer kaufen und teurer verkaufen. Teuer zu kaufen funktioniert, solange man nicht die Grenze zum „Jagen" überschreitet, was leicht passieren kann. Am Ende dieses Buches wird die Unterscheidung klar sein. Wenn Sie den Fehler begehen, sich auf die Jagd zu begeben, kann dies schwere finanzielle Folgen haben.

Wenn Sie vorhaben, Aktien zu kaufen, sobald sie sich nach oben bewegen, sollten Sie Aktien, die sich auf oder in der Nähe ihres 52-Wochen-Hochs befinden, in Ihre Watchlist aufnehmen. Die Idee ist, auf der Welle eines starken Aufwärtstrends zu reiten. Manchmal steigen bestimmte Aktien über Tage, Wochen, Monate und sogar Jahre hinweg weiter an. Wenn Sie einen dieser Gewinner erwischen, werden Sie je nach Ihrer Trading-Strategie für lange Zeit gut dastehen.

Die Risiken des Kaufes bei Hochs

Wenn Sie Aktien auf ihrem Höchststand kaufen, ist es so, als würden Sie würfeln und hoffen, dass die Aufwärtsdynamik anhält. Wenn ja, dann funktioniert die Strategie hervorragend.

Wenn sich Aktien hingegen in einem überkauften Bereich befinden, kann jede negative Nachricht oder jeder andere Ausreißer die Aktien zurückwerfen. Man muss von der Strategie und der Aktie überzeugt sein, um an ihr festzuhalten, wenn *Leerverkäufer* sich die Finger lecken und bereit sind, sich auf eine Aktie zu stürzen, die sich zu weit und zu schnell entwickelt hat und bei der die Gefahr einer Richtungsänderung besteht.

Auch wenn es wunderbar ist, Gewinner-Aktien auf ihren Höchstständen zu kaufen und zu sehen, wie sie sich nach oben bewegen, sollten Sie das Risiko begrenzen. Das bedeutet, dass man nicht zu viele Anteile akkumulieren sollte, egal wie sehr man die Aktie oder ihre Geschichte liebt.

> ***Hinweis:*** Um Schwierigkeiten zu umgehen, sollten Sie immer zuerst an das Risiko und dann an die Belohnung denken. Das bedeutet, dass man auf einen guten Einstiegszeitpunkt wartet (mithilfe der Technischen Analyse). Das Ziel ist es, ein strategischer und nicht der schnellste Trader auf dem Markt zu sein.

Warnung: Nicht den Einsatz verdoppeln

Wollen Sie Ihr ganzes Geld schnell verlieren? Dann verfolgen Sie die Taktik von Amateur-Tradern, die versuchen, ihr Risiko und ihre Gewinne zu erhöhen, indem sie ihre Einsätze verdoppeln. Wenn sie recht haben, fühlen sie sich wie Genies. Wenn sie sich irren, verlieren sie gewaltig. Basierend auf der Wahrscheinlichkeitsrechnung stehen die Chancen bei der sogenannten Double-Down-Strategie nicht zu Ihren Gunsten.

Noch schlimmer ist, dass manche Trader mehr auf eine Position setzen, von der sie überzeugt sind, dass sie gewinnen wird, als sie sich leisten können. Manchmal gewinnen sie, manchmal verlieren sie, aber auf lange Sicht stehen die Chancen gut, dass sie vernichtet werden. Alles auf eine einzige Position zu setzen, ist kein Trading, sondern ein Glücksspiel. Eine weitere gefährliche Strategie für Ihr Vermögen besteht darin, sich in eine Position zu stürzen, um schnell reich zu werden.

Der berühmt-berüchtigte Trader Jesse Livermore stürzte sich mehrfach in Positionen, was einer der Gründe für seinen dreimaligen Bankrott war. Im Oktober 1929 setzte er schließlich dreimal auf die Short-Seite des Marktes, und dieses Mal war er auf der Gewinnerseite und verdiente in einer Woche nach dem Zusammenbruch des Marktes über 100 Millionen Dollar. Es war sein größter Zahltag, der ihn zu einem der reichsten Männer der Welt machte.

Das Problem war, dass er mit dem Double-Down nicht aufhören konnte. Livermore stürzte sich mit dieser hochriskanten Strategie weiter in Aktien und Rohstoffe, obwohl er einer der besten Stock-Picker der Welt war. Nachdem er diese Strategie einmal zu oft angewendet hatte, war sein gesamtes Geld innerhalb von fünf Jahren verloren.

> ***Hinweis:*** Die Double-Down-Strategie ist etwas für Spieler, nicht für Trader. Wenn Sie richtigliegen, kann sich das auszahlen, aber wenn Sie falschliegen, kann es Ihr Konto vernichten. Es ist fast immer ein Fehler, sich auf die Glücksfee zu verlassen, um an der Börse Geld zu verdienen.

Die Macht der Sondierung

Eine Strategie, die ich von Livermores Ansatz übernommen habe, war zu testen beziehungsweise zu *sondieren*, ob eine Aktie eine gute Investition ist. Ähnlich wie beim Skalieren geht es darum, die Aktie mit einem kleinen Anfangskauf zu testen. Wenn der Trade erfolgreich ist, stocken Sie die Position auf.

Hier liegt der Unterschied zwischen Skalieren und Sondieren: Beim Skalieren werden Ihre Investitionen gleichmäßig über die Zeit verteilt. Beim Sondieren wird eine größere Investition getätigt, nachdem die erste Sondierung erfolgreich war.

Diese Strategie ist eine hervorragende Möglichkeit, das Terrain zu sondieren und dabei das Risiko so gering wie möglich zu halten. Livermore probierte monatelang Short-Positionen aus, bevor der Aktienmarkt 1929 zusammenbrach. Als sich seine Leerverkäufe schließlich als profitabel erwiesen, stieg er mit Marge in den Markt ein, und der Rest ist Börsengeschichte.

Einer der Gründe, warum Sondierungen sinnvoll sind, besteht darin, dass Sie weniger Geld riskieren, um eine gewinnbringende Aktie und einen guten Einstiegszeitpunkt zu finden. Solange Sie sich darüber im Klaren sind, dass der „perfekte" Preis unerreichbar ist, löst die Sondierung das doppelte Dilemma, zu früh oder zu spät zu kaufen.

Risiko-Ertrags-Kalkulation

Bevor Sie einen Trade abschließen, sollten Sie ein Risiko-Ertrags-Verhältnis berechnen. Ein guter Richtwert ist ein Teil Risiko zu zwei Teilen Ertrag (1:2), ein Teil Risiko zu drei Teilen Ertrag (1:3) ist sogar noch besser (ein 1:3-Risiko-Ertrags-Verhältnis bedeutet, dass Sie einen Dollar riskieren, um möglicherweise drei Dollar zu verdienen).

Diese Methode erfordert die Festlegung eines Einstiegskurses, eines Stop-Loss-Kurses und eines Kursziels für die Aktie. Die Preise können nicht willkürlich gewählt werden, sondern es muss ein Grund für die Wahl des Gewinnziels vorliegen.

Ein Beispiel: Sie kaufen XYZ Manufacturing zu 50 Dollar pro Aktie. Bei einem Risiko-Ertrags-Verhältnis von 1:3 planen Sie zu verkaufen, wenn der Gewinn drei Dollar pro Aktie erreicht. Um diese Strategie einzuleiten, geben Sie zwei Orders ein: eine GTC-Verkaufs-Order (GTC = „Good Till Cancelled", deutsch: „Gültig bis auf Widerruf") bei 53 Dollar, die den potenziellen Gewinn sichert, und eine GTC-Stop-Loss-Order bei 49 Dollar, die den Verlust auf einen Dollar pro Aktie begrenzt. Der Trading-Plan sieht dann folgendermaßen aus:

- Einstiegspreis: 50 Dollar
- Stop-Loss-Order: 49 Dollar
- Gewinnziel: 53 Dollar

Hinweis: Die Risiko-Ertrags-Kalkulation ist je nach der verwendeten Strategie flexibel. Trader sollten das Risiko-Ertrags-Verhältnis berechnen, bevor sie einen Trade beginnen, um zu entscheiden, ob er sich lohnt.

Üben Sie vor dem Kauf

Nachdem Sie nun einige Kaufstrategien erlernt haben (und Sie können sich darauf freuen, im Laufe dieses Buches noch weitere zu lernen), sollten Sie in Erwägung ziehen, die Software Ihres Brokers zu nutzen, um Übungsgeschäfte zu tätigen.

Ich bin ein Verfechter von Übungsgeschäften mithilfe eines *Papiergeld-* oder eines *simulierten Trading-Accounts*. Sie können die Software des Brokers nutzen, um Übungsgeschäfte zu machen und zu testen, welche Strategien funktionieren – oder nicht. Dies kann auch dazu beitragen, Ihre Trading-Skills zu verbessern.

Würden Sie jemanden ein Flugzeug steuern lassen, der noch nie an einem Flugsimulator saß? Nein, natürlich nicht. Bevor Sie echte Geschäfte abschließen, sollten Sie einen Test-Account verwenden, um die Broker-Software zu testen. Je vertrauter Sie mit der Trading-Plattform des Brokers sind, desto geringer ist die Wahrscheinlichkeit von Trading-Fehlern (zum Beispiel das Drücken einer falschen Taste oder die Eingabe eines falschen Aktiensymbols). Obwohl nicht jeder ein Fan dieser Methode ist, überwiegen die Vorteile bei Weitem die Nachteile.

Hinweis: Wenn Ihr Broker keinen Papiergeld-Account anbietet, können Sie im Internet ein simuliertes Trading-Programm finden. Ein hervorragendes kostenloses Simulationsprogramm finden Sie auf folgender Website: platform.thinkorswim.com. Jeder auf der Welt kann die thinkorswim-Software von TD Ameritrade 60 Tage lang kostenlos nutzen. Rufen Sie den Broker an, um spezifische Anweisungen zur Verwendung der Software zu erhalten.

Interactive Brokers bietet auch ein kostenloses und leistungsfähiges simuliertes Trading-Programm an, das allen Tradern zur Verfügung steht (auch wenn sie keinen Account haben). Weitere Informationen finden Sie auf der Website des Unternehmens, www.interactivebrokers.com.

Andere Brokerfirmen, die Programme für das Papiergeld-Trading anbieten, sind TradeStation, E*Trade und Webull. Meinen Quellen zufolge werden in Zukunft noch mehr Broker simulierte Trading-Programme anbieten. Warum? Weil die Kunden es verlangen.

In Ergänzung zu den Brokern bietet MarketWatch ein simuliertes Trading-Spiel über seine „virtuelle Börse" mit einer 15-minütigen Kursverzögerung und 100.000 Dollar Spielgeld an.

Investopedia ermöglicht es Ihnen auch, ein Trading-Spiel mit einer Million Dollar Spielgeld und einer 15-minütigen Kursverzögerung einzurichten.

Hinweis: Sie sollten wissen, dass einige Trader keine Fans von Übungsgeschäften sind. Die Kritik lautet: Wenn kein echtes Geld auf dem Spiel steht, haben Sie keine Angst vor Verlusten. Eine vernünftige Alternative ist es daher, mit 10 bis 20 Prozent Ihrer normalen Aktienposition zu traden (das heißt nur einen kleinen Teil zu traden).

MARKET- ODER LIMIT-ORDER?

Obwohl ich *Market-Order, Limit-Order, Stop-Losses* und *Time Stops* in meinem vorherigen Buch ausführlich besprochen habe, halte ich einen kurzen Überblick für angebracht, insbesondere wenn Sie neu auf dem Aktienmarkt sind.

Market-Order versus Limit-Order

Eine Market-Order ist vergleichbar mit dem Gang zum Autohändler und der Zahlung des Listenpreises. Das bedeutet: kein Verhandeln, kein Feilschen und keine Komplikationen. Sie erhalten das Auto zu einem Preis, der für den Händler am günstigsten ist. Der Vorteil ist, dass Sie das Auto sofort bekommen.

Mit Aktien ist es das Gleiche. Wenn Sie eine Aktie mit einer Market-Order kaufen, zahlen Sie den niedrigsten notierten Preis, ohne sich zu bemühen, weniger zu zahlen. Sie erhalten die Aktien schnell und ohne Verhandlung.

Im Allgemeinen ist es besser, Aktien (oder ein Auto) mit einer Limit-Order zu kaufen. Damit haben Sie die Kontrolle über die Bestellung und können Ihren eigenen Preis festlegen. Bei der Erfassung der Order können Sie einen Mindestverkaufspreis oder einen maximalen Einkaufspreis wählen. Oftmals liegt dieser Preis zwischen dem Geld- und dem Briefkurs.

Der Hauptgrund für die Verwendung einer Market-Order ist vielleicht, dass man dreifach sicher sein will, dass die Order sofort ausgeführt wird. Vielleicht sind sie so begeistert davon, die Aktie zu besitzen, dass der Preis, den sie zahlen, unwichtig ist. Unter diesen Umständen ist eine Market-Order angemessen.

Für alle anderen, die nicht den „Listenpreis" eines Artikels zahlen wollen, ist eine Limit-Order die beste Wahl beim Kauf oder Verkauf.

••••••

Nachdem Sie nun eine Reihe von Kaufstrategien kennengelernt haben, ist es an der Zeit, die Seite umzublättern und über technische Indikatoren und Oszillatoren zu sprechen. Im nächsten Kapitel werden Sie einige der nützlichsten technischen Indikatoren und Oszillatoren der Welt kennenlernen. Sie werden Ihnen bei Kauf- und Verkaufsentscheidungen helfen.

TEIL 2

TECHNISCHE INDIKATOREN UND OSZILLATOREN

Wenn Sie mein vorheriges Buch, „Aktien verstehen", gelesen haben, kennen Sie bereits die Grundlagen der Technischen Analyse. Im zweiten Teil dieses Buches gehe ich über die Grundlagen hinaus und zeige Ihnen, wie Sie die folgenden Indikatoren und Oszillatoren verwenden können: gleitende Durchschnitte, MACD, RSI, Bollinger-Bänder, Stochastik und Kerzendiagramme. Das sind für mich die Besten der Besten.

Ich zeige nicht nur, wie man diese Tools optimal einsetzt, sondern gebe auch eine Reihe von Tipps, Einblicken und Anregungen, die ich von Experten gelernt habe, darunter auch von den Entwicklern mehrerer dieser Indikatoren. Wie immer weise ich sowohl auf die Vorteile als auch auf die Grenzen dieser technischen Tools hin.

Sie haben die Wahl: Nutzen Sie Indikatoren und Oszillatoren, um sich einen Vorteil zu verschaffen, oder verlassen Sie sich auf Ihr Gespür dafür, was Sie kaufen und wann Sie verkaufen sollten. Die Verwendung von Indikatoren und Oszillatoren ist zwar arbeitsaufwendiger, aber es lohnt sich, die Zeit zu investieren.

Der Verzicht auf Indikatoren ist vergleichbar mit dem Fliegen eines Flugzeugs ohne Instrumente. Das ist zwar möglich, birgt aber unnötige Risiken. Natürlich ist die Technische Analyse nicht der Heilige Gral (sonst wäre sie ja die einzige Methode). Dennoch liefern diese Tools wertvolle Informationen und sollten in Betracht gezogen werden. Viele Trader nutzen sie als Risikomanagement- und Timing-Tools.

Beginnen wir mit einem der leistungsfähigsten und am häufigsten verwendeten Indikatoren: den gleitenden Durchschnitten.

Kapitel 3

GLEITENDE DURCHSCHNITTE

Gleitende Durchschnitte (englisch: moving averages, MAs) sind zusammen mit *Unterstützung* und *Widerstand* das Herzstück der Technischen Analyse. In der Tat ist die Verwendung gleitender Durchschnitte die beliebteste Methode zur Bewertung von Aktien.

In diesem Kapitel erkläre ich, wie man gleitende Durchschnitte sowie Unterstützung und Widerstand nutzt, um brauchbare Trades zu machen. Selbst professionelle Trader, insbesondere Trendbeobachter bei großen Finanzinstituten, befassen sich mit diesen wichtigen Konzepten. Gleitende Durchschnitte sind wichtig, weil sie die Trader auf der richtigen Seite eines Trends halten. Viele verwenden gleitende Durchschnitte, um den Zeitpunkt des Ein- und Ausstiegs zu bestimmen.

Wenn Sie mit gleitenden Durchschnitten nicht vertraut sind, finden Sie im folgenden Exkurs eine kurze Einführung.

DIE GRUNDLAGEN: GLEITENDE DURCHSCHNITTE

Gleitende Durchschnitte sind einfach zu verwenden und zu interpretieren und sollen aussagekräftige Signale liefern. Selbst fundamentale Investoren, die normalerweise nicht auf technische Indikatoren achten, achten auf gleitende Durchschnitte, insbesondere auf den beliebten gleitenden 200-Tage-Durchschnitt.

Gleitende Durchschnitte zeigen den Wert des Schlusskurses eines Wertpapiers über einen bestimmten Zeitraum, zum Beispiel die letzten 20, 50, 100 oder 200 Tage. Wenn Sie den gleitenden Durchschnitt über eine Aktie oder einen Index legen, können Sie die Marktrichtung erkennen.

Der Durchschnitt ist „gleitend", weil jeden Tag der älteste Datenpunkt entfernt und durch den aktuellsten ersetzt wird. Aus technischer Sicht wird der gleitende Durchschnitt anhand des durchschnittlichen Schlusskurses der letzten 50 Tage (oder einer anderen festgelegten Anzahl von Tagen) berechnet. Das bedeutet, dass der erste Tag entfällt, wenn der 51. Tag hinzukommt.

Die Daten ändern sich ständig, weshalb er als *gleitender* Durchschnitt bezeichnet wird. Durch die tägliche Wiederholung dieses Vorgangs wird eine gleichmäßige Linie auf dem Diagramm erstellt. Trendfolger ziehen es vor, gleitende Durchschnitte zu verfolgen, da sie die Trendrichtung schnell erkennen und potenzielle Umkehrungen aufdecken können.

Trader verwenden gleitende Durchschnitte, um zu entscheiden, wann sie kaufen oder verkaufen sollten. Kurzfristig orientierte Trader können beispielsweise die gleitenden Durchschnitte der 14- und 20-Tage-Linie auf einem Tagesdiagramm verwenden, um nach Signalen zu suchen. Ein Swing-Trader wird eher den gleitenden 50-Tage-Durchschnitt verwenden.

Langfristige Anleger neigen dazu, den beliebten, aber langsam gleitenden 200-Tage-Durchschnitt für Kauf- und Verkaufssignale zu verwenden. Obwohl der gleitende 200-Tage-Durchschnitt nur selten Signale gibt, sollten Trader genau hinsehen, wenn dieser gleitende Durchschnitt durchbrochen wird.

Ein einfaches, aber effektives Trading-System, das sich seit Jahrzehnten bewährt hat, besteht beispielsweise darin, die Indizes zu kaufen, wenn sie über ihren gleitenden 200-Tage-Durchschnitt steigen, und zu verkaufen, wenn sie *darunter* fallen. Obwohl diese einfache Strategie in der Vergangenheit beständige Gewinne gebracht hat, gibt es keine Garantie, dass sie auch in Zukunft funktionieren wird.

Auch wenn Sie nicht all Ihre Trading-Entscheidungen ausschließlich auf gleitende Durchschnitte (oder andere technische Indikatoren) stützen sollten, so ist dieser Indikator doch einer der effektivsten, die jemals entwickelt wurden. Wenn ich gezwungen wäre, einen Indikator zu wählen, der mir bei meinen Trading-Entscheidungen hilft, würde ich mich für gleitende Durchschnitte entscheiden.

Einfacher oder exponentieller gleitender Durchschnitt

Die beiden am häufigsten verwendeten gleitenden Durchschnitte sind der *einfache* und der *exponentielle*. Technische Analysten sind der Meinung, dass der exponentielle gleitende Durchschnitt eher *preisempfindlich* ist, da die letzten Schlusskurse stärker gewichtet worden.

Andererseits reagiert der einfache gleitende Durchschnitt etwas langsamer auf die Marktvolatilität, da die Schlusskurse gleich gewichtet werden. Mit anderen Worten: Jeder Schlusskurs wird gleich behandelt.

Der beliebteste gleitende Durchschnitt ist der einfache gleitende Durchschnitt, vor allem, weil er in den meisten Chartprogrammen als Standard eingestellt ist. Höchstwahrscheinlich wird der einfache gleitende Durchschnitt Ihre Anforderungen erfüllen. Wenn Sie Zeit haben, sollten Sie beide Arten von gleitenden Durchschnitten ausprobieren, um herauszufinden, welcher von ihnen die nützlichsten Signale für Ihren Trading-Stil liefert. Verwenden Sie dann nur einen (und nicht beide) für Ihre Entscheidungsfindung.

• • • • • •

Abbildung 3.1 ist ein 3-Monats-Chart des Dow Jones Industrial Average (DJIA), wie er unter seinen gleitenden 20-, 50- und 100-Tage-Durchschnitt fällt und dann darüber steigt.

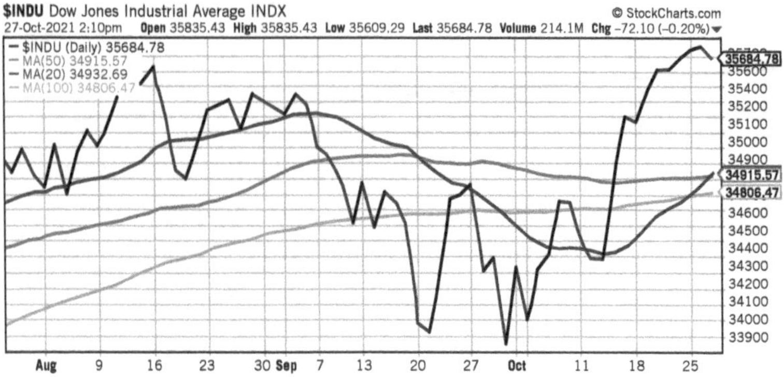

ABBILDUNG 3.1 Gleitende Durchschnitte
(Abdruck mit freundlicher Genehmigung von StockCharts.com.)

Nachdem Sie nun ein grundlegendes Verständnis der gleitenden Durchschnitte haben, möchte ich Ihnen zeigen, wie Sie verwertbare Signale erzeugen können. Wenn dies richtig gemacht wird, sollte dies zu höheren Gewinnen führen. Wie bereits erwähnt, sind gleitende Durchschnitte dazu gedacht, Sie auf der richtigen Seite des Trends zu halten.

1. **Kaufen.** Wenn der Index oder die Aktie ihren gleitenden 50-, 100- oder 200-Tage-Durchschnitt *übersteigt* und darüber bleibt, gilt dies als Kaufsignal. Verwenden Sie andere Indikatoren, um das Signal zu bestätigen.
2. **Verkaufen.** Wenn der Index oder die Aktie unter ihren gleitenden 50-, 100- oder 200-Tage-Durchschnitt fällt und *darunter* bleibt, gilt dies als Verkaufssignal. Auch hier sollten Sie andere Indikatoren zur Bestätigung des Signals verwenden.

Wie Trader gleitende Durchschnitte verwenden

Kurzfristig orientierte Trader bevorzugen möglicherweise einen kurzfristigeren gleitenden Durchschnitt wie den 14- oder 20-Tage-Durchschnitt, da er frühe Signale erzeugt. Denken Sie daran, dass häufigere Signale nicht automatisch zu gewinnbringenden Geschäften führen. Wenn überhaupt, dann ist die Wahrscheinlichkeit hoch, dass es eine ständige Abfolge von falschen Signalen geben wird.

Swing-Trader (die innerhalb von drei bis fünf Tagen kaufen und verkaufen) können den gleitenden 50-Tage-Durchschnitt auf einem Tageskursdiagramm verwenden. Der gleitende 50-Tage-Durchschnitt wirkt wie eine Linie im Sand und ist ein Frühwarnindikator. Bleibt der Aktienkurs über dem gleitenden 50-Tage-Durchschnitt, neigen Swing-Trader dazu, Long-Positionen zu halten. Wenn der Aktienkurs jedoch unter den gleitenden 50-Tage-Durchschnitt fällt, verkaufen einige Trader ihre Positionen.

Langfristig orientierte Anleger tendieren dazu, den gleitenden 100- oder 200-Tage-Durchschnitt sowohl auf dem Tages- als auch auf dem Wochenchart für Signale zu verwenden. Sie kaufen, wenn die Aktie über ihren gleitenden Durchschnitt steigt und darüber bleibt, und verkaufen, wenn die Aktie darunter fällt und darunter bleibt.

Tipp: Der Wochenchart liefert ein gleichmäßigeres, weniger volatiles Signal.

Manchmal bricht eine Aktie hart unter ihre gleitenden Durchschnitte, was eine Flut von Verkäufen auslöst. Sobald der gleitende Durchschnitt unter den gleitenden 20-Tage-Durchschnitt fällt, ist es wahrscheinlich, dass der gleitende 50-Tage-Durchschnitt als Nächstes bedroht wird, wenn der Kurs weiter fällt. Auch der gleitende 100-Tage-Durchschnitt könnte unter Druck geraten, auch wenn es länger dauert. Jede Situation ist anders und hängt von der Kursentwicklung der Aktie ab.

Der Durchbruch durch einen gleitenden Durchschnitt ist nicht immer ein eindeutiges Handelssignal, aber er gibt wichtige Anhaltspunkte. Wenn zum Beispiel eine Aktie bei hohem Volumen unter ihren gleitenden 200-Tage-Durchschnitt bricht und darunter bleibt und die Neigung des gleitenden Durchschnitts nach unten dreht, betrachten viele Trader dies als ein bestätigtes Verkaufssignal.

Dies ist der künstlerische Teil des Tradings, da jeder Trader seine eigenen Richtlinien hat. Einer der Hauptgründe, sich an Indikatoren wie gleitenden Durchschnitten zu orientieren, besteht darin, dem Trader zu helfen, nicht-emotionale Trading-Entscheidungen zu treffen und so ein effizienteres Risikomanagement zu betreiben.

Hinweis: Day-Trader neigen dazu, viel kürzere Zeiträume für gleitende Durchschnitte zu verwenden. Sie können zum Beispiel den gleitenden 20- oder 50-Tage-Durchschnitt auf einem 5-Minuten-, 15-Minuten- oder 60-Minuten-Chart verwenden. Mein Rat ist, die Dinge einfach zu halten, bis Sie einen gleitenden Durchschnittszeitraum gefunden haben, der zu Ihrem Trading-Stil und Ihrer Strategie passt.

Gleitende Durchschnitte: Verzögerungen statt Vorhersagen

Obwohl gleitende Durchschnitte sehr leistungsfähig sind, sind sie keine Kristallkugeln und können daher die Zukunft nicht vorhersagen. Tatsächlich gelten gleitende Durchschnitte als „verzögerte“ Indikatoren. Sie geben zwar brauchbare Signale, kommen aber oft zu spät. Wenn sich eine Aktie in einem Aufwärtstrend befindet und sich nach oben bewegt, bedeutet das nicht, dass sich der Trend fortsetzen wird.

Hinweis: Wenn Sie potenzielle Umkehrungen mit größerer Überzeugung erkennen möchten, verwenden Sie Indikatoren wie die *Stochastik* (siehe Kapitel 7).

Die Neigung oder die Tendenz des Trends

Viele Trader schenken der Neigung oder dem Winkel des gleitenden Durchschnitts nicht genügend Aufmerksamkeit, aber das sollten sie. Denn sie zeigt, ob der Trend anhalten kann oder ob eine Umkehr wahrscheinlich ist.

Achten Sie zum Beispiel darauf, ob der Winkel oder die Neigung eines gleitenden Durchschnitts steil ist, während ein anderer flach verläuft. Dies deutet darauf hin, dass die Dynamik nachlässt und sich der Aktienkurs umkehren könnte. Risikoaverse Trader tendieren in einem solchen Fall zum frühzeitigen Verkauf.

Wenn die Neigung des gleitenden Durchschnitts dramatisch zunimmt, muss man sich nicht wundern, wenn die Aktie „von der Klippe fällt". Es ist riskant, eine Aktie zu kaufen, wenn sie sich in einer potenziellen Todesspirale befindet. Dann sagen sich Trader oft selbst: Greife nie in ein fallendes Messer.

Umgekehrt wäre es ein finanzielles Fehlverhalten, eine Aktie leerverkauft zu haben (also darauf zu wetten, dass die Aktie fällt), wenn die Neigung fast senkrecht ist. Das zugrunde liegende Wertpapier wird sich irgendwann erschöpfen und umkehren, aber bis dahin sollten Sie es vermeiden, eine Aktie zu shorten, die wie eine Rakete steigt.

Cross-over-Strategie bei gleitenden Durchschnitten

Wenn eine Aktie (oder ein Index) einen oder mehrere ihrer gleitenden Durchschnitte über- oder unterschreitet, kann dies als ein gültiges

Kauf- oder Verkaufssignal gewertet werden. Insbesondere wenn sich zwei gleitende Durchschnitte kreuzen, entscheiden sich einige professionelle Trader für den Verkauf.

Wenn beispielsweise der gleitende 50-Tage-Durchschnitt *unter* den gleitenden 200-Tage-Durchschnitt fällt, ist dies ein technischer Abwärtstrigger, der als abergläubisch klingendes „Todeskreuz" bekannt ist.

Das Todeskreuz

Finanzkreisen zufolge war das Todeskreuz ein recht zuverlässiger Indikator, der einige der schlimmsten Marktausverkäufe der Geschichte vorhersagte, darunter 1929, 1938, 1974 und 2008.

Das heißt aber nicht, dass dieses seltene Signal zu 100 Prozent genau ist. Wenn dieses ominöse Muster auftaucht, ist es daher immer ratsam, es sich durch andere Indikatoren bestätigen zu lassen, bevor man eine impulsive Verkaufsentscheidung trifft.

Selbst wenn Sie nicht abergläubisch sind, sollten Sie, wenn plötzlich ein Todeskreuz auf Ihrem Diagramm erscheint (und das wird in den Finanzmedien große Schlagzeilen machen), auf Holz klopfen und sich von Spiegeln fernhalten, bevor Sie an diesem Tag traden. Es schadet nie, Vorsichtsmaßnahmen zu treffen – nur für den Fall, dass die Todeskreuz-Warnungen berechtigt sind.

Hinweis: Das langfristige Aufwärtssignal ist das „Goldene Kreuz", das auftritt, wenn der gleitende 50-Tage-Durchschnitt den gleitenden 200-Tage-Durchschnitt *übersteigt*.

Hinweis: Wenn Sie sehen, dass eine dieser Überschneidungen Gestalt annimmt, sollten Sie sich zunächst die Neigungen ansehen, die möglicherweise noch bedeutsamer sind als die Überschneidung. Wenn die Neigung des Todeskreuzes verhalten bearish ist, können Sie Ihre Position beibehalten, aber halten Sie genau Ausschau nach außergewöhnlichen Ereignissen.

Mächtig, aber nicht perfekt

Obwohl gleitende Durchschnitte ein leistungsfähiges Tool sind, sollten Sie nicht all Ihre Hoffnungen und Träume in diesen einen Indikator setzen. Es ist leicht, zu früh oder zu spät einzusteigen oder die Signale falsch zu deuten. Die Lösung liegt in einem Zusammenspiel mehrerer Indikatoren, da sie zusammen einen genaueren Überblick über die Entwicklung Ihrer Aktie in der Vergangenheit und Hinweise auf die künftige Entwicklung liefern.

Der Bestsellerautor und Trader Toni Turner hat es so formuliert: „Indikatoren sind wie verschiedene Instrumente in einem Sinfonieorchester. Obwohl alle Instrumente unterschiedlich sind, ergeben sie beim Zuhören ein einheitliches Musikstück. Aber wenn auch nur eines der Instrumente verstimmt ist, ist das ein Signal, auf das man achten sollte."

> *Tipp:* Jetzt, da Sie mehr über gleitende Durchschnitte wissen, sollten Sie Ihre Aktienpositionen (oder potenziellen Positionen) dahin gehend überprüfen, wie sie sich im Vergleich zu ihren gleitenden Durchschnitten verhalten.

Unterstützung und Widerstand

Es gibt bestimmte Kurse auf einem Aktienchart, bei denen die Kauf- oder Verkaufsaktivität in einer Aktie oder einem Index es für die Aktie schwierig macht, dieses Niveau zu erreichen. Die Aktie könnte das Kursniveau durchbrechen oder die Richtung ändern.

Diese Kurse werden als *Unterstützung* und *Widerstand* bezeichnet. Betrachten Sie die Unterstützung als „Boden" und den Widerstand als „Decke". Wenn eine Aktie an oder in der Nähe einer Unterstützung gehandelt wird, könnten Käufer, die sich daran erinnern, dass dieser Kurs gehalten hat (der Aktienkurs ist nicht gesunken), in dem Glauben handeln, dass dieser Kurs wieder halten wird. Es kommen also mehr Käufer als üblich, um Aktien zu erwerben. Solange diese Käufer nicht von den Verkäufern überrannt werden, hält die Unterstützung und die Aktie sinkt nicht.

Umgekehrt, wenn eine Aktie am oder in der Nähe des Widerstands gehandelt wird, tauchen Trader auf, die glauben, dass dieser Kurs halten wird, und *verkaufen* Aktien. Solange diese Verkäufer nicht von Käufern überrannt werden, hält der Widerstand an und die Aktie steigt nicht oder wird abgestoßen.

Beispiel: Sie besitzen 100 Aktien von YYYY, die zu 44 Dollar pro Aktie gehandelt werden. Auf dem Chart hat YYYY mindestens dreimal versucht, über 44 Dollar pro Aktie zu steigen. Jedes Mal ist sie gescheitert. Techniker sagen, dass die 44 Dollar eine *Widerstandsmarke* darstellen. Da YYYY zuvor nicht in der Lage war, sich über 44 Dollar zu bewegen, könnte der Rally erneut „der Sprit ausgehen" und es besteht die Gefahr einer Umkehr.

Fällt YYYY hingegen plötzlich in eine Zone, in die es zuvor nicht eindringen konnte, so stellt dieser Kurs eine *Unterstützung* dar. Wenn YYYY zum Beispiel mindestens zweimal auf 40 Dollar pro Aktie gefallen ist und nicht weiter fallen konnte, dann wird der Kurs von 40 Dollar zur Unterstützung. Wenn der Aktienkurs die Unterstützung bei 40 Dollar pro Aktie halten kann, ist das ein positives Zeichen. Einige Trader könnten diesen Kurs als kurzfristiges Kaufsignal mit einem Ziel von 44 Dollar betrachten.

Hinweis: Die meisten Techniker verwenden gleitende Durchschnitte und Trendlinien, um Unterstützung und Widerstand zu erkennen. Oft dienen die gleitenden Durchschnitte der 50-, 100- und 200-Tage-Linie als wichtige Unterstützungs- und Widerstandsniveaus.

Tipp: Unterstützung und Widerstand treten oft bei ganzen Zahlen auf. Die Theorie besagt, dass Kleinanleger und Trader ihre Kauf- und Verkaufsaufträge in der Regel aus Bequemlichkeit zu ganzen Zahlen eingeben.

Da sich viele Aktienkurse um ganze Zahlen gruppieren, können diese Preise als Ober- und Untergrenze dienen. Vieles davon gehört zum Einmaleins der Psychologie, weshalb viele Menschen bei runden Zahlen Gewinne mitnehmen oder bei runden Zahlen kaufen.

Sie können diesen Hinweis nutzen, um sich einen Vorteil gegenüber anderen Tradern zu verschaffen. Wie? Wenn es an der Zeit ist, Ihre Orders aufzugeben, verwenden Sie weniger offensichtliche Preispunkte, die ein paar Cent von ganzen Zahlen entfernt sind.

Der Kampf um die Kontrolle

Man kann Unterstützung und Widerstand auch als einen Kampf um die Kontrolle des Aktienkurses betrachten. Bei der Unterstützung gibt es mehr Käufer als Verkäufer und somit eine größere Nachfrage nach der Aktie, sodass die Unterstützung tendenziell hält. Am Widerstand gibt es mehr Verkäufer als Käufer und somit ein größeres Angebot an Aktien, sodass der Widerstand oft anhält. In beiden Fällen kann es zu einer Richtungsänderung der Aktie kommen.

Kurzfristig orientierte Trader überprüfen ständig die Charts, um festzustellen, ob eine Aktie die Unterstützung durchbricht oder hält. Wenn Techniker feststellen, dass der Aktienkurs unter die Unterstützung bricht, reduzieren sie häufig das Risiko, indem sie ihre Long-Positionen ganz oder teilweise verkaufen.

Umgekehrt ist es ein deutliches Kaufsignal, wenn eine Aktie über den Widerstand steigt (oder ihn durchbricht) und darüber bleibt. Das bedeutet, dass der Kaufdruck so stark ist, dass er die Verkäufer überwältigt. Wenn Techniker feststellen, dass der Aktienkurs den Widerstand überwunden hat, können sie mit Kaufaufträgen in den Trade einsteigen.

Trader müssen auch auf sogenannte „Head Fakes" (auch bekannt als „falsche Ausbrüche" oder „Finten") achten. Wenn beispielsweise ein Aktienkurs einen Widerstand durchbricht und unaufhaltsam zu sein scheint, greifen einige ungeduldige Trader nach Aktien, weil sie davon ausgehen, dass die Aktie weiter steigen wird.

Kurz nach dem Drücken der Eingabetaste wechselt die Aktie unerwartet ihre Richtung und fällt. Dies geschieht so oft, dass es ein Problem darstellt. Glücklicherweise kann die Verwendung von Stopps und technischer Indikatoren Ihnen dabei helfen, die Zahl der „Head Fakes" zu reduzieren.

Beobachten Sie das Handelsvolumen

Ein weiterer zu berücksichtigender Faktor ist das tägliche *Handelsvolumen*, das heißt die Gesamtmenge der an einem bestimmten Tag gehandelten Aktien. Wie Sie wissen, wird das Volumen durch einen vertikalen Histogrammbalken am unteren Rand eines jeden Aktiencharts angezeigt.

Die Verwendung des Volumens zur Bestätigung des Ausbruchs ist eine gute Herangehensweise. Es ist zwar möglich, dass Sie einige profitable Geschäfte verpassen, wenn das Volumen den Ausbruch nicht bestätigt, aber es hilft Ihnen auch, eine Reihe von schlechten Geschäften zu vermeiden.

Je höher das Volumen, desto stärker ist das Signal. Mit anderen Worten: Wenn die Unterstützung bei 40 Dollar pro Aktie hält und das Volumen höher als normal ist, wäre es unklug, eine rückläufige Wette abzuschließen, bevor der Kurs die Unterstützung durchbricht. Die Blutung ist vorerst gestoppt, und die Chancen stehen gut, dass der Aktienkurs wieder steigen wird.

Tipp: Achten Sie darauf, dass das Volumen Teil jeder Analyse ist, denn es zeigt die Stärke oder Schwäche des Trends an. Bei wichtigen Kursniveaus setzt in der Regel ein Herdenverhalten ein, bei dem Käufer und Verkäufer um die Kontrolle kämpfen.

Zeichnen von Trendlinien

Eine einfache Möglichkeit, die Richtung eines Trends (aufwärts, abwärts oder seitwärts) zu erkennen, ist das Zeichnen von Trendlinien mit einem Zeichenwerkzeug der Broker-Software. Anfänger neigen dazu, den „Augentest“ zu verwenden, der zwar funktioniert, aber nicht ideal ist.

Der Fehler, den viele Anleger und Trader machen, besteht darin, nicht darauf zu achten, wenn eine Trendlinie durchbrochen wird. Dies ist ein wichtiger Hinweis darauf, dass sich etwas an der Aktie oder am Markt geändert hat. Es könnte sogar ein Signal sein, das sagt: „Jetzt aussteigen.“

Achten Sie auf Aktienkurse, wenn sie unter wichtige Kursniveaus fallen. Sobald ein Kurs die Unterstützung durchbricht und der Trend seine Richtung ändert, ist es möglicherweise an der Zeit, die Position zu verlassen, solange Sie noch die Chance dazu haben. Die Gründe für den Rückgang der Aktie sind für die Anhänger der Technischen Analyse nicht wichtig. Das Einzige, was zählt, ist das, was sie auf einem Aktienchart sehen.

• • • • • •

Ich hoffe, dass Sie diese Diskussion über gleitende Durchschnitte (und Unterstützung und Widerstand) hilfreich fanden. Jetzt werden wir einen Schritt weiter gehen und einen der leistungsstärksten technischen Indikatoren kennenlernen, der jemals entwickelt wurde und ein Favorit unter Tradern ist: MACD (Moving Average Convergence Divergence, deutsch: Indikator für das Zusammen-/Auseinanderlaufen des gleitenden Durchschnitts).

Kapitel 4

MACD

Fragt man Trader nach ihren fünf Lieblingsindikatoren, so steht der MACD (Moving Average Convergence Divergence) bei den meisten an der Spitze der Liste. Viele sind sogar der Meinung, dass der MACD einer der nützlichsten Indikatoren ist, die jemals entwickelt wurden.

In diesem Kapitel erörtere ich eine Reihe kreativer Möglichkeiten, diesen leistungsstarken und vielseitigen Indikator zu nutzen. Ich werde auch das MACD-Histogramm vorstellen.

Die Grundlagen: MACD

Der MACD, der in den 1970er-Jahren von Gerald Appel entwickelt wurde, ist ein trendverfolgender Kursmomentum-Indikator, der Tradern dabei hilft, festzustellen, wann ein Trend zusammen mit dem zugehörigen Momentum (Geschwindigkeit und Dauer der Richtung) auftaucht, an Fahrt gewinnt, abebbt oder sogar die Richtung umkehrt.

Beachten Sie, dass der MACD ein „nachlaufender" oder „rückwärtsgerichteter" Indikator ist, das heißt, seine Signale bestätigen langfristige Trends, können aber keine Vorhersagen treffen. Das schmälert nicht den Wert der Signale. Wenn der MACD ein Signal ausgibt, ist es oft signifikant. Viele kurzfristige Trader betrachten den MACD sowohl auf dem Tages- als auch auf dem Wochenchart.

Einer der Gründe, warum so viele Trader den MACD mögen, ist, dass er eine Kombination aus Trendfolge- und Momentum-Indikator ist. Er identifiziert Veränderungen der Dynamik, der Stärke, der Trendrichtung und der Dauer des Trends. Das Beste daran ist, dass er Kauf- und Verkaufssignale mit unheimlicher Genauigkeit erzeugt. Viele Trader verwenden ihn, um vor Trendumkehrungen gewarnt zu werden.

Tipp: Je länger der Zeitraum, desto deutlicher sind die Ergebnisse. Viele Trader verwenden den wöchentlichen MACD, um Signale zu generieren. Kurzfristig orientierte Trader bevorzugen in der Regel den kursempfindlicheren MACD auf Tagesbasis.

Wie der MACD funktioniert

Der MACD ist in jedem Chartanalyse-Tool enthalten. Bei der Anzeige in einem Diagramm gibt es zwei Linien. Beobachten Sie, wie die Linien miteinander interagieren, konvergieren und divergieren. Sie tun all das, aber mit unterschiedlicher Geschwindigkeit (eine Linie ist schneller als die andere).

Die schwarze Linie wird als MACD-Linie bezeichnet. Die rote Linie (die auf vielen Computerbildschirmen grau ist) wird als 9-Tage-Signallinie bezeichnet. Darüber hinaus gibt es eine horizontale Linie, die quer durch das Diagramm verläuft und als Nulllinie (0-Linie) bezeichnet wird. Behalten Sie die MACD-Linie im Auge, da sie die wichtigsten Signale liefert.

Die Standardeinstellungen sind der einfache gleitende 12-Tage-Durchschnitt, der einfache gleitende 26-Tage-Durchschnitt und eine

9-Tage-Signallinie (12, 26, 9). Abbildung 4.1 zeigt, wie der MACD in einem Tagesdiagramm mit den Standardeinstellungen 12, 26, 9 aussieht.

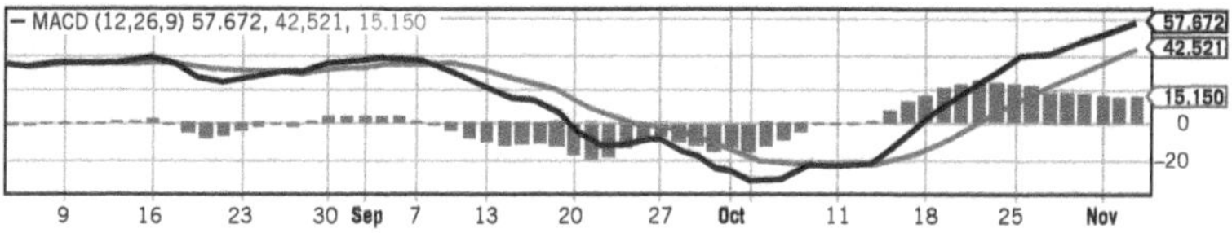

ABBILDUNG 4.1 MACD
(Abdruck mit freundlicher Genehmigung von StockCharts.com.)

Abbildung 4.1 zeigt ein bullishes Set-up für den Basiswert SPX. Der MACD liegt oberhalb der Nulllinie, was bullish ist. Der MACD hat ebenfalls die 9-Tage-Linie überschritten, was ein weiteres bullishes Signal darstellt. Dies ist ein sehr bullishes Diagramm.

Hier sind einige der Signale, auf die Sie bei der Verwendung des MACD achten sollten:

- **Bullish.** Wenn die MACD-Linie (die schwarze Linie) die Nulllinie überschreitet, ist der primäre Trend des zugrunde liegenden Wertpapiers bullish.
- **Bearish.** Wenn die MACD-Linie unter die Nulllinie fällt, ist der primäre Trend des Basiswerts rückläufig (bearish).
- **Bullish.** Wenn die MACD-Linie über die 9-Tage-Signallinie kreuzt, ist der sekundäre Trend (und das kurzfristige Momentum) bullish.
- **Bearish.** Wenn die MACD-Linie unter die 9-Tage-Signallinie kreuzt, ist der sekundäre Trend (und das kurzfristige Momentum) rückläufig.
- **Verwertbare Signale.** Wenn sich sowohl die MACD-Linie als auch die 9-Tage-Signallinie in dieselbe Richtung bewegen (Aufwärts- oder Abwärtstrend), ist dies ein starkes Signal. Verwenden Sie dennoch einen anderen Indikator zur Bestätigung.

- **Divergierende Signale.** Wenn sich der Aktienkurs in eine andere Richtung als der MACD bewegt, spricht man von *Divergenz.* Wenn beispielsweise der Aktienkurs sinkt, die MACD-Linie aber steigt, ist der Abwärtstrend nicht bestätigt. Auch wenn der Aktienkurs einen neuen Höchststand erreicht, der MACD sich aber nach unten bewegt, ist dies ein Warnzeichen. Natürlich handelt es sich hierbei um Orientierungshilfen und nicht um endgültige Regeln.

Wichtiger Vorbehalt: Nur weil der MACD ein Kauf- oder Verkaufssignal generiert, heißt das noch lange nicht, dass es sich um einen handelbaren Wert handelt. Wie bei jedem anderen Indikator gibt es auch hier Fehlsignale.

Wie man das Beste aus dem MACD herausholen kann

Sie wissen bereits, dass der MACD (unter anderem) ein Momentum-Indikator ist. Hier ist etwas, das viele Trader nicht wissen: Je größer der Abstand zwischen der MACD-Linie und der Signallinie ist, desto größer ist das Momentum. Je näher die Linien beieinanderliegen, desto geringer ist das Momentum.

Da sich das Momentum immer vor den Kursen ändert, ist das *MACD-Histogramm* besonders wertvoll, um einen möglichen Trendwechsel zu erkennen. (Das MACD-Histogramm wird als Nächstes vorgestellt.)

Niemand ist perfekt

Während der MACD in den meisten Marktsituationen hervorragend funktioniert, tut er es bei geringer Volatilität nicht so gut. Da es sich um einen Momentum-Indikator handelt, ist der MACD bei schwacher Dynamik und geringer Volatilität nicht so effektiv (Sie können den Volatilitätsindex VIX als Anhaltspunkt für die Volatilität heranziehen).

Jeff Bierman, ein erfahrener Trader, warnt: „Geringe Volatilität und geringe Liquidität sind Kryptonit für den MACD."

Wenn MACD-Nulllinien und -Signale nicht mehr so nützlich sind, sollten Sie zu anderen Momentum-Indikatoren wechseln, bis die Volatilität zurückkehrt. Glücklicherweise funktioniert der MACD sehr gut bei Einzelaktien, solange diese volatil sind.

Schließlich kann der MACD, wie jeder andere Indikator auch, falsche Signale geben. Das ist ein Grund, den MACD mit einem wöchentlichen Zeitraum zu verwenden, denn die wöchentliche Betrachtung ist weniger anfällig für Fehlsignale als die tägliche.

Tipp: Eine weitere Einschränkung des MACD besteht darin, dass er bei Markt-Höchstständen (oder Aktien-Höchstständen) nicht so gut funktioniert, sondern besser bei Tiefstständen.

Einführung des MACD-Histogramms

Einer der leistungsstärksten (aber oft ignorierten) Oszillatoren ist das *MACD-Histogramm*, das zur Einschätzung der Dynamik beiträgt. Dieser 1986 von Thomas Aspray entwickelte Oszillator bewegt sich über oder unter der Nulllinie. Es handelt sich um ein vom MACD getrenntes Softwareprogramm, das jedoch in Ihrem Chartanalyse-Tool enthalten sein sollte.

Wenn Sie das Histogramm noch nie benutzt haben, sind Sie hier genau richtig. Trader, die diese Funktion nutzen, haben in der Regel sowohl den MACD als auch das Histogramm gleichzeitig auf dem Chart. Und so funktioniert es:

Nachdem Sie das MACD-Histogramm ausgewählt haben, sollten Sie eine Reihe von grünen oder roten Balkendiagrammen am unteren Rand des Bildschirms sehen. Bewegen sich die Balken *oberhalb* der Nulllinie, bedeutet dies, dass die zugrunde liegende Aktie an Stärke gewinnt (Momentum). Wenn sich die Balken *unter* der Nulllinie bewegen, baut die Aktie ein Verkaufsmomentum auf. Höhere Balken bedeuten ein stärkeres Aufwärtsmomentum, während niedrigere Balken ein stärkeres Abwärtsmomentum bedeuten.

Hinweis: Was ist, wenn der Aktienkurs höher ist, das Histogramm aber negativ? Viele Trader betrachten dies als Warnzeichen. Vorsichtige Trader sollten abwarten, bevor sie eine Position eingehen (dies ist zwar keine Regel, aber eine wichtige Orientierungshilfe).

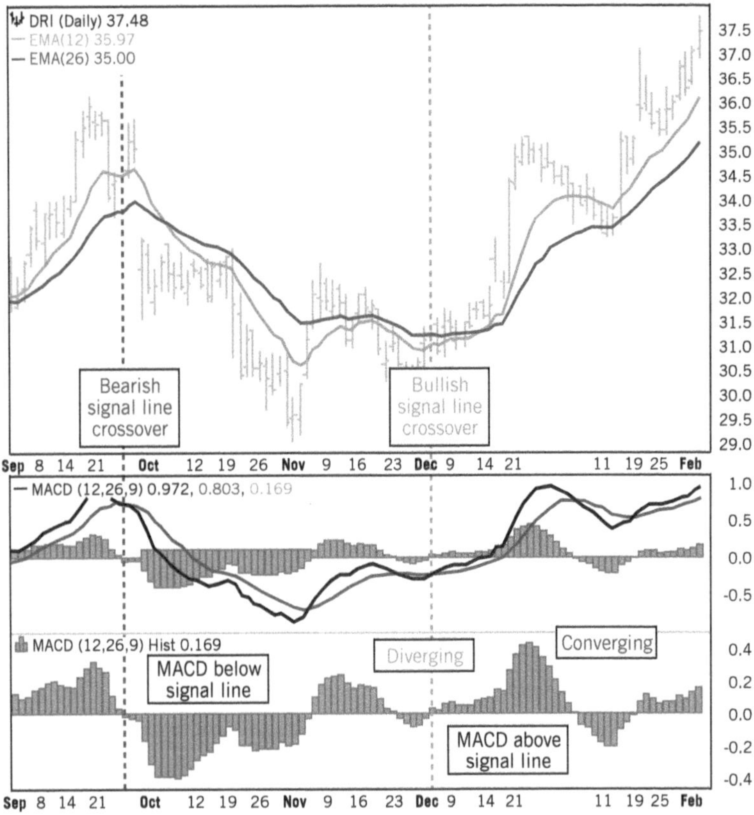

Abbildung 4.2 MACD-Histogramm

(Abdruck mit freundlicher Genehmigung von StockCharts.com.)

Abbildung 4.2 zeigt das MACD-Histogramm für eine einzelne Aktie. Die Aktie erholte sich im September, bis der MACD unter die 9-Tage-Linie fiel, ein bearishes Signal. Das MACD-Histogramm drehte ins Negative und die Aktie fiel. Im Dezember stieg der MACD über die Nulllinie und das Histogramm drehte ins Positive. Die Aktie erholte sich wieder auf ihre alten Höchststände.

Wichtige Signale

- Wenn die Balken des MACD-Histogramms *über* die Nulllinie steigen, ist dies ein Kaufsignal. Wenn die Histogrammbalken *unter* die Nulllinie fallen, ist dies ein Verkaufssignal.

Tipp: Beobachten Sie die Balken genau, um Hinweise zu finden. Denken Sie daran: Wenn die Balken oberhalb der Nulllinie ansteigen (höher werden), wird dies als ein bullishes Zeichen gewertet. Wenn sich die Balken unter die Nulllinie bewegen, wird dies als ein bearishes Zeichen gewertet. In jedem Fall ist eine Trendwende möglich.

- Wenn die Farbe des MACD-Histogrammbalkens zu einem helleren Farbton wechselt (von Dunkelgrün zu Hellgrün oder von Dunkelrot zu Hellrot), bedeutet dies, dass das Momentum nachlässt. Das ist nicht unbedingt ein Verkaufssignal – es zeigt nur, dass die Kauflust nachgelassen hat. Es ist auch kein Leerverkaufssignal für die Bären, sondern zeigt nur, dass der Verkaufsdruck nachgelassen hat.

  Es ist vergleichbar mit einem Auto, das seine Geschwindigkeit reduziert, aber immer noch in dieselbe Richtung fährt. Höchstwahrscheinlich werden die Aktienkurse dem nachlassenden Momentum nach unten folgen. Achten Sie auf Anzeichen für einen Umschwung.

Wenn die Farbe des MACD-Histogramms zu einem dunkleren Farbton wechselt (von Hellgrün zu Dunkelgrün oder von Hellrot zu Dunkelrot), bedeutet dies, dass das Momentum zunimmt. Auch dies ist nicht unbedingt ein Kaufsignal, sondern zeigt nur, dass der Kaufenthusiasmus eskaliert ist.

Tipp: Wie bereits erwähnt, ist vielen Anfängern nicht klar, dass sich das Momentum immer vor den Kursen ändert. Das macht das MACD-Histogramm als Momentum-Indikator so wertvoll. Wenn die Histogrammbalken unter null fallen, während die Aktie steigt, ist dies ein rotes Signal. Dieses Phänomen wird als *bearishe Divergenz* bezeichnet, die in der Regel zu einem Kurseinbruch führt.

Wenn die Aktie jedoch fällt, während die Histogrammbalken höher werden, spricht man von einer *bullishen Divergenz*, die auf eine bevorstehende Erholung hindeuten kann. Der Kurs bewegt sich nach unten und das bullishe Momentum verstärkt sich.

Trading-Beispiel unter Verwendung des MACD-Histogramms

Nehmen wir an, dass der Kurs von YYYY an fünf aufeinanderfolgenden Tagen niedriger war. Sie sind der Meinung, dass die Aktie *überverkauft* ist, und planen daher, Aktien zu kaufen. Anhand eines Aktiencharts lässt sich nicht vorhersagen, wie tief YYYY fallen wird. Es ist riskant, sich gegen den Abwärtstrend zu stellen, zumal YYYY weiter fällt.

Wenn Sie das MACD-Histogramm einige Tage später betrachten, stellen Sie fest, dass das Histogramm von Rot auf Grün gewechselt hat. Das bedeutet nicht, dass es sicher ist, long zu gehen, sondern nur, dass das Momentum zugenommen hat.

Es ist eine persönliche Entscheidung, was man als Nächstes tut. Schauen Sie sich den Aktienkurs an und prüfen Sie, ob der Rückgang zum Stillstand gekommen ist. Wenn sowohl der Aktienkurs als auch das MACD-Histogramm ansteigen, ist dies ein Hinweis darauf, dass die Aktie nach oben drehen könnte.

Hinweis: Das Signal ist stärker, wenn sich sowohl das Histogramm als auch der Aktienkurs in dieselbe Richtung bewegen. Es ist immer noch sinnvoll, das, was Sie auf dem Chart sehen, mit anderen Indikatoren zu bestätigen, um eine ausgewogenere Perspektive zu erhalten.

Erinnerung: Wenn die Balken des MACD-Histogramms ihre Farbe ändern und kürzer werden, lässt das Momentum nach. Wenn sich die Balken hingegen verlängern, verstärkt sich das Momentum.

INTERVIEW MIT DEM ENTWICKLER DES MACD: GERALD APPEL

Es gibt keinen besseren Weg, etwas über einen Indikator zu erfahren, als mit der Person zu sprechen, die ihn entwickelt hat. Vor ein paar Jahren, als ich mein Buch „All About Market Indicators" (McGraw Hill) schrieb, hatte ich das Vergnügen, mit dem Entwickler des MACD, dem zwischenzeitlich verstorbenen Gerald Appel, zu sprechen. In den späten 1970er-Jahren entwickelte Appel den sogenannten MACD.

Da es noch keine PCs gab, verwendeten Appel und seine Freunde eine Lochmaschine, um die Daten manuell in ein Tabellenblatt einzugeben. 1980 war er in der Lage, den Prozess mithilfe von Computersoftware zu automatisieren.

Appel war überrascht, dass der MACD bei den Tradern so beliebt wurde. Er war der Meinung, dass seine Popularität auf seine Flexibilität zurückzuführen ist. „Es funktioniert, weil es an jeden Zeitrahmen anpassbar ist", sagte er. „Anhand von MACD-Mustern, die auf monatlichen Daten beruhen, können Sie den Haupttrend des Marktes gut erkennen. Sie können ihn auch für einen 5-Minuten-Chart verwenden."

Appel erläuterte die mathematischen Grundlagen des Indikators: „Der MACD wurde durch Subtraktion eines kurzfristigen exponentiellen gleitenden Durchschnitts von einem längerfristigen Durchschnitt erstellt. Und dann wird der gleitende Durchschnitt davon verwendet. Sie können sehen, wann die Trends ihren eigenen gleitenden Durchschnitt kreuzen."

Er sagte, dass der MACD die präzisesten Signale bei Markttiefs gibt. „Aufgrund des Marktverhaltens ist er bei Tiefstständen genauer als bei Höchstständen", sagte er. „Man kann es einfach und leicht erkennen. Markttiefs neigen dazu, sehr scharf und ausgeprägt zu sein, während Markthochs etwas schwierig sein können."

Er fuhr fort: „An den Tiefpunkten entstehen sehr glatte Linien und es gibt normalerweise Höhepunkte und scharfe Umkehrungen. Das ist ein ganz anderes Gefühl. Ein Bärenmarkt kann schnell enden, aber ein Bullenmarkt nicht. Marktspitzen sind in der Regel breit und langsam. Es ist durchaus möglich, dass die Marktdurchschnitte weiter nach oben driften, während immer mehr Aktien fallen."

Fast perfekt

Obwohl der MACD ein ausgezeichneter Indikator ist, warnte Appel, dass er nicht perfekt sei. „Kein Indikator ist unfehlbar", sagte er. „So kann es zum Beispiel sein, dass der Markt steigt und der MACD nach unten dreht. Vielleicht denken Sie, dass dies ein Verkaufssignal ist. Nun, ein Verkaufssignal ist es vielleicht nicht. In einem starken Markt bewegt sich der MACD oft in einem hohen Bereich und macht kleine Schlenker. Er wird abflachen, während der Markt weiter steigt." Um diese Art von Fehlsignalen zu vermeiden, empfiehlt Appel, sich nicht auf einen einzigen Indikator zu verlassen. „Ich könnte es nicht ertragen, mein Leben in einen einzigen Indikator zu stecken", kommentierte er.

Um einen MACD-Tiefpunkt zu bestätigen, betrachtete Appel auch den „New High-/New Low"-Indikator. „Eine Verringerung der neuen Tiefststände findet manchmal auch dann statt, wenn die Marktdurchschnitte fallen", sagte er. „Es gibt immer mehr Aktien, die die Unterstützung halten. Das ist ein ziemlich gutes Indiz dafür, dass es auf dem Aktienmarkt zu einer deutlichen Umkehr kommen wird."

Das Gegenteil ist bei Höchstständen der Fall, so Appel. Er erklärte: „Solange die Zahl der Emissionen, die neue Höchststände erreichen, weiter zunimmt, ist die Aufwärtsdynamik ziemlich gut. Die Zahl der neuen Höchststände wird mit zunehmender Reife des Anstiegs abnehmen. Die Zahl der Aktien, die teilnehmen und neue Höchststände erreichen, nimmt ab, bevor die Marktdurchschnitte nach unten drehen."

Appel sagte, man solle verschiedene Parameter verwenden, um eine graduelle Verschiebung der Marktdynamik zu erkennen: „Wenn man den MACD verwendet, arbeite ich gern mit verschiedenen Zeitrahmen gleichzeitig. Dann beginnen sich alle Marktereignisse gemeinsam zu bestätigen. Wenn Sie jedoch das Gefühl haben, dass der Markt nach unten geht und der kurzfristige MACD beginnt, sich nach oben zu drehen, sollten Sie prüfen, ob es sich um einen kleinen Ausreißer handelt oder ob sich die Zwischenmuster des MACD verändern. Je mehr Zuversicht man hat, desto größer sind die Chancen, dass man in die richtige Richtung geht."

Wenn der Markt steigt und sich zu drehen beginnt, schwächt sich auch der kurzfristige MACD zuerst ab, sagte er.

Was der MACD am besten kann

Appel zeigte sich bemerkenswert bescheiden, was der MACD leisten kann. „Im Grunde gibt er Ihnen ein Bild davon, wie sich die Marktdynamik entwickelt", sagte er. „Aber es gibt einen Unterschied zwischen Kursrichtung und Momentum. Mit anderen Worten: Wenn Sie einen steilen Anstieg verzeichnen, werden Sie viel Aufwärtsdynamik erleben. Aber nehmen wir an, dass der Anstieg irgendwann nicht mehr in diesem Winkel, sondern in einem niedrigeren Winkel erfolgt. Vielleicht dreht der MACD nach unten, aber die Aktienkurse drehen nicht nach unten. In diesem Fall ist es ein frühes Signal."

Bei langfristigen Markttrends geben die monatlichen MACD-Muster laut Appel etwa zwei oder drei Monate nach dem Ende einer großen Baisse gute Bestätigungssignale. „Solange man versucht, nicht gleich am ersten Tag einzusteigen", bemerkte er, „könnte er einem sagen, dass es Zeit ist, in den Markt einzusteigen."

Kann der MACD zur Vorhersage der Marktrichtung verwendet werden? „Ich verwende ihn weniger als Prognosetool, sondern vielmehr als Orientierungshilfe oder Kompass", so Appel. „Solange der MACD fällt, bleibe ich weg. Ich weiß nicht, wie lange er noch fallen wird. Und wenn der Kurs steigt und ein Aufwärtsmuster zu erkennen ist, bleibe ich dabei, bis er nach unten dreht. Wenn sich der Indikator ändert, ändern wir uns. Wir versuchen nicht zu erraten, wann sich der Indikator umkehren wird."

Wie man den MACD verwendet

Appel empfahl, sich die Zeit zu nehmen, mit dem MACD zu spielen, um zu sehen, wie er funktioniert. Er sagte: „Wir empfehlen, dass Sie zwei oder drei MACD-Muster gleichzeitig beobachten. Da der Markt schneller fällt, als er steigt, empfehlen wir in der Regel ein schneller reagierendes MACD-Muster für ein Kaufsignal. Sie könnten ein 10-Tage-Muster über einem 20-Tage- oder 25-Tage-Muster verwenden. In der Spitze scheinen sie eher graduell zu verlaufen, sodass man sie etwas verlangsamen sollte, sodass wir eher einen 20-Tage- über einem 40-Tage-Tag verwenden würden. Diese werden in exponentiellen Zahlen angegeben, also 0,11 über 0,22 für den Kauf und 0,15 und 0,075 für den Verkauf." Diese Zahlen sind als grobe Richtwerte zu betrachten.

Appel sagte, dass man mit einem längerfristigen MACD die Entwicklung noch mehr verlangsamen kann. Er fuhr fort: „Die Frage ist, ob man die mittlere oder die lange Frist messen will. Bei einer mittleren Laufzeit können Sie wöchentliche Muster verwenden oder es nur einmal pro Woche tun. Kurzfristig orientierte Trader sollten den MACD auf Tagesbasis verwenden."

Die Trader in seinem Unternehmen verwenden in der Regel einen Top-Down-Ansatz mit MACD und anderen Indikatoren, um ein Gefühl für den Markt zu bekommen. Dann schauen sie sich einzelne Aktien an, die sie mögen und die in diesem Umfeld gut gehandelt werden. Gelegentlich wird der MACD auf Stundenbasis für das sehr kurzfristige Trading verwendet.

Indikatoren funktionieren nicht ewig

Früher, so Appel, war der fundamentale Indikator KGV (das Kurs-Gewinn-Verhältnis) ein wirksamer Indikator. „Wenn der Markt ein KGV von über 20 aufwies, galt dies als Zeichen dafür, dass die Aktien zu teuer waren und man vorsichtig sein musste", bemerkte er. „Jahrzehntelang hielten die Menschen dies für die goldene Regel. Doch in den 1990er-Jahren war das nicht mehr der Fall. Die Aktien stiegen auf das 50-Fache der Gewinne und blieben auf diesem Niveau."

Er warnte davor, dass die Menschen immer auf der Suche nach etwas sind, an dem sie sich festhalten können. „Wenn etwas an der Börse zweimal hintereinander funktioniert, sind die Leute begeistert. Sie wollen glauben, dass es Magie ist."

Sein Vorschlag: „Der beste Rat, den ich jemandem geben kann, ist, einen Plan zu entwickeln und ihm zu folgen. Erwarten Sie nicht, dass der Plan perfekt ist. Es sollte Raum für phasenweise Ein- und Ausstiege geben. Aber arbeiten Sie mit einem Plan, denn Emotionen werden Ihnen enorm schaden. Sie sollten versuchen, so objektiv wie möglich zu agieren. Riskieren Sie nie mehr, als Sie sich leisten können zu verlieren, denn das führt zu schlechten Entscheidungen. Und diversifizieren Sie viel."

Zum Schluss sagte er, man müsse sich selbst eingestehen, dass man sich irren wird, und das nicht nur ein paar Mal. „Wenn Sie sich irren, nehmen Sie den Verlust hin. Lassen Sie es nicht darauf ankommen, sondern versuchen Sie es beim nächsten Mal wieder."

• • • • • •

Nachdem Sie nun den MACD und das MACD-Histogramm kennengelernt haben, werden Sie im nächsten Kapitel einen weiteren äußerst leistungsfähigen Oszillator kennenlernen, den Relative-Stärke-Index (RSI). Dieser Indikator alarmiert Sie, wenn eine Aktie oder ein Markt *überkauft* oder *überverkauft* ist. Ich denke, der RSI wird Sie faszinieren.

Kapitel 5

RSI

Welles Wilder führte den Relative-Stärke-Index (RSI) 1978 in einem Artikel für ein Ingenieursmagazin in die Welt ein. Der RSI wird von vielen Tradern bevorzugt, da er frühzeitig Warnsignale für *überkaufte* oder *überverkaufte* Marktbedingungen liefert. Betrachten Sie diese Signale als Hinweise, nicht als starre Regeln. Das Ziel ist es, sich einen Vorteil gegenüber anderen Tradern zu verschaffen, und meiner Erfahrung nach hilft der RSI dabei, diesen Vorteil zu erlangen.

Ein Grund dafür, dass der RSI so beliebt ist, liegt darin, dass er einer der wenigen *führenden* Indikatoren in der Technischen Analyse ist. Mit anderen Worten, er ist zukunftsorientiert. Zwar sind der MACD und gleitende Durchschnitte äußerst nützlich, aber sie sind rückwärtsgerichtet (oder nachlaufend). Sie sind nicht dazu gedacht, die Zukunft vorherzusagen, sondern zeigen Ihnen nur die aktuelle oder frühere Kursentwicklung.

Auch wenn der RSI die Zukunft nicht vorhersagen kann, liefert er doch rechtzeitige Anhaltspunkte (aber keine magischen Antworten). Noch wichtiger ist, dass er Sie vor Problemen bewahrt, indem er Sie auf unsichere Marktbedingungen (überkaufte oder überverkaufte Kurse) hinweist.

Hinweis: Der RSI ermöglicht es den Tradern, „Risikomanagement-Zonen" zu beobachten. Wenn eine dieser Zonen oder ein Schwellenwert überschritten wird, ist das ein Warnsignal. Der RSI ist zwar ein sehr leistungsfähiger Oszillator, aber eines kann er nicht: den Markt genau timen. Wenn Sie versuchen, den RSI als Timing-Trigger zu verwenden, werden Sie wahrscheinlich enttäuscht.

Die Grundlagen: Wie der RSI funktioniert

Der RSI wird als ein „geglätteter" Momentum-Oszillator bezeichnet, der zwischen 0 und 100 schwankt, mit einer Standardeinstellung von 14 Tagen. Obwohl er auf komplizierten Formeln beruht, hat er nur eine Signallinie. Wenn die RSI-Signallinie über 70 ansteigt und darüber bleibt, ist dies ein Signal, dass der Markt oder die Aktie überkauft ist. Wenn der RSI unter 30 fällt und darunter bleibt, ist dies ein Signal, dass der Markt oder die Aktie überverkauft ist.

Hinweis: *Überkauft* ist ein technischer Begriff, der ein Wertpapier beschreibt, das einem anhaltenden Kaufdruck ausgesetzt war und bei dem eine Kurskorrektur ansteht. *Überverkauft* ist ein technischer Begriff, der ein Wertpapier bezeichnet, das einem anhaltenden Verkaufsdruck ausgesetzt war und bei dem eine Kurserholung ansteht.

Der RSI kann in jedem Zeitrahmen verwendet werden, aber die meisten Trader bevorzugen einen täglichen oder wöchentlichen Zeitraum. Meiner Erfahrung nach liefert der wöchentliche RSI die gleichmäßigsten, weniger volatilen Signale. Day-Trader hingegen sollten den täglichen Zeitraum nutzen.

Obwohl der RSI vor potenziellen Umschwüngen warnt, können Aktien über lange Zeiträume überkauft oder überverkauft bleiben, was einer der Gründe dafür ist, dass Sie den RSI nicht zur Erkennung eines Umschwungs verwenden sollten.

Hinweis: Ihr Chartanalyse-Tool verfügt möglicherweise über eine Liste von RSI-Bezeichnungen wie *Slow RSI, Fast RSI, Full RSI* (eine Mischung aus Fast und Slow) und den ursprünglichen *RSI Wilder*. Die meisten Trader verwenden den RSI Wilder, den Welles Wilder unter Verwendung der 14-Tage-Periode und der 70-30-Werte entwickelt hat.

Der RSI auf einem Chart

Wenn Sie den RSI auf einem Aktienchart betrachten, erscheint er in der Regel oben als eine einzige Linie (das ist der Oszillator). Wenn er nicht automatisch erscheint, wählen Sie „RSI Wilder" aus dem Dropdown-Menü.

Abbildung 5.1 ist ein Screenshot des RSI auf einem Aktienchart. Wie Sie in diesem Beispiel sehen können, lag der RSI über 70, was bedeutet, dass der S&P 500 (SPX) extrem überkauft war, als dieser Screenshot gemacht wurde. Sie sehen, dass die Wahrscheinlichkeit einer Umkehrung gestiegen ist, obwohl niemand sagen kann, wann sie eintreten wird (es überrascht nicht, dass der SPX einige Tage später stark umkehrte).

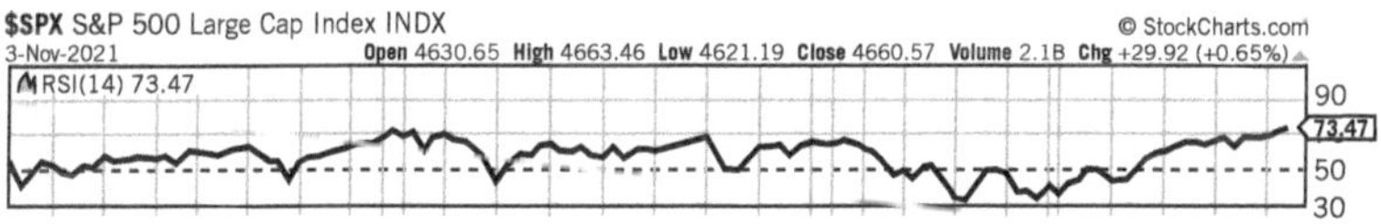

ABBILDUNG 5.1 RSI

(Abdruck mit freundlicher Genehmigung von StockCharts.com.)

Probleme und Grenzen des RSI

Obwohl der RSI ein phänomenales Tool ist, möchte ich nicht, dass Sie denken, er sei perfekt, denn kein Indikator ist fehlerfrei. Eine der

Herausforderungen des RSI besteht beispielsweise darin, dass er eine Menge gemischter Signale erzeugen kann, von denen sich viele als falsch erweisen. Glücklicherweise trägt die Verwendung eines wöchentlichen Zeitraums dazu bei, die Anzahl sogenannter Whipsaw-Signale zu reduzieren.

Ein weiteres Problem besteht darin, dass viele Trader fälschlicherweise glauben, dass der RSI ein sofortiges Verkaufssignal auslöst, sobald er 70 erreicht, oder dass er ein sofortiges Kaufsignal auslöst, sobald er 30 erreicht. Das ist nicht unbedingt richtig. Der RSI hat darauf nie einen Anspruch erhoben (und wenn er das durchgängig könnte, würden wir alle ein Vermögen verdienen).

Es wird empfohlen, sich nicht auf die Stufen 70 und 30 zu fixieren. Der Trader und Autor Alexander Elder hat es am besten erklärt, als er schrieb, dass überverkaufte und überkaufte Werte wie heiße und kalte Werte auf einem Thermometer sind. Die gleiche Temperatur hat im Sommer und im Winter unterschiedliche Bedeutungen. Daher können sich diese Werte während Bullen- oder Bärenmärkten nach oben oder unten anpassen.

Realistischer betrachtet ist es ein Warnsignal, wenn die zugrunde liegende Aktie über 70 ansteigt. Die Aktie ist überkauft, auch wenn sie weiter steigen könnte. Risikoscheue Trader fühlen sich oft unwohl dabei, eine extrem überkaufte Aktie zu halten.

Ein weiteres Problem des RSI: Da er keine spezifischen Kauf- oder Verkaufssignale generiert, kann man leicht getäuscht werden. Um ungenaue Ergebnisse zu vermeiden, sollten Sie den RSI in Verbindung mit anderen Indikatoren verwenden.

Keine Volatilität? Wir haben ein Problem!

Oszillatoren wie der RSI funktionieren am besten während volatiler Märkte, entweder für den Gesamtmarkt oder für einzelne Aktien. Die wichtigste Einschränkung der Oszillatoren besteht darin, dass sie bei flachen oder seitwärts tendierenden Märkten nicht so gut funktionieren.

Ein weiteres großes Problem für die Wirksamkeit von Oszillatoren sind die Computeralgorithmen (Algos). Diese Computerprogramme neigen dazu, einige Indikatoren, einschließlich des RSI, zu neutralisieren. Das ist ein Grund, warum Aktien mit einem überkauften RSI-Wert von 70 immer weiter steigen können.

Im Grunde können Computer-Algos aufgrund ihrer leistungssteigernden Algorithmen verhindern, dass bestimmte Aktien fallen. Wie ist das möglich? Bestimmte Algos erstellen Kaufprogramme, die die Aktienkurse in die Höhe treiben und viele technische Standardsignale außer Kraft setzen. Es ist wichtig, dass sich Trader dieser Einschränkung bewusst sind.

Statistisch unsinnige Signale

Wie Sie bereits wissen, liegt der Maximalwert des RSI bei 100, aber wenn eine Aktie beispielsweise einen Wert von 80 oder mehr aufweist, birgt der Kauf dieser Aktie Risiken, die Sie nicht eingehen sollten. Kann die Aktie auf einem hohen Niveau bleiben, wenn der RSI völlig überkauft ist? Ja, die Aktie kann sogar noch höher steigen. Ich habe gesehen, dass einige Aktien RSI-Werte von über 90 erreicht haben.

Wenn sich eine Aktie so stark bewegt, dass der RSI an der oberen Grenze (über 95) liegt, sagen Trader, dass die Aktie „das Tachometer übersteigt". Das bedeutet, dass die Aktie so überkauft ist, dass der RSI den oberen Bereich der Skala verlassen hat.

Da der RSI ein „begrenzter" Oszillator ist, kann er nicht höher als 100 steigen, aber bei 98 oder 99 befindet er sich auf einem gefährlich hohen Niveau. Bei einem dieser Niveaus ist es fraglich, ob der RSI überhaupt funktioniert. Leider sagt Ihnen der RSI nicht, *wann* einer

Aktie der Sprit ausgeht, sondern nur, dass das Signal „statistisch unsinnig" ist und die Aktie wahrscheinlich gemieden werden sollte.

Die gute Nachricht ist, dass diese extrem hohen Werte (98 und 99 RSI) relativ selten sind, aber wenn sie auftreten, sollten Sie nicht erwarten, dass sie lange anhalten. Natürlich gibt es Ausnahmen: Ich habe Aktien gesehen, die tage-, wochen- und monatelang überkauft waren (über 70 bis 80). Einige Aktien verharren so lange auf überkauften Niveaus, dass Leerverkäufer gezwungen sind, ihre Verlustpositionen aufgrund von Nachschussforderungen zu decken. Dennoch besteht der Sinn eines Indikators darin, gültige Signale zu finden, und das tut der RSI in den meisten Fällen. Warum sollte man sich gegen diese Signale wehren? Die Antwort ist: Das sollte man nicht.

Kämpfen Sie nicht gegen den Markttrend

Während es nicht ungewöhnlich ist, dass Aktien über einen längeren Zeitraum überkauft sind, ist es selten, dass Aktien lange *überverkauft* bleiben. Eine Theorie ist, dass Kleinanleger, Buy-the-Dip-Strategen, diejenigen, die in Long-only-Fonds investieren, und Algos alle darauf trainiert sind, long zu gehen.

Wenn eine Aktie *überverkauft* ist, setzen viele Marktteilnehmer die Buy-the-Dip-Strategie ein und versuchen, den Abwärtstrend umzukehren. Natürlich kann diese Strategie nicht jedes Mal funktionieren, aber sie funktioniert beständiger als ein Shorting bei Aufschwüngen (Shorting einer Rally).

Leerverkäufe von *überkauften* Aktien sind besonders riskant, denn wenn man sich irrt, kann die Aktie um einen Betrag steigen, der sich für denjenigen, der leer ausgeht, unermesslich anfühlt. (Natürlich verwenden erfahrene Leerverkäufer, wie auch die Leser dieses Buches, Stop-Losses, um zu verhindern, dass ihre kleinen Verlierer zu großen Verlierern werden.)

Wenn Sie Leerverkäufe von Aktien tätigen, die extrem überkauft sind, aber weiter steigen, sollten Sie die technischen Indikatoren vergessen und aussteigen. Der Wirtschaftswissenschaftler John Maynard Keynes sagte einmal: „Der Markt kann länger irrational bleiben als man selbst zahlungsfähig." Mit anderen Worten: Ihr Risiko steigt, wenn Sie gegen überkaufte oder überverkaufte Aktien wetten. Dies geschieht auf eigene Gefahr.

Auf dem Aktienmarkt scheint es manchmal so, als würden Aktien auf einem anderen Planeten gehandelt, was ich als Trading in der „Grauzone" bezeichne. Sollten Sie bei *irgendeinem* Trade auf der falschen Seite stehen, sollten Sie nicht lange gegen den Markttrend kämpfen.

Fazit: Solange wir nicht in einen längeren Bärenmarkt eintreten, stehen die Chancen gut für die Bullen. Behalten Sie dennoch den RSI im Auge, um Hinweise darauf zu erhalten, wann Sie Gewinne mitnehmen sollten. Obwohl es schwierig ist, Umschwünge zu timen, schadet es nie, ein wenig Geld vom Tisch zu nehmen, wenn Aktien in ein überkauftes Marktumfeld eintreten.

Trading-Taktiken mit dem RSI

Eines sollten Sie über überkaufte und überverkaufte Oszillatoren wissen: Irgendwann stoßen die Aktienkurse an eine Wand und drehen in die andere Richtung. Das bedeutet, dass der Aktienkurs ansteigt, wenn er überverkauft ist, und fällt, wenn er überkauft ist. Es ist schwierig, den Zeitpunkt genau zu bestimmen, obwohl andere Indikatoren dabei helfen können (siehe Kapitel 7 über *Stochastik* oder befassen Sie sich mit *Fibonacci-Verhältnissen*, die oft zeigen, dass Aktienkurse bei 23,6 Prozent, 38,2 Prozent, 50 Prozent und 61,8 Prozent zurückgehen).

Eine Sache, die ich klarstellen möchte: Indikatoren und Oszillatoren bieten Orientierung und Anhaltspunkte, sind aber keine Wunderwaffen. Deshalb ist es wichtig, mehr als einen Beweis zu haben, bevor man entscheidet, welchen Trade man tätigt.

Hinweis: Manche Trader schauen auf zu viele Indikatoren und haben das gegenteilige Problem. Mehr als vier oder fünf Indikatoren in einem Diagramm sind für die meisten Trader zu viel. Wenn Sie zum Beispiel ein Dutzend Indikatoren oder Oszillatoren verwenden, besteht die Gefahr einer „Paralyse durch Analyse", eine Art Entscheidungslähmung, die unter Tradern weitverbreitet ist. Bei so vielen widersprüchlichen Indikatoren können sich die Trader nicht entscheiden, was sie tun sollen, und tun am Ende gar nichts.

Hinweis: Seien Sie bei der Verwendung des RSI oder anderer Indikatoren flexibel (dies ist der „künstlerische" Teil des Tradings). Nutzen Sie diese Tools, um wichtige Hinweise zu erhalten, aber starre Regeln können sich als nachteilig erweisen.

Die RSI-Cross-over-Strategie

Diese Strategie wird von vielen Tradern verwendet: Nachdem der RSI über 70 gestiegen ist, warten sie ab und beobachten. Sobald der RSI wieder unter 70 fällt, *verkaufen* sie *leer* (oder verkaufen, wenn sie die Aktie bereits besitzen). Fällt der RSI dagegen unter 30, sollten Trader abwarten. Sobald der RSI wieder über 30 steigt, ist das für sie ein grünes Licht zum *Kauf* der Aktie.

Obwohl diese Strategie nicht für jeden geeignet ist, gibt es eine große Gruppe von Tradern, die sie anwenden. Diese einfache Strategie ist sehr leicht zu testen, weshalb ich empfehle, dies in einem simulierten Trading-Programm zu tun.

Bearishe und bullishe Divergenzen

Ein cleverer Weg, den RSI zu nutzen, besteht darin, nach Divergenzen zwischen dem RSI und der zugrunde liegenden Aktie zu suchen. Wenn sich beispielsweise eine Aktie nach oben bewegt, der RSI jedoch nach unten (*bearishe Divergenz*), gibt der RSI einen Hinweis darauf, dass die Aktie möglicherweise nur noch eine gewisse Zeit gekauft werden kann. Mit anderen Worten: Der steigende Aktienkurs kann eine Täuschung oder „falsch positiv" sein.

Wenn sich eine Aktie hingegen nach unten bewegt, der RSI jedoch nach oben, wird dies als *bullishe Divergenz* betrachtet. Hier finden Sie eine genauere Erklärung der einzelnen Divergenzen.

- **Bearishe Divergenz.** Wenn **YYYY** sich nach oben bewegt, der RSI aber nach unten, ist das nicht nur eine bearishe Divergenz, sondern könnte auch eine *Bullenfalle* sein. Die Bullen glauben, dass YYYY unaufhaltsam ist, aber der RSI sagt etwas anderes. Wie Sie sich vielleicht erinnern, kehrt sich das Momentum immer vor dem Trend um. Es ist „möglich", dass die zugrunde liegende Aktie in diesem Beispiel einen Umschwung vollzieht, aber auch hier gilt: Bestätigen Sie dies mit anderen Indikatoren, bevor Sie den Trade tätigen.
- **Bullishe Divergenz.** Nehmen wir an, ZYX bewegt sich nach unten, aber der RSI steigt an. Dies ist nicht nur eine bullishe Divergenz, sondern wird auch als *Bärenfalle* bezeichnet. Unerfahrene bearishe Trader könnten ZYX nach unten treiben und dabei das stärkere RSI-Signal ignorieren. In diesem Beispiel sagt uns der RSI, dass sich das Momentum aufbaut, sodass es sich bei dem Rückgang des Aktienkurses um eine Täuschung handeln könnte. In diesem Beispiel kehrt ZYX die Richtung um und steigt nach oben, wodurch die Bären, die das Signal der bullishen Divergenz ignoriert haben, gefangen werden.

Hinweis: Divergenzen funktionieren nicht in 100 Prozent der Fälle. Setzen Sie also kein großes Kapital ein, wenn Sie dieses Signal in einem Diagramm sehen.

Andere RSI-Signale

Obwohl die Standardeinstellungen mit einem 14-Tage-Zeitraum und den 70-30-Parametern (überkauft/überverkauft) für die meisten Menschen geeignet sind, können Sie auch andere Zeiträume ausprobieren, um herauszufinden, was für Sie geeignet ist. Sie könnten zum Beispiel 75 und 25 statt 70 und 30 verwenden. Einige kurzfristige Trader ändern den 14-Tage-Zeitraum in einen 6- oder 9-Tage-Zeitraum. Ein Positions-Trader wählt eher einen Zeitraum von 25 Tagen. Alle vorgenommenen Änderungen wirken sich auf das Signal aus. Wenn die Standardeinstellungen geändert wurden, sollten Sie vorab einen Testlauf machen, bevor Sie traden.

Die 70-30-Standardeinstellungen sind Richtwerte und nicht von Dauer. Dennoch haben sich die Standardparameter durch das Backtesting zahlreicher Trader und auf der Grundlage von Studien und Untersuchungen bewährt. Bis Sie mehr Erfahrung mit RSI-Indikatoren gesammelt haben, sollten Sie die Standardeinstellungen beibehalten.

Wenn der RSI neutral ist

Dies ist eine Tatsache, die viele Trader nicht wissen: Wenn sich der RSI oder ein anderer „geglätteter" Oszillator der 50-Prozent-Marke nähert, handelt es sich um einen neutralen Wert. Wenn der RSI auf seinem 50-Prozent-Indikatorwert ruht, bedeutet dies, dass die Aktie nach 14 Handelstagen weder überkauft noch überverkauft ist. Dies ist weder ein starkes Kauf- noch ein Verkaufssignal. Darauf zu warten, dass der RSI 70 oder 30 überschreitet, ist weitaus zuverlässiger als der Trade in der Mitte.

DER VIX

Eine der besten Möglichkeiten, Angst und Gier der Anleger zu messen, ist der VIX (Chicago Board Options Exchange Volatility Index). Ich habe den VIX bereits in meinem vorherigen Buch behandelt, aber dieses Thema ist so wichtig, dass ich mich verpflichtet fühle, auch in diesem Buch einen ausführlichen Überblick zu geben.

Es wird allgemein angenommen, dass dieser beliebte Sentiment-Indikator die Stimmung am Markt messen kann. Unter dem Spitznamen „Angstindex" hilft er Tradern bei der Einschätzung, wie groß die Angst am Markt ist.

Der VIX ist eine Schätzung der zukünftigen Volatilität des US-Aktienmarktes. Obwohl die Berechnung kompliziert ist, gibt der VIX nützliche Hinweise darauf, wie volatil die Märkte in nächster Zeit sein werden (nach Ansicht von Optionshändlern). Er wird oft als Kontraindikator verwendet. (Ein bekanntes Sprichwort lautet: „If the VIX is low, it's time to go. When the VIX is high, it's time to buy." Also: „Wenn der VIX niedrig ist, ist es Zeit zu gehen. Wenn der VIX hoch ist, ist es Zeit zu kaufen.")

> ***Weiter gehende Anmerkung:*** Der VIX wird anhand einer Formel berechnet, bei der die gewichteten Preise von Puts und Calls, die aus dem Geld sind und in 16 bis 44 Tagen auslaufen, gemittelt werden. Durch die Verwendung realer Optionspreise misst der VIX, wie alle Optionshändler insgesamt die zukünftige Marktvolatilität für die nächsten 30 Tage einschätzen.

Wenn der VIX niedrig ist

Wenn die implizite Volatilität abnimmt, sinkt der VIX (per Definition). Wenn der VIX beispielsweise niedrig ist (unter 15), spiegelt dies die extreme Complacency (deutsch: Selbstzufriedenheit) der Optionshändler wider. Der Markt ist in der Regel ruhig und die Angst vor einem Marktrückgang ist bei diesen Tradern gering. Es ist wichtig zu wissen, dass der VIX über lange Zeiträume hinweg niedrig bleiben kann, bevor er schließlich ansteigt.

Wenn der VIX hoch ist

Wenn der VIX stark ansteigt (über 30 oder 40), spiegelt dies den übermäßigen Kauf von Verkaufsoptionen wider, was bedeutet, dass die Angst unter den Optionshändlern überhandnimmt. Wenn die implizite Volatilität zunimmt, steigt der VIX. Der VIX steigt vor allem deswegen an, weil nervöse Trader Put-Optionen kaufen wollen. Diese Trader benötigen Puts, um ihre Portfolios abzusichern, oder sie versuchen, von dem Abschwung zu profitieren, den sie für möglich halten. Diese erhöhte Nachfrage lässt die Preise sowohl für Calls als auch für Puts steigen, was zu einem Anstieg der impliziten Volatilität für alle Optionen führt.

Ängstliche Trader kaufen Puts, und zwar jede Menge davon. Sie haben keine Angst vor einer Rally und sind nicht daran interessiert, Call-Optionen zu kaufen. Die erhöhte Nachfrage nach Puts führt zu einem Anstieg des VIX.

Der steigende VIX ist ein Signal dafür, dass ein Tief beziehungsweise ein überverkaufter Zustand am Aktienmarkt wahrscheinlich ist, aber erst, wenn die übermäßige Nachfrage nach Verkaufsoptionen nachlässt. Wenn der VIX einen Wert von 40 übersteigt, kommt es in der Regel zu panikartigen Käufen von Verkaufsoptionen (zum Schutz und zur Spekulation). In Zeiten extremer Volatilität kann der VIX auf Werte über 50 steigen.

Die Angst und Panik halten jedoch in der Regel nicht lange an. Wenn der VIX ein derartiges Niveau erreicht, ist die Angst vor einem völligen Absturz weitverbreitet und kann auf eine schwere Marktkorrektur hindeuten. Für Gegenspekulanten, die anders denken als die Masse, ist dies eine Kaufgelegenheit.

Hinweis: Zur Erinnerung: Am 20. März 2020, auf dem Höhepunkt der Covid-19-Pandemie, erreichte der VIX einen Höchststand von über 86. Im Nachhinein betrachtet war dies eine der größten Kaufgelegenheiten der Geschichte. Von den Tiefstständen im März stieg der Aktienmarkt im Jahr 2021 auf ein Allzeithoch. (Optionsexperten sagten mir, dass der VIX, wenn es ihn während des Crashs 1987 gegeben hätte, ein Niveau von fast 150 erreicht hätte.)

> *Hinweis:* Der VIX wird auf der Website Ihres Brokers und auf zahlreichen Finanz-Websites angezeigt. Er ist ein optionsfähiges Wertpapier, das heißt, Sie können mit Puts und Calls auf den VIX selbst traden.

••••••

Jetzt, da Sie den RSI (und den VIX) besser kennen und wissen, was er für Sie tun kann, ist es an der Zeit, einen der beliebtesten technischen Oszillatoren der Technischen Analyse vorzustellen: die Bollinger-Bänder.

Da so viele Trader Bollinger-Bänder verwenden, werden wir eine ausführliche Diskussion darüber führen, wie Sie dieses Tool zur Verbesserung Ihrer Trading-Ergebnisse einsetzen können.

Kapitel 6

BOLLINGER-BÄNDER

Die von John Bollinger entwickelten Bollinger-Bänder sind einer der beliebtesten Indikatoren in der Technischen Analyse, ein Grund, warum sie in fast jedem Chartanalyse-Tool enthalten sind. Dieser flexible Indikator hilft unter anderem dabei, festzustellen, ob eine Aktie oder ein Markt überkauft oder überverkauft ist, wie sich eine Aktie oder ein Markt entwickelt und wie hoch die Volatilität in diesem Trend ist.

Obwohl Bollinger-Bänder sehr nützliche Informationen liefern, verwenden viele Trader diesen Indikator, ohne alle seine Funktionen zu verstehen. In diesem Kapitel hoffe ich, einige der Unklarheiten zu beseitigen.

Bollinger-Bänder können je nach Vorliebe des Traders mit jedem Zeitrahmen betrachtet werden. Die Bollinger-Bänder werden in der Regel mit einem Tagesdiagramm verwendet, sind aber ebenso effektiv mit einem Wochen- oder Monatschart. Darüber hinaus verwenden viele kurzfristige Trader Bollinger-Bänder bei Intraday-Charts.

Die Grundlagen

Bollinger-Bänder bestehen aus zwei Komponenten. Zunächst gibt es ein oberes und ein unteres Band, die in Blau oder Schwarz angezeigt werden. Die gepunktete Linie zwischen den Bändern stellt den einfachen gleitenden 20-Tage-Durchschnitt dar, der ein zentraler Bestandteil der Bollinger-Bänder-Methode ist.

Vielen Tradern ist nicht bewusst, dass die 20-Tage-Linie des gleitenden Durchschnitts ein wichtiger Bestandteil der Bollinger-Bänder ist. Schließlich wird der Begriff *gleitender Durchschnitt* verwendet, weil die Bollinger-Bänder anhand des Durchschnitts der letzten 20 Tage des sich ständig ändernden Aktienkurses berechnet werden.

Diese beiden Bänder wurden absichtlich so gewählt, dass sie zwei *Standardabweichungen* von der gleitenden 20-Tage-Durchschnittslinie entfernt sind (eine ausführliche Diskussion der Standardabweichung folgt später in diesem Kapitel). Damit eine Aktie (oder der Markt) das obere oder untere Band durchbricht, muss sie (oder er) eine starke Bewegung vollziehen.

> ***Hinweis:*** Die Standardwerte für Bollinger-Bänder sind 20 Tage und zwei Standardabweichungen. Einige kurzfristige Trader ersetzen den gleitenden 20-Tage-Durchschnitt eventuell durch einen gleitenden 10-Tage-Durchschnitt. Darüber hinaus können und sollten Bollinger-Bänder verwendet werden, um Signale von einigen Ihrer anderen Lieblingsindikatoren zu bestätigen.

Hier sind zwei der grundlegendsten Bollinger-Bänder-Signale:

1. **Überkauft.** Wenn der Aktienkurs das obere Band durchbricht (kreuzt), befindet sich das Wertpapier im überkauften Bereich.

2. **Überverkauft.** Wenn der Aktienkurs das untere Band durchbricht (kreuzt), befindet sich das Wertpapier im überverkauften Bereich.

Denken Sie daran: Nur weil eine Aktie überkauft oder überverkauft ist, bedeutet das nicht, dass eine Umkehr unmittelbar bevorsteht.

Bollinger-Bänder wurden entwickelt, um Tradern bei den folgenden zwei Überlegungen zu helfen:

1. Ob der Kurs des Basiswerts relativ hoch (überkauft) oder relativ niedrig (überverkauft) ist.
2. Ob die Volatilität des Aktienkurses tendenziell höher oder niedriger ist.

Bei der Verwendung von Bollinger-Bändern gibt es zwei wichtige Regeln, die Trader beachten müssen: Erstens müssen die Bänder paarweise verwendet werden (sowohl das obere als auch das untere Band) und zweitens müssen die Bänder mit einem gleitenden Durchschnitt kombiniert werden und dürfen niemals einzeln verwendet werden.

Abbildung 6.1 zeigt, wie Bollinger-Bänder in einem Diagramm aussehen. Da die Bollinger-Bänder oben auf dem Aktienchart angezeigt werden, können die vier Linien manche Trader verwirren. Nach einigen Übungsläufen sind sie leichter zu interpretieren.

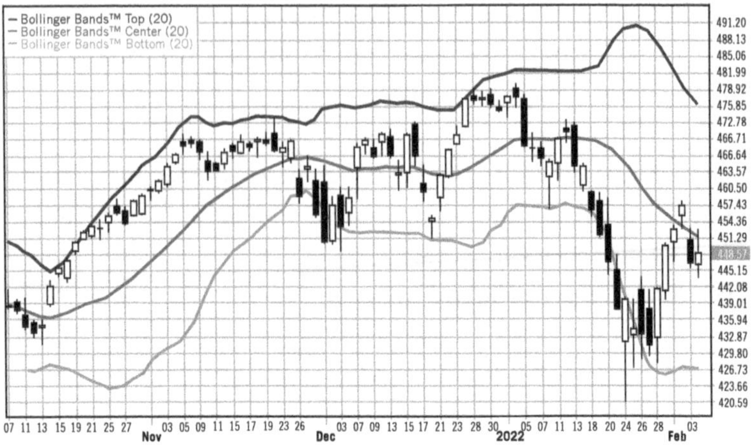

ABBILDUNG 6.1 Bollinger-Bänder
(Grafik mit freundlicher Genehmigung von BollingerBands.us.)

> ***Hinweis:*** In Abbildung 6.1 sehen Sie, wie der Aktienkurs (als Kerze dargestellt) zwischen dem oberen und dem unteren Band hin und her springt und wie er sich über und unter dem gleitenden 20-Tage-Durchschnitt bewegt.

> ***Hinweis:*** Bollinger-Bänder sind eine Art *Preisumschlag*, definiert als ein Diagramm, das aus zwei Preisbereichen besteht: dem oberen und dem unteren.

Wie Bollinger-Bänder die Standardabweichung verwenden

Wie Sie in Abbildung 6.1 sehen können, werden Bollinger-Bänder durch die Kombination von drei verschiedenen Diagrammen in einem einzigen Chart erstellt. Das erste Diagramm ist der einfache gleitende 20-Tage-Durchschnitt des Schlusskurses des Basiswerts. Als Nächstes werden zwei zusätzliche Diagramme hinzugefügt.

Diese Linien stellen einen Kurs dar, der zwei *Standardabweichungen* über dem gleitenden Durchschnitt (oberes Band) und zwei *Standard-*

abweichungen unter dem gleitenden Durchschnitt (unteres Band) liegt. Definitionsgemäß liegt der gleitende Durchschnitt immer in der Mitte zwischen dem oberen und dem unteren Band.

Die *Standardabweichung* ist ein wesentlicher Bestandteil der Bollinger-Bänder-Methode. Die Standardabweichung wird in der Statistik verwendet, um die Konsistenz einer Reihe von Datenpunkten zu messen, aber auch, um das Risiko zu messen – was für unsere Zwecke noch wichtiger ist.

Zwei Standardabweichungen stellen eine Kursänderung dar, die außerhalb der Norm liegt und etwa an einem Tag von 20 auftritt. Wenn also eine Aktie eines der beiden Bänder berührt oder durchbricht, ist dies ein Warnzeichen dafür, dass eine Aktie oder ein Index überkauft oder überverkauft ist.

So funktionieren die Bollinger-Bänder, und das ist wichtig: Der gleitende Durchschnitt neigt dazu, zwischen dem oberen und dem unteren Band zu pendeln. Der gleitende Durchschnitt biegt, dreht und bewegt sich unabhängig von den Bändern.

Hinweis: Die gepunktete Linie beschreibt die Veränderung des Aktienkurses, während die Bänder die jüngste Volatilität der Aktie beschreiben. Die Bandbreiten geben einen Einblick in die mögliche Kursentwicklung auf der Grundlage der Volatilität der Aktie. Wenn die Aktie volatiler wird, bewegen sich die Bänder auseinander, was die Möglichkeit größerer täglicher Kursänderungen anzeigt.

Beobachten Sie die Bänder!

Fakt ist: Bei Verwendung der Standardeinstellungen bleibt der Aktienkurs in 95 Prozent der Fälle innerhalb des oberen und unteren Bandes. Nur in fünf Prozent der Fälle überschreitet er eines der beiden Bänder.

Wie wichtig sind diese Informationen? Es ist sinnvoll, den Trade auf der Grundlage dessen zu tätigen, was in 95 Prozent der Fälle mit dem

Aktienkurs passiert. Allerdings gibt es hier einen großen Vorbehalt: Es ist zwingend erforderlich, zu verhindern, dass Ihre Position bei einem dieser „gar nicht so seltenen" Ereignisse (eine Kursänderung in die falsche Richtung, die mehr als zwei Standardabweichungen beträgt) unter Druck gerät.

Die gute Nachricht ist, dass sich der Aktienkurs während der Hälfte dieser fünf Prozent (wenn der Aktienkurs außerhalb der Bandbreiten liegt) in eine Gewinnrichtung bewegt. Seien Sie also bereit, die Gelegenheit zu nutzen, wenn sie sich Ihnen bietet.

Hinweis für Fortgeschrittene: Wenn Sie die Standardeinstellung auf *eine* Standardabweichung (statt zwei) ändern, ändert sich die oben genannte Zahl von 95 Prozent auf 68 Prozent. Ändern Sie den Standardwert auf *drei* Standardabweichungen, bleibt der Kurs in 99,7 Prozent der Fälle zwischen den beiden Bändern. So selten ein Ereignis mit einer Wahrscheinlichkeit von 3 zu 1.000 auch scheinen mag, Kursbewegungen mit drei Standardabweichungen kommen etwa alle vier Jahre vor. Wer gegen sie wettet, verliert nicht selten sein Geld.

Tipp für Fortgeschrittene: John Bollinger schlug vor, dass erfahrene Trader die Standardeinstellungen ändern sollten. Anstelle der Standardwerte 20 und 2 schlug er vor, einen gleitenden Durchschnitt über 50 Perioden und eine Standardabweichung von 2,1 zu verwenden. Wenn Sie eine noch längerfristige Perspektive wünschen, ändern Sie die Standardeinstellung auf 20 Wochen und verwenden Sie einen wöchentlichen Zeitraum.

Um die Bänder „herumschleichen"

Wie Sie bereits vom RSI wissen, können Aktien lange Zeit überkauft oder überverkauft bleiben, bevor sie sich umkehren. Es handelt sich also nicht um umsetzbare Kauf- oder Verkaufssignale. Wenn Sie die Bollinger-Bänder lange genug beobachten, werden Sie feststellen, dass die Aktie eine ganze Weile am oberen oder unteren Band verweilen kann.

Manche Trader werden ungeduldig, wenn die Aktie um die Bänder „herumschleicht". Manchmal kann eine Aktie tagelang an einem der Bänder verharren. In anderen Fällen kann es vorkommen, dass der Kurs nach Erreichen des Bandes sofort wieder umkehrt und sich auf den gleitenden Durchschnitt zubewegt.

Unterstützung und Widerstand

Die oberen und unteren Bänder können als Unterstützung und Widerstand für einzelne Aktien dienen. Wenn sich die Kurse dem oberen Band nähern oder es berühren, wird gesagt, dass die Aktie den Widerstand testet. Wenn sich die Kurse dem unteren Band nähern oder es berühren, wird gesagt, dass die Aktie die Unterstützung testet. Wenn eine Aktie unter die Unterstützung fällt, könnte dies der Beginn eines Abwärtstrends sein. Sollte die Aktie den Widerstand überwinden, könnte dies der Beginn eines Aufwärtstrends sein.

Volatilität verstehen

Bollinger-Bänder tragen auch dazu bei, dass Trader die Volatilität beachten und sie analysieren. Die von der Software gezeichneten Bandbreiten sind ein Maß dafür, wie schnell und um wie viel sich der Aktienkurs verändern kann.

Aktien mit höherer Volatilität haben größere tägliche Kursschwankungen als Aktien mit geringerer Volatilität. Wenn die Volatilität hoch ist, sollten Trader daher davon ausgehen, dass die hohe Volatilität (die zu überdurchschnittlich hohen täglichen Kursschwankungen führt) sehr kurzfristig anhalten wird.

Bollinger-Bänder messen die Volatilität, indem sie sich in volatilen Zeiten verbreitern und in weniger volatilen Zeiten zusammenziehen.

Wenn sich zum Beispiel das obere und das untere Band plötzlich zusammenziehen (zusammendrücken), liegt das daran, dass die Aktie weniger volatil war.

Lassen Sie sich nicht von einer niedrigen Volatilität täuschen. Wenn die Bollinger-Bänder extrem schmal sind, ist dies ein Zeichen dafür, dass sich der Markt plötzlich in die entgegengesetzte Richtung bewegen könnte. Anders ausgedrückt: Auf Zeiten niedriger Volatilität folgen oft Zeiten hoher Volatilität.

Der unbekannte Faktor ist, wie viel Zeit vergehen muss, bis die Veränderung eintritt. Es ist wahrscheinlich der falsche Schritt, in Erwartung eines Volatilitätsausbruchs eine Position einzugehen. Perioden niedriger Volatilität (Complacency) können jahrelang anhalten.

Es funktioniert auch andersherum. Wenn sich die Bandbreiten erweitern, bedeutet dies, dass der Kurs der zugrunde liegenden Aktie volatil war. Die sich ausdehnenden Bollinger-Bänder könnten zu einer Richtungsumkehr des Marktes führen. Der Markt neigt dazu, nicht allzu lange sehr volatil zu bleiben, aber die Ergebnisse können dramatisch sein (Oktober 1987 und die Jahre 2007 bis 2009 sind gute Beispiele für dieses Phänomen).

Um die Bollinger-Bänder optimal zu nutzen, sollten Sie darauf achten, wie sich die Bänder *ausweiten* und *zusammenziehen* (ein Maß für die Volatilität). Viele Trader übersehen diese Schlüsseleigenschaft der Bollinger-Bänder, weil sie sich zu sehr auf die Kurse und nicht auf die Bänder konzentrieren.

Lassen Sie uns dieses Gespräch jetzt ausweiten (kein Wortspiel beabsichtigt).

Ausweiten und zusammenziehen

Das Verständnis dafür, wie sich die Bänder ausweiten und zusammenziehen (divergieren oder konvergieren), hebt diesen Indikator von den meisten anderen ab. Wie Sie gerade gelesen haben, nehmen die Volatilität und das Momentum zu, wenn sich die Bänder auseinanderbewegen. Wenn die Bänder enger werden, nehmen die Volatilität und das Momentum ab. Achten Sie darauf, wie stark sich die Bänder ausweiten, denn das ist ein Warnzeichen dafür, dass die Risiken gestiegen sind.

Wenn die Kurse fallen, weiten sich die Bandbreiten aus, und die Volatilität nimmt in der Regel zu, da der Verkaufsdruck nach unten zunimmt. Wenn die Volatilität bei fallenden Aktienkursen zunimmt, sollten Sie nicht kaufen, egal wie überverkauft die Aktie ist. Der Kauf einer Long-Position kann in diesem Szenario sehr schmerzhaft sein.

Warten Sie stattdessen ab, bis die Volatilität nicht mehr zunimmt und abklingt und sich der Trend dreht. An diesem Punkt wird der Kauf weniger riskant. Man braucht Geduld, um zu warten, aber das ist eine der wichtigsten Eigenschaften von erfolgreichen Tradern.

Erinnerung: Einer der Gründe, warum viele Trader auf der falschen Seite eines Trends hängen bleiben, ist, dass sie die Bänder nicht richtig lesen. So kann beispielsweise der Aktienkurs steigen, während sich die Bandbreiten verringern.

Hinweis: Achten Sie auf die *Neigung* des Bandes und folgen Sie seiner Richtung (zum Beispiel, ob es sich nach oben oder unten neigt). Das Betrachten der Neigung eines Bollinger-Bandes – ob es absteigend, aufsteigend oder flach ist – ermöglicht es Ihnen, das gesamte Bild zu sehen.

Wie Trader Bollinger-Bänder missbrauchen

Der gleitende 20-Tage-Durchschnitt gibt einen Hinweis auf den Trend: aufwärts, abwärts oder seitwärts. Trader missbrauchen diesen Indikator häufig, indem sie eine Bewegung durch die gepunktete gleitende Durchschnittslinie als Kauf- oder Verkaufsauslöser verwenden (das beliebte *Cross-over-Signal*).

Wenn Trader fälschlicherweise eine Kauf- oder Verkaufsentscheidung auf der Grundlage eines Bollinger-Bänder-Cross-overs treffen, machen manche die Bollinger-Bänder für schlechte Trading-Ergebnisse verantwortlich. In Wirklichkeit ist die Achillesferse der Bollinger-Bänder, dass sie nicht dafür konzipiert wurden, präzise Kauf- und Verkaufssignale zu geben.

Einen weiteren Fehler machen Bollinger-Bänder-Nutzer oft, wenn sie sehen, dass der Aktienkurs fällt und vielleicht das untere Band berührt. Sie gehen davon aus, dass die Aktie die Richtung ändern und steigen wird. Ein Berühren des unteren Bandes bedeutet nämlich *nicht*, dass die Aktie die Richtung wechselt und nach oben geht.

Umgekehrt bedeutet die Tatsache, dass der Aktienkurs das obere Band berührt, nicht, dass er plötzlich seine Richtung ändert und nach unten geht. Niemand weiß, wohin sich der Aktienkurs bewegt, nachdem er ein Band berührt hat. Fazit: Diese Berührung ist kein Trading-Signal für Bollinger-Bänder-Nutzer.

Hinweis: Wenn Sie neu in der Welt der Bollinger-Bänder sind, mögen Ihnen all diese Erläuterungen verwirrend erscheinen. Wenn Ihnen der Kopf schwirrt, schauen Sie sich das Interview mit John Bollinger am Ende dieses Kapitels an; ich glaube, dass Sie diesen Indikator danach viel besser verstehen werden.

Nur wenige Trader nutzen das volle Potenzial der Bollinger-Bänder. Dennoch nutzen viele Trader die grundlegenden Bollinger-Bänder-Signale erfolgreich, und das können Sie auch. Sie sind ein guter Ansatzpunkt.

Hinweis: Eine der besten Möglichkeiten, Bollinger-Bänder zu verwenden, ist nicht als Prognosetool, sondern als Risikomanagement-Tool (Dank an Professor Jeffrey Bierman, Chartered Market Technician, für die Erläuterungen, wie man Bollinger-Bänder auf diese Weise verwenden kann).

Zusätzliche Beobachtungen zu Bollinger-Bändern

Wenn Sie diesen Indikator verwenden möchten, werden Ihnen die folgenden wichtigen Beobachtungen über Bollinger-Bänder helfen, sie besser zu verstehen:

- Wenn die Volatilität zugenommen hat, trennen sich die Bänder. Wenn dieser Abstand besonders groß ist, kann ein bestehender Trend kurz vor dem Ende stehen.
- Der Aktienkurs kann sich bei einem starken Trend lange Zeit um eines der Bänder wickeln (*um die Bänder herumschleichen*). Wenn ein Momentum-Oszillator darauf hindeutet, dass es an der Zeit ist, aus dem Trade auszusteigen, sollten Sie erwägen, Gewinne mitzunehmen oder die Positionsgröße zu reduzieren.
- Der Aktienkurs neigt dazu, abzuprallen und erst das eine und dann das andere Band zu berühren. Diese Schwankungen können von einem Trader genutzt werden, um Gewinnziele auszuwählen. Wenn der Aktienkurs beispielsweise das untere Band berührt und sich dann vom unteren Band entfernt, wenn er den gleitenden Durchschnitt überschreitet, wird das obere Band zu einem handelbaren Ziel.
- Wenn die Volatilität gering ist und die Bandbreiten enger werden, steigen die Chancen auf eine schnelle Kursbewegung (in beide Richtungen). Wenn es sich bei dieser Bewegung um einen neuen Trend handelt, ist das Gewinnpotenzial erheblich. Achten Sie immer auf die Möglichkeit einer falschen Bewegung in die entgegengesetzte Richtung.

Da Sie nun ein tieferes Verständnis dieses faszinierenden Indikators haben, habe ich jetzt etwas Besonderes für Sie. Der Entwickler der Bollinger-Bänder, John Bollinger, sprach vor einigen Jahren mit mir über einige der kreativen Möglichkeiten, wie er Bollinger-Bänder einsetzt.

INTERVIEW MIT JOHN BOLLINGER

Mit einem Desktop-Computer der ersten Generation wollte der Optionshändler John Bollinger in den 1980er-Jahren testen, ob die Volatilität eine feste Zahl ist, wie man damals glaubte. Er war besorgt über die Preisgestaltung von Optionen, die in erster Linie darauf beruhte, die Volatilität zu kennen. „Damals", sagt er, „glaubten wir, dass die Volatilität eine feste Zahl ist, die sich nicht verändert. Wir dachten, sie gehöre zu den Grundeigenschaften eines Wertpapiers."

Das änderte sich, als er die Volatilitätsformel in eine Tabellenkalkulation kopierte. „Zum ersten Mal sah ich, dass die Volatilität nicht feststeht, sondern eine dynamische Zahl ist", erklärt er. „Sie hat sich ständig verändert. Und ich sagte: ‚Das ist interessant!'" Im Laufe der nächsten Monate kam er durch Ausprobieren und verschiedene Formen der Volatilitätsberechnung auf die Bollinger-Bänder.

Die kreative Art und Weise, wie Menschen, insbesondere Optionshändler, seinen Indikator verwenden, hat Bollinger verblüfft. „Die Leute haben berichtet, dass sie ihn auf eine Weise nutzen, die ich mir nie vorstellen konnte", staunt er. „Ich habe einige unglaublich gute Ideen von Leuten erhalten, die anriefen und sagten: ‚Rate mal, was ich mit den Bollinger-Bändern mache?' Und ich antwortete: ‚Ach wirklich? Daran hatte ich noch gar nicht gedacht!'"

Bollinger-Bänder seien unter anderem deshalb so beliebt geblieben, weil sie sich leicht an die Marktbedingungen anpassen lassen, sagt er. Und fährt fort: „Die Komponenten der Bollinger-Bänder sind Trend und Volatilität. Dies sind die wesentlichen Marktkräfte. Und sie werden auf eine Weise dargestellt, die für die Menschen intuitiv leicht zu erfassen ist."

Die richtige Verwendung von Bollinger-Bändern

Bollinger erklärt, was sein Indikator eigentlich tut: „Die Bollinger-Bänder geben in erster Linie Auskunft darüber, ob die Kurse auf relativer Basis hoch oder niedrig sind. Ihre beste Verwendung ist die Erstellung von Trading-Set-ups, mit denen die Wahrscheinlichkeit eines erfolgreichen

Trades berechnet werden kann. Wenn Sie einen solchen Trade identifizieren, steigen Sie ein.

Was Bollinger-Bänder nicht leisten können, so warnt er, ist eine kontinuierliche Beratung: „Können Sie zu jedem beliebigen Zeitpunkt auf die Bollinger-Bänder schauen und wissen, was zu tun ist? Die Antwort, zumindest meiner Erfahrung nach, ist nein."

Er sagt, dass Bollinger-Bänder keine Prognosetools sind. Sie können nicht vorhersagen, wie sich der Dow Jones Industrial Average an einem bestimmten Tag entwickeln wird. Dennoch räumt er ein, dass es innerhalb der Bollinger-Bänder-Set-ups „offensichtliche Ziele und offensichtliche Projektionen gibt, die gemacht werden können. Das ist besonders nützlich, um zu sehen, ob ein Set-up funktioniert oder nicht. Aber ich würde das nicht als Marktprognose bezeichnen."

Ein einzigartiges Phänomen der Bollinger-Bänder ist, dass Aktien dazu neigen, über längere Zeiträume überkauft oder überverkauft zu sein. „Wir nennen das ‚um das obere Band herumschleichen'", erklärt er, „oder um das untere. Das ist völlig normal. Das ist genau die Art von Aktivität, die man in einem sich entwickelnden Markt erwarten kann. Es kann lange dauern, bis wir eine brauchbare Lösung gefunden haben."

Wenn jemand ungeduldig wird, weil es kein sofortiges Kauf- oder Verkaufssignal gibt, weist er darauf hin, dass die Person und nicht das Tool versagt hat.

Er fügt hinzu: „Der größte Fehler, den die Leute mit meinem Indikator machen, ist die Annahme, dass jede Berührung des oberen Bandes ein automatischer Verkauf und jede Berührung des unteren Bandes ein automatischer Kauf ist. Das ist völlig falsch."

Ein weiteres Problem besteht darin, dass sich die Menschen auf bestimmte Signale fixieren, obwohl der Markt gegen sie spricht. Das hat zur Folge, dass sie viele schmerzliche Erfahrungen machen. Das Wichtigste ist, so Bollinger, flexibel zu sein. Betrachten Sie die Bänder als eine Komponente einer Systemanalyse, die auch Trend- und Stimmungsinformationen enthält. Er merkt an: „Es ist sinnvoller, meine Bänder als Teil eines ganzen Trading-Systems zu betrachten und nicht als das einzige benötigte Tool."

Experimentieren

Bollinger ist der Meinung, dass die beste Art und Weise, seinen Indikator zu verwenden, darin besteht, mit den Standardeinstellungen zu experimentieren. „Spielen Sie so viel und kreativ wie möglich mit den Einstellungen herum", rät er.

„Irgendwann kann man den Punkt finden, der einem wirklich guttut. Eine Möglichkeit, dies herauszufinden, besteht darin, die gleitenden Durchschnitte von einfachen zu exponentiellen zu gewichteten Durchschnitten zu ändern oder die Anzahl der Perioden oder die Anzahl der Bänder zu ändern. Dann probieren Sie es mit einem 10-Minuten-, Tages-, Stunden-, Wochen- und Monatschart aus."

Meiden Sie ein veraltetes Trading-System

Obwohl Bollinger eine Reihe von festen Regeln für die Verwendung seines Indikators aufstellte, fiel ihm auf, dass diese nicht so gut funktionierten wie erwartet. „Die Märkte wandeln und verändern sich mit der Zeit. Während ein bestimmtes Regelwerk in einer Periode funktionieren mag, kann es in einer anderen Periode nicht funktionieren oder sogar in die entgegengesetzte Richtung wirken", sagt er. „Ich habe festgestellt, dass der wahre Wert darin liegt, meinen Ansatz so anpassungsfähig wie möglich zu gestalten, damit er sich mit den Märkten verändert. Dadurch verhindert man, dass man bei einem veralteten Trading-System hängen bleibt, das für den Markt nicht mehr geeignet ist."

Hinweis: Bollinger schrieb ein Buch über seinen Indikator, „Bollinger on Bollinger Bands" (McGraw Hill).

• • • • • •

Viele Anfänger wollen wissen, ob es einen Indikator gibt, der in Echtzeit vor Umkehrungen oder überkauften und überverkauften Bedingungen warnt. Wenn es einen solchen Indikator gäbe, würde er beim Markt-Timing helfen. In der Tat gibt es einen solchen Indikator: die *Stochastik.*

Viele betrachten die Stochastik als einen der leistungsfähigsten Indikatoren in der Technischen Analyse. Es kann alles oben Genannte und noch mehr. Das nächste Kapitel sollten Sie nicht verpassen.

Kapitel 7

STOCHASTIK

Der stochastische Oszillator (Stochastik) ist ein beliebtes Tool vieler kurz- und langfristiger Trader, da er zuverlässige und überraschend genaue Kauf- und Verkaufssignale liefert. Er ist sowohl leistungsstark als auch vielseitig, einer der Gründe, warum viele Trader ihn ständig auf ihrem Bildschirm haben.

Dieser Indikator bietet nicht nur Trading-Signale, sondern ist auch vielseitig einsetzbar: Erstens warnt er vor überkauften und überverkauften Bedingungen. Zweitens warnt er Trader vor möglichen Umkehrungen. Schließlich bestätigt er, ob die Umkehrung tatsächlich stattgefunden hat. Aus all diesen Gründen sollte die Verwendung der Stochastik Ihren Trade verbessern. (Auf die Einzelheiten gehe ich später in diesem Kapitel ein.)

Ralph Dystant, ein Zahnarzt aus Chicago, der auch eine Ausbildungsgruppe für Technische Analyse leitete, soll der erste gewesen sein, der den stochastischen Oszillator entwickelt hat. Nach Dystants frühem Tod arbeitete sein Assistent George Lane weiter an der Verbesserung der stochastischen Formel. Lane schrieb auch zahlreiche Artikel über seine Verwendung, wodurch der Oszillator noch populärer wurde. Tim Slater, der zu einer Gruppe gehörte, die in den 1970er-Jahren an der Entwicklung zahlreicher Indikatoren beteiligt war, prägte als Erster den Namen *Stochastik*.

Wenn Sie die Stochastik noch nie verwendet haben oder glauben, dass sie zu komplex ist, verpassen Sie einen multidimensionalen Indikator, der Ihre Trading-Ergebnisse verbessern kann. Sie haben vielleicht schon gehört, dass „niemand den Markt timen kann". Im Gegensatz zu diesem Sprichwort ist es bei richtiger Anwendung der Stochastik möglich, die Ein- und Ausstiegszeitpunkte zu bestimmen. Das ist ein weiterer Grund, warum es sich lohnt, diesen faszinierenden Oszillator kennenzulernen.

Die Idee hinter der Stochastik

Wenn Sie mit der Stochastik noch nicht vertraut sind, mag sie zunächst verwirrend erscheinen. Wenn Sie die Stochastik jedoch in einem Diagramm verwenden, sind die Signale bemerkenswert einfach zu interpretieren. Ich werde auch mein Bestes tun, um es verständlich zu machen. Ich hoffe, dass Sie am Ende dieses Kapitels genügend Informationen haben, um sofort mit der Stochastik zu arbeiten.

Es gibt viele Missverständnisse über die Funktionsweise der Stochastik, sodass Sie in diesem Kapitel vielleicht überraschende Informationen finden. Viele Menschen wissen zum Beispiel nicht, dass die Stochastik sowohl ein *Momentum-* als auch ein *Trendindikator* ist. Das macht die Stochastik zu einem sehr leistungsfähigen Tool, denn sie ermöglicht es den Nutzern, rechtzeitig in Positionen ein- und auszusteigen.

Der Grundgedanke der Stochastik ist, dass sich die Dynamik eines Aktienkurses häufig ändert, bevor der Aktienkurs seine Richtung ändert. Daher kann die Stochastik zur Vorhersage von Trendumkehrungen verwendet werden.

Was ist Stochastik?

Hier ist eine verständliche Definition: Die Stochastik zeigt den Schlusskurs eines Vermögenswerts (zum Beispiel einer Aktie) an und vergleicht diesen Schlusskurs mit der Handelsspanne (Höchst- und Tiefstkurs) der letzten 14 Tage.

Mithilfe der Stochastik können Sie Veränderungen im Momentum und im Trend erkennen, überkaufte und überverkaufte Bedingungen ausmachen und umsetzbare Kauf- und Verkaufssignale erhalten.

Die Grundlagen

In den meisten Chartanalyse-Tools werden mehrere Stochastiknamen in einer Dropdown-Liste angezeigt. Die beiden wichtigsten sind *Slow Stochastics* (deutsch: langsame Stochastik) und *Fast Stochastics (*deutsch: schnelle Stochastik). Day-Trader neigen dazu, die schnelle Stochastik zu verwenden, weil sie mehr und schneller Signale generiert (es gibt weniger Verzögerungen).

Andererseits hat die Verwendung der Slow Stochastics den Vorteil, dass sie die Anzahl der Whipsaws reduziert. Sie ist weder besser noch schlechter als die Fast Stochastics, aber sie erzeugt weniger Trading-Signale und weniger falsche Cross-overs.

Letztendlich ist es Ihre Entscheidung, welche Version Sie verwenden, aber wenn Sie Anfänger sind, würde ich empfehlen, mit Slow Stochastics zu beginnen.

Tipp: Der Stochastik-Indikator eignet sich für alle Arten von Marktumgebungen, während Indikatoren wie gleitende Durchschnitte, MACD und RSI eher für trendorientierte Märkte entwickelt wurden. Wenn sich eine Aktie oder der Gesamtmarkt seitwärts bewegt oder, schlimmer noch, sich wahllos in einer Spanne auf und ab bewegt, sollte die Stochastik helfen, zu erkennen, wann dieses Muster zu Ende geht.

%D und %K

Die Stochastik wird als zwei Linien angezeigt, %D (die langsamere Linie, „Slow") und %K (die schnellere Linie, „Fast").

Wichtig: %K ändert sich schneller als %D.

Da es einfacher ist, %D und %K visuell zu erklären, zeigt Abbildung 7.1, wie die Slow Stochastics in einem Aktienchart aussehen (siehe oben im Chart). Die schnellere %K-Linie ist in Schwarz dargestellt. Die langsamere %D-Linie ist rot (in diesem Buch grau).

Die Stochastik zeigt eine Reihe von handlungsrelevanten Signalen. Ich werde Ihnen zunächst die grundlegendsten davon zeigen.

ABBILDUNG 7.1 Slow Stochastics

(Grafik mit freundlicher Genehmigung von Stockcharts.com.)

Verwertbares Signal: Wenn sich die beiden Linien (%K und %D) kreuzen, während der Indikator überkauft oder überverkauft ist, stellt dies ein Kauf- oder Verkaufssignal dar. Um genau zu sein, wenn %K %D kreuzt, ist das ein verwertbares Kauf- oder Verkaufssignal, solange die Stochastik über 80 oder unter 20 liegt. Mehr über diese Signale erfahren Sie im Abschnitt „Die 80-20-Cross-over-Strategie" in diesem Kapitel.

Denken Sie daran: %K ist die *Führungslinie.* Da %D eine sanftere Version von %K ist, ist sie langsamer. Die Art und Weise, wie diese beiden Linien konvergieren und divergieren, macht die Stochastik so nützlich und zu einer der erstaunlichsten Entdeckungen der Technischen Analyse.

***Weiter gehende Anmerkung*:** Die %K-Linie subtrahiert das niedrigste Tief vom höchsten Hoch der letzten 14 Tage, um eine Kursspanne zu definieren. Anschließend wird der letzte Schlusskurs als Prozentsatz dieser Spanne angezeigt. Die %D-Linie ist ein gleitender 3-Tage-Durchschnitt von %K. Da %D ein gleitender Durchschnitt ist, ändert er sich langsamer als %K.

Wenn sich der Aktienkurs ändert, veranschaulichen die Linien %K und %D das wechselnde Momentum. Um eine Analogie zu verwenden: Stellen Sie sich vor, Sie würden ein Auto fahren. Wenn Sie den Fuß vom Gas nehmen, verringert sich die Geschwindigkeit des Fahrzeugs, obwohl es sich immer noch vorwärtsbewegt. Das Gleiche gilt für %K und %D.

(14) und (3) Perioden

Zusätzlich zu %K und %D gibt es zwei Standardzahlen in Klammern, die als (14, 3) geschrieben werden. Wenn Sie sich Abbildung 7.1 oben links genau ansehen, werden Sie feststellen, dass die Zahlen wie folgt angezeigt werden: %K (14) %D (3). Das bedeutet, dass %K die letzten 14 Perioden (in der Regel Tage) verwendet, während %D ein einfacher gleitender 3-Tage-Durchschnitt von %K ist. Er wird zusammen mit %K als Signal- oder Triggerlinie dargestellt. Ein Zeitraum kann in Stunden, Tagen, Wochen oder Monaten gemessen werden, je nach dem Zeitrahmen des Traders.

Als George Lane die Stochastik entwickelte, wählte er 14 als Standardperiode. Einige kurzfristige Trader sind jedoch der Meinung, dass %K (14) für sie zu langsam ist, ein Grund, warum einige Chartanalyse-Tools

(10) als Standardperiode verwenden. Einige Day-Trader gingen noch weiter und senkten den Wert auf (5) – ein schnelles Signal, das vor allem für Intraday-Trading geeignet ist. Sie können die Standardwerte nach Belieben ändern, ich empfehle jedoch, zunächst die Standardwerte des Diagramms zu verwenden.

> *Tipp:* In einem Umfeld extrem niedriger Volatilität erhöhen einige Trader die %K-Geschwindigkeit, nur um einen umsetzbaren Trade zu finden. Die Gefahr besteht jedoch darin, dass ein schnellerer %K-Wert die Wahrscheinlichkeit erhöht, falsche Signale zu erhalten. Daher ist es nicht ratsam, ein Signal zu erzwingen, nur um einen Trade zu finden.

0 und 100

Ein weiteres Merkmal der Stochastik ist, dass der Mindestwert bei 0 und der Höchstwert bei 100 liegt. Anders ausgedrückt: Er ist von 0 bis 100 *begrenzt* (ähnlich wie der RSI). Liegt der Wert über 80, gilt eine Aktie (oder ein Index) als überkauft. Bei einem Wert unter 20 gilt eine Aktie (oder ein Index) als überverkauft.

Wie Sie in den vorangegangenen Kapiteln gelernt haben, sind überkaufte und überverkaufte Kurse eine *Gegebenheit* und kein direkter Trading-Trigger. Machen Sie nicht den beliebten Fehler, eine Aktie blindlings zu kaufen, wenn sie unter 20 fällt, oder Leerverkäufe zu tätigen (oder eine bestehende Position zu verkaufen), wenn sie über 80 steigt. Es stimmt, dass Sie mit dieser Strategie gelegentlich erfolgreich sein werden, aber dafür wurde die Stochastik nicht entwickelt.

Was ist mit überkauft und überverkauft gemeint?

Um Oszillatoren zu verstehen, müssen Sie wissen, dass *überkauft* und *überverkauft* relative Begriffe sind, die von den Marktbedingungen abhängen. Wie Sie aus der Lektüre über den RSI wissen, können sowohl Aktien als auch Indizes über längere Zeiträume überkauft oder überverkauft bleiben. Darüber hinaus sind 80 und 20 Richtwerte, keine Regeln, und können nach oben oder unten angepasst werden, wenn sich die Marktbedingungen ändern.

Viele Anfänger machen den Fehler, sofort eine Position einzugehen, weil sie die Funktionsweise der Stochastik nicht vollständig verstehen. Unerfahrene Contrarians neigen dazu, in einen Trade einzusteigen und eine Short-Position einzunehmen, wenn sie ein überkauftes Signal beobachten, sind aber schockiert, wenn die Aktie noch überkaufter wird.

Umgekehrt bedeutet eine überverkaufte Aktie, die in der Stochastik unter 20 liegt, nicht, dass sie sich sofort erholen wird. Auch wenn der Kurs bald wieder ansteigen und sich in der Zukunft umkehren könnte, ist es nicht der richtige Zeitpunkt, sofort beim Kursrückgang zu kaufen. Es ist eher ein Warnhinweis. Die Stochastik signalisiert, dass die Aktie überverkauft ist und eine extreme Trendwende vollziehen könnte. Wenn Sie auf fallende Kurse setzen und einen ordentlichen Gewinn erzielen, sollten Sie Ihre Gewinne mitnehmen, da eine Umkehrung wahrscheinlich ist.

In der realen Trading-Welt kann Ihnen niemand genau sagen, wann der Umschwung eintreten wird. Dennoch gibt kein anderer technischer Indikator bessere Anhaltspunkte als die Stochastik.

Wenn Aktien chronisch überkauft oder überverkauft sind

Eines der größten Probleme bei der Stochastik besteht darin, dass einige Aktien (oder Indizes) so stark steigen, dass sie chronisch überkauft sind. Wenn eine Aktie über einen längeren Zeitraum auf einem „statistisch unsinnigen" Kursniveau verharrt, kann es an der Zeit sein, den Trade aufzugeben und sich nach besseren Kandidaten umzusehen. Eine der Einschränkungen von Oszillatoren wie Stochastik und RSI ist, dass sie bei extrem hohen Kursen sehr wahrscheinlich ihre Vorteile verlieren.

Das gleiche Problem kann bei chronisch überverkauften Aktien auftreten. Allerdings stehen die Chancen oft etwas besser, dass die Käufer einspringen und eine extrem überverkaufte Aktie nach oben bringen. Die einzige Zeit, in der Käufer *nicht* einsteigen, ist während einer Baisse oder wenn eine Aktie so viel Schaden genommen hat, dass die Käufer wegbleiben.

Was die Stochastik am besten kann

Die Theorie hinter der Stochastik besagt, dass die Kurse in einem Aufwärtstrend in der Nähe des Tageshöchststandes und in einem Abwärtstrend in der Nähe des Tiefststandes schließen werden. Oftmals werden die Kurse jedoch zu stark überzogen und überkauft, oder sie werden von den Anlegern zu stark verkauft und werden überverkauft.

Wenn dies der Fall ist, können Sie die Stochastik verwenden, um Extreme zu erkennen. Wie bereits erwähnt, sind beide Begriffe „relativ", das heißt, sie sind nicht genau definiert, obwohl die Niveaus auf 80 und 20 festgelegt sind, um überkaufte und überverkaufte Kurse zu kennzeichnen.

In diesem Sinne zeigt Ihnen die Stochastik an, wann extreme Werte erreicht werden (über 80 und unter 20). Noch wichtiger ist, dass sie Warnungen ausgeben kann, wann sich eine Aktie am oberen, unteren oder mittleren Rand einer Spanne befindet. So erhalten Sie wichtige Informationen, können aber auch flexibel entscheiden, welche Trades Sie anhand dieser Daten tätigen möchten.

Stochastik zur Verfolgung des Momentums verwenden

Wenn Sie %K und %D in einem Diagramm sehen und feststellen, dass sie fallen, bedeutet das einfach, dass das Momentum für diese einzelne

Aktie nachlässt. Das bedeutet nicht, dass die Aktie abstürzen wird. Vielleicht ist die Aktie zu hoch und zu schnell gestiegen und hat sich erschöpft; die Stochastik gibt Hinweise darauf, wann diese Dynamik nachlässt.

Anders ausgedrückt: Die Stochastik wird verwendet, um das Momentum und nicht nur den Trend zu verfolgen. Stellen Sie sich die Stochastik wie ein Tachometer vor: Dies hilft bei der Bewertung der Stärke des Momentums. Im Gegensatz zu anderen gängigen Indikatoren folgt die Stochastik nicht dem Aktienkurs oder -volumen. Stattdessen gibt sie Ihnen eine Vorstellung davon, wie schnell oder langsam sich eine Aktie bewegt (Momentum).

Warum ist das wichtig? Erinnern Sie sich an das, was ich vorhin geschrieben habe: Das Momentum ändert seine Richtung vor dem Preis. Dies ist von entscheidender Bedeutung; durch die Untersuchung der Stochastik auf einem Aktienchart erhalten Sie Hinweise darauf, wann das Momentum seine Richtung ändert. Wenn die Stochastik wie vorgesehen funktioniert, wird der Kurs folgen.

Während andere Trader zum Beispiel immer noch den steigenden Aktienkurs verfolgen und vielleicht ihre Positionen aufstocken, kann die Stochastik Sie darauf aufmerksam machen, dass sich das Momentum verlangsamt und vielleicht sogar die Richtung umgekehrt hat. (%K kehrt sich zuerst um, weil es schneller ist. Wenn %K %D kreuzt und die Stochastik über 80 oder unter 20 liegt, ist das ein echtes verwertbares Signal.)

Wenn das Signal korrekt ist und Sie es richtig interpretiert haben, können Sie Ihre Position schließen, *bevor* der Aktienkurs seine Richtung ändert. Ein großer Vorteil der Stochastik ist die Vorhersage von Umkehrungen. Deshalb ist sie bei Tradern, die sich die Zeit genommen haben, sie zu erlernen, so beliebt.

Hinweis: Es ist faszinierend zu beobachten, wie %K und %D konvergieren, divergieren und sich überschneiden. Achten Sie auf den Unterschied zwischen konvergierenden (sich einander annähernden) und *sich kreuzenden* (sich überschneidenden) Linien.

Wenn sich die beiden Linien im überkauften oder überverkauften Bereich kreuzen, ist das ein viel deutlicheres Signal, wie Sie gleich sehen werden.

Die 80-20-Cross-over-Strategie

Vielen Anfängern wurde gesagt, sie sollten Aktien leerverkaufen oder bestehende Aktienpositionen verkaufen, sobald %K und %D über 80 steigen. Ihnen wurde auch gesagt, dass sie kaufen sollen, wenn %K und %D unter 20 fallen. Dies ist eine beliebte Strategie, und wenn sie für Sie funktioniert, sollten Sie sie beibehalten.

Hier sind zwei weitere, vielen Tradern nicht bekannte, handelsfähige Signale, die auf Forschung und Studien basieren:

1. Wenn die Stochastik über 80 steigt und ein Cross-over stattfindet (%K-Linie kreuzt %D-Linie), ist dies ein Signal zum Shorten (oder zum Verkauf bestehender Long-Positionen). Damit ein Signal erzeugt werden kann, muss das Cross-over über 80 liegen.
2. Wenn die Stochastik unter 20 fällt und ein Cross-over auftritt, ist das ein Signal zum Kauf. Damit ein Signal erzeugt werden kann, muss das Cross-over unter 20 liegen.

Einige Trader ändern die Schwellenwerte auf 70 und 30, um mehr Signale zu generieren, aber es ist eine persönliche Entscheidung, ob sie 80-20 oder 70-30 verwenden. Wenn Sie 80-20 verwenden, verpassen Sie möglicherweise eine Menge Trading-Möglichkeiten.

Die Suche nach Cross-overs in der Mitte ist nicht empfehlenswert, da diese Signale nicht so zuverlässig sind. Ich weiß zwar, dass viele Trader in der Mitte nach Cross-over-Signalen suchen, und für manche mag das auch funktionieren, aber die oben genannten Kriterien erzeugen signifikante Signale.

Hinweis: Obwohl diese Signale wichtig sind, handelt es sich nur um Richtwerte, die nicht in Stein gemeißelt sind.

Hinweis: Viele erfahrene Trader warten darauf, dass sich die Stochastik außerhalb der Spanne (80-20 oder 70-30) bewegt, und warten dann auf das Cross-over, bevor sie kaufen oder verkaufen.

Ein Vorbehalt: Wenn Sie ein Momentum-Trader sind, der jeden letzten Penny aus einem starken Aufwärtstrend herauspressen möchte, können Sie mit der Aktie bewusst nach oben gehen und das Cross-over ignorieren. Seien Sie sich nur bewusst, dass eine %K-Umkehr in der Regel ein frühes Warnzeichen dafür ist, dass der Aktienkurs bald folgen könnte. Wenn man nicht aufpasst, gerät man leicht auf die Verliererseite.

Kein perfekter Oszillator

Ich wünschte, ich könnte Ihnen sagen, dass das Geheimnis der Technischen Analyse die Stochastik ist – aber das ist es nicht. Bei der Verwendung dieses Indikators ist es möglich, zu früh oder zu spät zu sein. Sie sollten sogar damit rechnen, dass dies immer wieder geschieht. Dies ist ein Grund für die Verwendung der Slow Stochastics, da ihr Glättungsfaktor die Häufigkeit von Fehlsignalen reduziert.

Natürlich können einige ungeduldige Trader sofort auf der Grundlage der Aktionen des schnelleren %K traden. Der Trade anhand dieser Signale kann funktionieren, wahrscheinlich aber eher nur selten. Es passiert oft, dass %D %K nicht kreuzt, weswegen das Verkaufssignal nicht bestätigt wird. Ich kann Ihnen nicht sagen, wie Sie traden sollen, aber es ist oft ein Fehler, zu schnell auf die Signale zu reagieren. Manchmal ist ein wenig Geduld erforderlich.

Hinweis: Akzeptieren Sie die Tatsache, dass Sie mit der Stochastik einige Trades verpassen werden, weil Sie möglicherweise nicht schnell genug reagieren.

Langsam versus schnell versus vollständig

Gehen wir kurz auf die verschiedenen Arten der Stochastik ein. Die drei Haupttypen sind langsam, schnell und *vollständig* (Full Stochastics). Wie bereits erwähnt, ist Slow Stochastics genau das, was es sagt: langsamer. Sie ist so konzipiert, dass sie nachlaufende Signale erzeugt, da sie einen gleitenden Durchschnitt enthält. Sie ist ideal für Swing- oder Positions-Trader oder kurzfristige Anleger, die weniger, aber aussagekräftigere Trigger wünschen.

Die schnelle Stochastik ist preisempfindlicher und erzeugt daher mehr Signale. George Lane und seine Kollegen entwickelten die Fast Stochastics vor der Slow Stochastics. Wenn man sie in einem Diagramm nebeneinanderstellt, kann man den Unterschied in ihrer Reaktion erkennen. Mehr Signale bedeuten auch mehr potenzielle Finten. Deshalb erinnere ich Sie oft daran, sich vor dem Kauf oder Verkauf mit anderen Indikatoren zu vergewissern. Die Stochastik ist zwar ein brillanter Indikator, aber nicht perfekt. Verwenden Sie eine Reihe von Indikatoren, wenn Sie möglichst zuverlässige Informationen wünschen.

Full Stochastics verwirrt viele Menschen, weil sie fast identisch mit Slow Stochastics ist. Was ist so besonders an Full Stochastics? Die Antwort ist, dass Sie die Anzahl der Perioden für %K und %D anpassen können. Full Stochastics eignet sich für erfahrene Trader, die die Variablen ändern möchten. Slow Stochastics hingegen hat eine feste Anzahl von Glättungsperioden und kann nicht angepasst werden.

Einige Trader fragen: „Was ist besser? Langsam oder schnell?“ Es geht nicht darum, was besser ist, denn beide sind hervorragend. Wichtig ist, die Standardeinstellungen so anzupassen, dass die von der

Stochastik generierten Signale zu Ihrem Trading-Stil und Ihren Strategien passen. Die Slow Stochastics gibt weniger Signale, während die Fast Stochastics schneller auf Veränderungen des Momentums reagiert. Beide eignen sich gut, um bevorstehende Kursdrehungen zu erfassen.

Tipp: Testen Sie die Stochastik in einem simulierten Trading-Programm, um zu sehen, ob sie verwertbare Signale erzeugt.

FORTGESCHRITTENE STOCHASTIK-ANALYSE

Wer sich noch intensiver mit der Stochastik befassen möchte, dem sei der in Abbildung 7.2 dargestellte Aktienchart (und die Analyse) ans Herz gelegt.

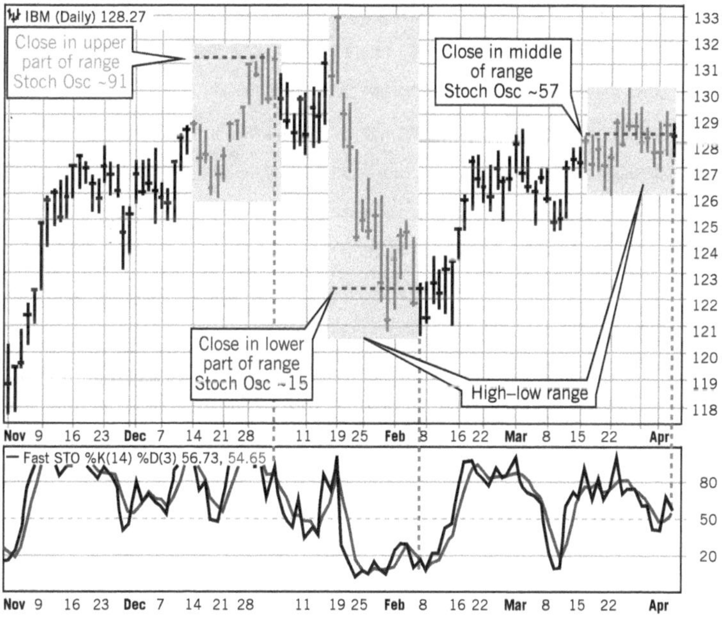

ABBILDUNG 7.2 Fast Stochastics
(Abdruck mit freundlicher Genehmigung von StockCharts.com.)

Abbildung 7.2 zeigt, wann der Basiswert überkauft (über 80) oder überverkauft (unter 20) ist. In beiden Fällen ist die Aktie bereit für eine Richtungsänderung, wobei der Zeitpunkt unbekannt ist.

Trendumkehr

Der Chart in Abbildung 7.2 zeigt auch die tägliche Kursspanne (vertikale Linie) mit dem letzten Schlusskurs (horizontale Linie). Ein stochastisches Konzept besagt, dass, wenn sich eine Aktie in einem Aufwärtstrend befindet, der Schlusskurs in der Nähe des Tageshochs liegt und dass, wenn sich eine Aktie in einem Abwärtstrend befindet, der Schlusskurs in der Nähe des Tagestiefs liegt. Wenn das nicht mehr der Fall ist, ist das ein Warnsignal, dass der Trend möglicherweise zu Ende geht.

Tiefer einsteigen

In Abbildung 7.2 sehen Sie, dass der Stochastik-Oszillator bei 91 liegt (dieser Wert erscheint im Kasten in der oberen linken Ecke des Charts), was deutlich über 80 und damit im überkauften Bereich liegt.

Die Grafik zeigt auch, dass die Schlusskurse am oberen Ende der Tagesspanne lagen. Beachten Sie, dass der Aktienkurs gefallen ist, bevor er einen letzten Anstieg auf 133 Dollar verzeichnete. Während dieser Rally lagen die Schlusskurse nicht immer in der Nähe des Tageshochs, sondern oft in der unteren Hälfte. Das war eine Warnung vor einer Trendumkehr. Es folgte ein starker Rückgang auf weniger als 122 Dollar.

Bei diesem Kurs lag der Stochastik-Oszillator bei 15 (siehe Kasten unten in der Mitte des Charts) und die Aktie war stark überverkauft. Als die Aktie auf ~124 Dollar stieg, bewegte sich der Schlusskurs in der Nähe des Tageshochs, was auf ein Ende des Abwärtstrends hindeutete. Die Aktie erholte sich schnell auf ~127 Dollar, als sich die Schlussstände in den mittleren Bereich bewegten.

Trading-Signale

Im Gegensatz zu den meisten Indikatoren gibt die Stochastik verlässliche Signale. Damit ein Trading-Signal entsteht, muss das Asset zunächst überkauft oder überverkauft sein. Zweitens muss sich die schnellere %K-Linie mit der langsameren %D-Linie kreuzen.

Wenn beide Bedingungen erfüllt sind, sind die Signale am zuverlässigsten. Es mag verlockend sein, auf ein Signal zu reagieren, wenn der Stochastik-Wert 78 oder 79 (oder 21 oder 22) beträgt, aber das verstößt gegen die Regeln. Es mag eine gute Idee sein, davon auszugehen, dass sich die Linien innerhalb von ein oder zwei Tagen kreuzen werden, aber es ist ratsam, das nicht automatisch anzunehmen. Es lohnt sich, Geduld zu haben und auf ein echtes, brauchbares Signal zu warten.

Schauen Sie sich in Abbildung 7.2 noch einmal den Stochastik-Chart unten an. Am 9. Februar kreuzte die %K-Linie (schwarz) die %D-Linie (rote Linie oder grau im Buch), als der Stochastik-Oszillator 15 betrug. Das ist ein echtes Kaufsignal. Sobald %K während der Überverkaufsphase über %D stieg, legte die Aktie deutlich zu.

Hinweis: Die Schritte zur Berechnung des stochastischen Oszillators finden Sie im Indikator-Glossar am Ende dieses Buches.

• • • • • •

Nachdem Sie nun mehr über die Stochastik wissen, möchte ich Ihnen einen der beliebtesten Aktiencharts der Technischen Analyse vorstellen: die *Kerzendiagramme*. Viele Trader verlassen sich auf Kerzendiagramme, um den Gesamtmarkt zu lesen und seine Muster für den Aktienhandel zu nutzen. Ich glaube, das nächste Kapitel wird Ihnen gefallen.

Kapitel 8

KERZENDIAGRAMME

Kerzendiagramme sind die älteste Form der Technischen Analyse, die erstmals von japanischen Reisbauern im 18. Jahrhundert eingeführt wurden. Der Trader Steve Nison war der erste, der Kerzendiagramme im Westen einführte, als er seinen Bestseller über sie veröffentlichte.

Nach der Veröffentlichung von Nisons Buch stürzten sich die Trader auf Kerzendiagramme und haben nie wieder zurückgeblickt. Viele Trader entdeckten, dass Kerzendiagramme visuell ansprechend sind und bessere Trading-Möglichkeiten bieten als ein zweidimensionales Balkendiagramm.

„Die Japaner sagen, dass jede Kerzenlinie eine Geschichte erzählt", erklärte mir Nison. „Anhand von Kerzen können Sie visuell erkennen, wer den Markt zum Zeitpunkt der Kerzenbildung beherrscht."

Das Großartige an Kerzendiagrammen ist, dass sie nicht wie herkömmliche Indikatoren verzögert sind (sie geben keine späten Signale). Bei Kerzendiagrammen geht es um die Bewertung des „Hier und Jetzt".

Trader mögen Kerzendiagramme, weil ihre Signale unmittelbar sind. Viele Trader nutzen dieses Tool, um potenzielle Umschwünge zu erkennen oder um vor unsicheren Bedingungen gewarnt zu werden. Wenn ihre Analyse richtig ist, können die Trader in ihre Positionen ein- oder aussteigen, bevor der Markt umschlägt.

Eine faszinierende Eigenschaft von Kerzendiagrammen ist, dass sie die Verhaltenspsychologie widerspiegeln. Durch das Studium von Kerzenmustern können Sie die Stimmung des Gesamtmarktes oder einzelner Aktien messen; das bedeutet menschliche Emotionen wie Angst, Gier, Verzweiflung und Unentschlossenheit erkennen. Es mag schwer zu glauben sein, aber all diese Emotionen und mehr können in einem Kerzenmuster gesehen werden.

Kerzendiagramme lassen sich am besten in Verbindung mit anderen technischen Indikatoren verwenden. Wenn beispielsweise die Volatilität niedrig ist, sind die traditionellen Indikatoren manchmal nicht so effektiv. In diesen Zeiten ist es sinnvoll, Kerzendiagramme zu verwenden.

Andererseits besteht einer der Kritikpunkte an Kerzendiagrammen darin, dass sie keine spezifischen Einstiegs- oder Ausstiegskursziele angeben. Dies ist ein weiterer Grund, warum die Kombination von westlicher Technischer Analyse und östlichen Kerzendiagrammen eine sehr leistungsfähige Methode zur Analyse von Aktien ist.

Genauso wie es notwendig ist, zunächst die Grundlagen eines jeden anderen Tools zu erlernen, ist es wichtig, sich zumindest Basiswissen zu Kerzendiagrammen anzueignen, bevor man diese Methode anwendet. In diesem Kapitel beginne ich mit den Grundlagen der Kerzendiagramme und gehe dann zu den Kerzenmustern über. Im Laufe dessen zeige ich eine Reihe von Trading-Strategien und -Taktiken unter Verwendung von Kerzendiagrammen auf.

Grundlagen von Kerzendiagrammen

Kerzendiagramme verwenden zweidimensionale Körper, um die Spanne zwischen dem Eröffnungs- und dem Schlusskurs einer Aktie während eines bestimmten Zeitraums anzuzeigen. Die Tiefst- und Höchstpreise werden als eine einzige Linie (der *Schatten*) dargestellt. Die Kursspanne zwischen dem Eröffnungs- und dem Schlusskurs wird als schmales Rechteck (der *eigentliche Körper*) eingezeichnet.

Anstatt die Kurse anhand technischer Indikatoren zu vergleichen, können Trader, die Kerzendiagramme verwenden, die Kursspanne anhand von Farben und Formen visuell erkennen. Aufgrund ihrer Beliebtheit sind Kerzendiagramme in fast jeder Chartanalyse-Software enthalten und werden oft als Standard in vielen Charts verwendet.

Ein Kerzendiagramm besteht aus vier Komponenten: *Hoch, Tief, Eröffnung* und *Schluss*. Mit diesen vier Ergebnissen lassen sich viele verschiedene Kombinationen in einem Diagramm darstellen. Abbildung 8.1 zeigt die vier Bestandteile eines Kerzendiagramms.

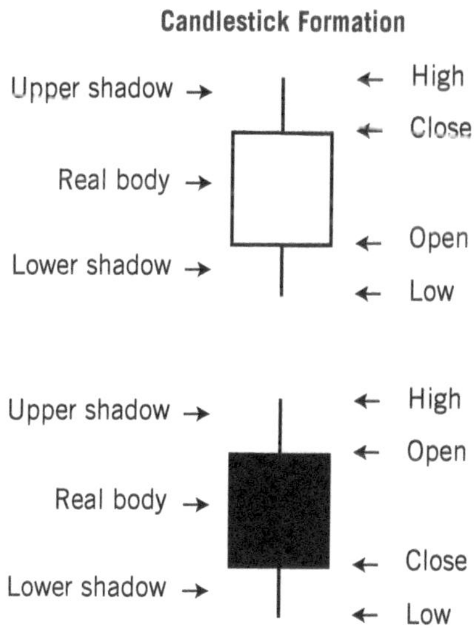

ABBILDUNG 8.1 Kerzendiagramm-Formation
(Abdruck mit freundlicher Genehmigung von StockCharts.com.)

Um Kerzendiagramme zu erlernen, ist es wichtig, zu verstehen, wie die Teile des Kerzendiagramms miteinander interagieren. Beobachten Sie vor allem, wie sie ihre Form, Farbe und Größe verändern. Dies sind die Anhaltspunkte, die Ihnen helfen, die Stimmung des Marktes zu erkennen oder festzustellen, wann eine Umkehr bevorsteht. Kerzendiagramme helfen, vor potenziellen Bedrohungen zu warnen oder Entwarnung zu geben.

Farben in Kerzendiagrammen

Die Kerzenkörper zeigen verschiedene Farben an, wie zum Beispiel grün (bullish) und rot (bearish), aber wie die Farben angezeigt werden, hängt von der Software Ihres Brokers ab, die angepasst werden kann. In diesem Buch werden Sie ausgefüllte oder hohle Kerzen sehen (siehe Abbildung 8.2).

- Grüne Kerzen treten auf, wenn der Schlusskurs *höher* ist als der vorherige Schlusskurs.
- Rote Kerzen treten auf, wenn der Schlusskurs *unter* dem vorherigen Schlusskurs liegt.
- Ausgefüllte Kerzen treten auf, wenn der aktuelle Schlusskurs *niedriger* ist als der Eröffnungskurs des gleichen Zeitraums.
- Hohle Kerzen treten auf, wenn der aktuelle Schlusskurs *höher* ist als der Eröffnungskurs des gleichen Zeitraums.

Abbildung 8.2 ist ein Beispiel für ein Kerzendiagramm.

ABBILDUNG 8.2 Kerzendiagramm

(Abdruck mit freundlicher Genehmigung von StockCharts.com.)

Analyse von Kerzendiagrammen

Anhand der Form der Kerze, der Länge ihrer Linien und der Frage, ob der eigentliche Körper hohl oder ausgefüllt ist, lässt sich feststellen, ob die Bullen oder die Bären den Kampf gewinnen.

Darüber hinaus haben die Kerzen verschiedene Formen, die sich dehnen und bewegen, wenn sich die Aktie nach oben oder unten bewegt. Die von den Kerzen erzeugten Muster geben Hinweise auf die künftige Marktrichtung. Sie helfen Tradern auch, die Stärke oder Schwäche des Kaufes oder Verkaufs zu bestimmen.

Das Handelsvolumen hilft, die Gültigkeit der Kursbewegung zu bestätigen. Ein Kerzendiagramm enthält eine Fülle von Informationen, die das alte Sprichwort bestätigen, dass ein Bild mehr als 1.000 Worte sagt.

> ***Hinweis:*** Letztlich wollen Sie mithilfe von Kerzendiagrammen Antworten auf die folgenden vier Fragen finden: (1) Wo wird der Aktienkurs eröffnet? (2) Wo wird er geschlossen? (3) Wo öffnet und schließt er im Vergleich zum Vortag? (4) Was waren die Höchst- und Tiefstpreise des Tages?

Der eigentliche Körper

Der dicke oder rechteckige Teil der Kerze wird als der *eigentliche Körper* bezeichnet. Er zeigt die Spanne zwischen dem Eröffnungs- und dem Schlusskurs der Aktie an. Für die Anwender von Kerzendiagrammen ist es wichtig, die Beziehung zwischen Eröffnungs- und Schlusskurs zu verstehen.

Man kann sich den Kerzenkörper auch als einen Ort vorstellen, an dem Bullen und Bären um die Kontrolle kämpfen, ähnlich einem Moshpit, wie es einer meiner Trading-Freunde beschrieben hat.

Manchmal ist der eigentliche Körper lang, manchmal kurz. Ein *langer Körper* zeigt an, dass eine Seite eindeutig dominiert. Zum Beispiel spiegeln lange grüne Kerzen einen starken Kaufdruck wider, während lange rote Kerzen einen starken Verkaufsdruck widerspiegeln.

Wenn Sie kurze Kerzen bemerken, stehen die Chancen gut, dass die Kurse konsolidieren, das heißt, dass sie sich nicht sehr weit in die eine oder andere Richtung bewegen.

Ein *kurzer Körper* deutet darauf hin, dass die Bullen und Bären gekämpft haben, aber keine Seite dominiert hat. „Wir werden nervös, wenn der eigentliche Körper immer kleiner wird, weil das bedeutet, dass sich Angebot und Nachfrage immer mehr angleichen", erklärt Nison.

> *Hinweis:* Manchmal gibt es überhaupt keinen Körper, das heißt, der Unterschied zwischen dem Anfangs- und dem Schlusswert ist so gering (vielleicht nur ein paar Cent), dass der Körper als „Raute" erscheint.

Beobachten Sie die Eröffnung und den Schluss

Es sollte klar sein, dass die wichtigsten Teile des Tages die Eröffnung und der Schluss sind. In den ersten fünf Minuten des Handelstages wird die Kerze möglicherweise nicht sofort geladen. Wie bereits erwähnt, werden diese ersten fünf Minuten liebevoll als „Amateurstunde“ bezeichnet, weil so viele unerfahrene und emotionale Trader hektisch kaufen oder verkaufen. Es ist leicht, sich hier täuschen zu lassen.

Nur der Schatten weiß es

Die Linie, die aus dem eigentlichen Körper herausragt, wird als *Schatten* bezeichnet (auch *Docht* genannt). Anhand der Länge des Schattens können Sie schnell erkennen, wer das Sagen hat: die Bullen oder die Bären.

Schatten spiegeln die Hochs oder Tiefs des Tages wider. Ein *langer oberer Schatten* deutet beispielsweise darauf hin, dass der Tageshöchststand deutlich über dem Eröffnungs- und Schlusskurs lag (bullish). Umgekehrt deutet ein *langer unterer Schatten* darauf hin, dass das Tagestief deutlich unter dem Eröffnungs- und Schlusskurs lag (rückläufig). Der Schatten gibt Ihnen eine Menge wichtiger Hinweise.

Abbildung 8.3 zeigt den langen oberen Schatten und den langen unteren Schatten.

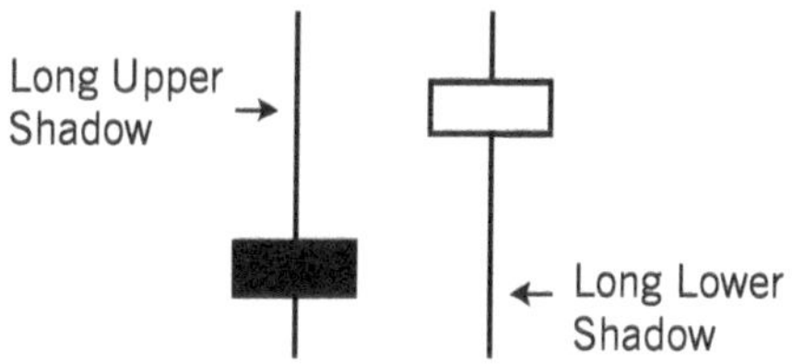

ABBILDUNG 8.3 Der Schatten

(Abdruck mit freundlicher Genehmigung von StockCharts.com.)

Kerzenmuster

Es gibt über 100 Kerzenmuster, aber Sie müssen nicht alle – oder zumindest nicht die meisten – von ihnen kennen. Um Kerzendiagramme erfolgreich zu nutzen, müssen Sie nur einige der gängigsten Muster kennen.

Eine der einfachsten Möglichkeiten, viele der Kerzenmuster zu finden, besteht darin, einen Scan in Ihrer Broker-Software durchzuführen. Nachdem der Computer die Muster gefunden hat, hilft er Ihnen zu lernen, welche Muster Sie für Ihr Trading verwenden sollten.

> ***Hinweis:*** Wenn Sie nicht wissen, wie das geht, fragen Sie Ihren Broker, ob er über eine Software zur Erkennung von Kerzenmustern verfügt.

Ich werde einige der interessantesten Kerzenmuster vorstellen (nicht unbedingt die beliebtesten). Wenn Sie anfangs nur eine Handvoll erkennen können, ist das völlig ausreichend. (Leser, die noch mehr über Kerzendiagramme erfahren möchten, finden im Abschnitt „Quellen" Informationen über das bahnbrechende Buch von Steve Nison.)

Der Doji: Ein unentschlossenes Muster

Eines der beliebtesten und bekanntesten Muster ist der *Doji.* Es taucht so oft in einem Chart auf, dass manche Anfänger ohne Deckung spekulieren, wenn sie das Muster sehen. Aber seien Sie gewarnt: Einen Doji zu sehen, bedeutet nicht, dass es sich um einen umsetzbaren Trade handelt.

Der Doji ist durch kleine dünne Linien und einen gleichen Eröffnungs- und Schlusskurs gekennzeichnet. Anders ausgedrückt: Er hat keinen *eigentlichen Körper*, sondern nur ein Kreuz. Dieses Kreuz bedeutet, dass die Bären und Bullen unschlüssig sind. Wenn Sie ein solches Kreuz sehen, sollten Sie vorsichtig sein, Aktien zu diesem Zeitpunkt zu kaufen.

Es gibt zwei Arten von Doji: bullishes Doji und bearishes Doji. Wie Sie sich denken können, ist eine grüne Doji-Kerze bullish. Ein roter Doji ist bearish.

Das Doji-Muster tritt auf, weil sich Käufer und Verkäufer um Pennys streiten. Dies ist einer der Gründe dafür, dass die Doji-Spanne so eng und die Volatilität so hoch ist. Wahrscheinlich bedeutet dies, dass sich das Momentum verlangsamt, aber nicht umkehrt. Der Markt scheint nicht zu wissen, in welche Richtung er gehen soll.

Betrachten Sie das Doji-Muster als ein Signal zum Innehalten. Ein kluger Ansatz ist es, die nächste Kerze abzuwarten, bevor man eine Kauf- oder Verkaufsentscheidung trifft. Manche Anfänger machen den Fehler, zu früh auf den Doji aufzuspringen, obwohl sie hätten abwarten sollen.

Tipp: Westliche technische Analysten könnten das Doji-Muster als „Konsolidierung" bezeichnen. Dennoch ist Vorsicht geboten, wenn ein Doji erscheint, da eine Umkehr möglich ist.

Abbildung 8.4 zeigt, wie ein Doji auf einem Aktienchart aussieht.

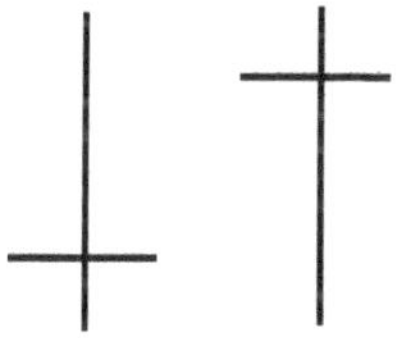

ABBILDUNG 8.4 Der Doji
(Abdruck mit freundlicher Genehmigung von StockCharts.com.)

Beachten Sie, dass die Dojis in Abbildung 8.4 einen kleinen eigentlichen Körper und kleine obere und untere Schatten haben. Der Eröffnungs- und der Schlusskurs sind gleich, und das Kreuz bildet den Doji.

Der Doji ist deshalb so faszinierend, weil er während seiner Pause eine massive bullishe oder bearishe Trendumkehr einleiten kann. So werden manche Trader auf die falsche Seite gelockt! Nachdem sie den

Doji erkannt haben, glauben sie zu wissen, in welche Richtung sich der Markt als Nächstes bewegen wird. Wenn sie falschliegen, sind sie in einem Verlustgeschäft gefangen.

> *Tipp für Fortgeschrittene:* Neben dem „traditionellen" Doji gibt es vier weitere Typen: *langbeiniger Doji, Libellen-Doji, Grabstein-Doji* und *4-Kurs-Doji.* Diese sind nur für Kerzendiagramm-Experten nützlich; arbeiten Sie vorerst nur mit dem traditionellen Doji.

Bevor ich Ihnen einige weitere Kerzenmuster vorstelle, die Ihnen helfen sollen, das Risiko zu minimieren, möchte ich einige der Nachteile von Kerzendiagrammen erörtern.

Falsche Signale und andere Schwachstellen von Kerzendiagrammen

Einer der Vorteile von Kerzendiagrammen ist, dass sie frühzeitig Signale geben. Doch wie jedes andere Chartmuster sind auch Kerzendiagramme nicht zu 100 Prozent genau. Falsche oder widersprüchliche Signale sind an der Tagesordnung. In diesem Fall ist es am klügsten, weniger Aktien zu traden oder abzuwarten, bis die Zeichen klarer werden.

Es kommt auch häufig vor, dass sich Trader aufgrund eines einzigen Kerzenmusters zu schnell auf einen Trade stürzen. Sie glauben zum Beispiel, einen Doji zu sehen, und gehen sofort davon aus, dass eine Trendumkehr bevorsteht. Dann verkaufen sie eine Aktie leer und sind enttäuscht, wenn der Trade nicht funktioniert.

Nur Sie können die Gültigkeit eines Signals feststellen, nachdem Sie es mit anderen Indikatoren bestätigt haben, und vor allem, indem Sie geduldig warten, bis andere Kerzenmuster auftauchen. Warten Sie lieber, bis sich das gesamte Kerzenbild zeigt, als zu früh in einen Trade einzusteigen.

Schließlich sollten Sie, wie bereits erwähnt, nicht den Fehler machen, sich *nur* auf Kerzendiagramme oder technische Muster zu verlassen. Verwenden Sie stattdessen beides.

Bearishes Marubozu: Gefahr im Verzug

Dieses relativ seltene, aber anormale Kerzenmuster besteht nur aus dem Körper und hat keinen oberen oder unteren Schatten. Wenn Sie das Marubozu-Muster auf einem Chart sehen, geraten Sie nicht in Panik, aber nehmen Sie es unbedingt zur Kenntnis.

Der *bearishe Marubozu* ist eine Warnkerze, die nicht ignoriert werden sollte. Wie einer meiner Trading-Freunde mal sagte: „Er sticht heraus wie ein wunder Daumen. Legen Sie sich nicht mit ihm an, sonst ist die Hölle los."

Dieses bearishe Muster entsteht, weil der Eröffnungskurs der höchste Kurs des Tages und der Schlusskurs der niedrigste Kurs des Tages war. Dies führt dazu, dass den ganzen Tag über ein starker Verkaufsdruck herrscht und es nur sehr wenige Käufer gibt.

Beginnen Sie mit der Betrachtung des Volumens am unteren Rand des Charts. Das hohe Handelsvolumen deutet darauf hin, dass der Verkaufsdruck wirklich ernst zu nehmen ist. Da sich diese bearishe Kerze nur selten umkehrt, könnte es ratsam sein, jetzt aus Ihren Long-Positionen auszusteigen, da die Menge verkauft.

Einige Trader könnten versucht sein, eine Short-Position einzugehen, sobald der Marubozu auftaucht, aber das ist ein riskanter Schritt. Vergewissern Sie sich anhand technischer Indikatoren, einschließlich Unterstützung und Widerstand, dass die Aktie einbricht, bevor Sie sich für Leerverkäufe oder Verkäufe von Long-Positionen entscheiden.

Abbildung 8.5 zeigt, wie ein Marubozu-Kerzenmuster in einem Diagramm aussieht.

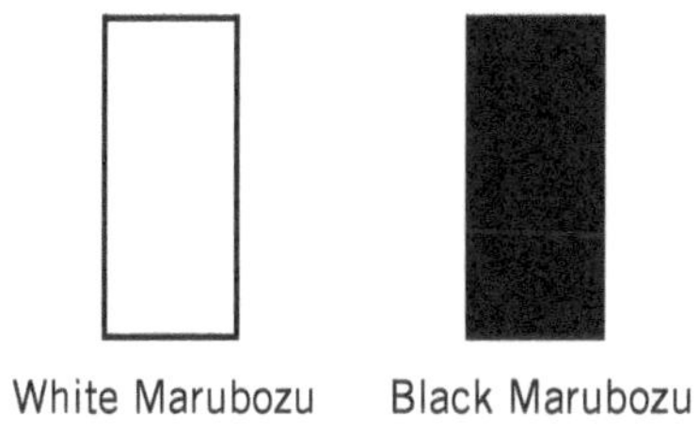

ABBILDUNG 8.5 Der Marubozu

(Abdruck mit freundlicher Genehmigung von StockCharts.com.)

Spinning Top: Zeit für eine Pause

Das *Spinning Top* (deutsch: Kreisel) sieht einem Doji ähnlich und warnt wie dieser vor einer möglichen Umkehr. Dies gilt vor allem nach einem zuvor starken Anstieg. Im Gegensatz zur Kreuzform des Doji hat das Spinning Top jedoch einen kleinen, quadratischen Körper.

Stellen Sie sich das Spinning Top wie ein Kinderspielzeug vor. Dies ist ein weiteres Pausenmuster, das weder bullish noch bearish ist. Die Volatilität ist gering und die Trading-Aktivitäten sind gering. Wie beim Doji ist es ratsam, abzuwarten, bis das nächste Kerzenmuster erscheint, das genauere Anhaltspunkte liefern dürfte.

Bearishes Harami

Während ein *Harami* sowohl bullish als auch bearish sein kann, ist das *bearishe 2-Kerzen-Harami* bedeutender und gibt Signale, die einige Trader alarmieren. Dieses Muster (eine lange weiße Kerze, gefolgt von einer kleinen schwarzen Kerze) deutet darauf hin, dass das Risiko einer Abwärtsumkehr besteht.

> ***Hinweis:*** Je kleiner die Kerze, desto höher ist die Wahrscheinlichkeit einer Umkehr. Wenn Sie dieses Kerzenmuster sehen, sollten Sie es genau beobachten, aber nicht sofort handeln. Seien Sie geduldig und warten Sie eine weitere Kerze zur Bestätigung ab.

Bullishes Engulfing-Muster

Das bullishe *Engulfing-Muster* (Abbildung 8.6) ist das Gegenteil des bearishen Haramis. Dieses zuverlässige 2-Kerzen-Muster wird wahrscheinlich eine Umkehr nach oben signalisieren. Es tritt in der Regel während eines Abwärtstrends auf, aber am zweiten Tag kehrt es seine Richtung um.

Auf dem Diagramm können Sie sehen, dass die Bullen die Kontrolle übernommen haben (basierend auf der Tatsache, dass die hohle Kerze höher schließt als der Schlusskurs des Vortages und die durchgehende Kerze „verschlingt" oder überlappt). Dies ist ein bullishes Signal. Erhöhtes Volumen bestätigt den Aufwärtstrend.

ABBILDUNG 8.6 Bullishes Engulfing
(Abdruck mit freundlicher Genehmigung von StockCharts.com.)

Der Hammer

Ein weiteres beliebtes Kerzenmuster ist der *Hammer*. Der reguläre Hammer ist bullish. Wenn die Aktie viel niedriger als ihr Eröffnungskurs getradet wird, sich aber erholt und nahe oder über ihrem Eröffnungskurs schließt, kann es sich um einen Hammer handeln. Um als solches Chartmuster zu gelten, muss der Schatten mindestens doppelt so lang sein wie der Körper.

Anders ausgedrückt: Die Aktie ist so stark gefallen, dass es zu einem Tiefststand gekommen ist, der Käufer anlockt und eine Kursumkehr bewirkt.

Morgenstern

Dieses Kerzenmuster wird verwendet, um eine mögliche Trendumkehr zu erkennen. Nach einem Abwärtstrend sollten Sie mindestens drei grüne Kerzen sehen. Dies bedeutet eine bullishe Umkehrung. Wenn Sie den Aufwärtstrend mithilfe technischer Indikatoren bestätigen können, könnte dies ein handelbarer Wert sein. Vergewissern Sie sich, dass das Volumen zunimmt, denn das bestätigt die Stärke der Bewegung.

Dunkle Wolkendecke

Die dunkle Wolkendecke ist ein rückläufiges Umkehrmuster, das hilft, Marktspitzen zu erkennen. Es ist bedeutsam, weil es eine Verschiebung des Momentums von positiv zu negativ zeigt. Es zeigt, dass die Käufer aufgeben, während die Verkäufer an Vertrauen gewinnen. In der Regel warten Trader bis zum nächsten Tag, bevor sie auf der Grundlage dieses Musters traden.

Die dunkle Wolkendecke besteht aus zwei Kerzen. Die erste Kerze setzt den Aufwärtstrend fort. Sie ist lang und bullish. Die zweite Kerze eröffnet oberhalb des Höchstkurses der ersten Kerze, schließt aber unterhalb des Eröffnungskurses. Dies ist ein bearishes Muster.

Erkennen von Kerzenmustern

Wenn Sie sich noch nicht mit Kerzendiagrammen auskennen, kann es sein, dass Ihnen bei all diesen Mustern der Kopf schwirrt. Das ist natürlich nichts, womit man sich innerhalb von ein paar Tagen vertraut machen kann. Der beste Rat, den ich geben kann, ist, sich Zeit zu nehmen und immer nur ein Muster auf einmal zu studieren.

Beginnen Sie zum Beispiel mit dem Doji und versuchen Sie, ihn auf einem Chart anhand verschiedener Aktien zu identifizieren. Als

Nächstes erhöhen Sie die Anzahl der Muster, die Sie zu erkennen versuchen. Ich möchte betonen, dass Sie sich in der Phase der „Chart-Erkennung" befinden, nicht in der Phase des Tradings.

Wenn Sie Muster erkennen, lernen Sie, wofür jede Kerze steht, und überlegen Sie, wie Sie einen Trade abschließen würden. Wenn Sie glauben, ein Muster erkennen und seinen Zweck verstehen zu können, ist es vielleicht an der Zeit, Übungsgeschäfte im simulierten Trading-Programm Ihres Brokers zu tätigen.

CHARTMUSTER: VON DOPPELTEN BÖDEN BIS ZU DREIECKEN

Wenn Sie den Abschnitt über Kerzenmuster zu Ende gelesen haben, empfehle ich Ihnen, eine Pause einzulegen, bevor Sie den folgenden Exkurs lesen, in dem ich eine Reihe beliebter Chartmuster vorstelle.

Die Theorie hinter den Mustern besagt, dass Muster immer wieder auftreten, weil die Marktteilnehmer dasselbe Trading-Verhalten an den Tag legen. Obwohl nicht narrensicher, funktioniert das Traden nach Mustern oft genug, um professionelle Trader anzuziehen. Das Ziel ist es, sich einen Vorteil gegenüber anderen Tradern zu verschaffen, und das Erkennen von Chartmustern ist eine Möglichkeit, dies zu erreichen.

Drei der gängigsten Muster in der klassischen (oder westlichen) Technischen Analyse sind *Double Bottom* (doppelter Boden), *Double Top* (Doppelspitze) und *Head and Shoulders* (Kopf und Schultern). Ich habe diese Muster in meinem früheren Buch „Aktien verstehen" behandelt, aber ich werde im Folgenden einen kurzen Überblick geben.

Ich werde auch einige der fortgeschritteneren Muster wieder aufgreifen, darunter *Dreieck, Flagge, Wimpel* und *Keil.* Diese Muster tauchen oft in den Charts auf und ergeben bullishe oder bearishe Set-ups. Erfahrene Trader nutzen sie, um Anhaltspunkte für künftige Entwicklungen zu erhalten.

Ein Grund dafür, dass Trader Chartmuster nutzen, ist, dass sich so viele von ihnen in umsetzbare Geschäfte verwandeln. So wurde beispielsweise berichtet, dass in mehr als 70 Prozent der Fälle, in denen ein *absteigendes Dreieck* erkannt wird, die nächste Bewegung nach oben geht.

Das Trading mit Mustern basiert auf Wahrscheinlichkeiten, was bedeutet, dass es auch falsche Signale geben kann. Nicht jeder kann Muster in einem Diagramm „erkennen". Manche Trader sind eher visuell, andere eher mathematisch veranlagt. Es gibt keine richtige Antwort darauf, welcher Ansatz für Sie besser ist.

Double Bottom (bullishes Muster: sieht wie ein W aus)

Der doppelte Boden ist ein leicht erkennbares Muster, das immer wieder auf einem Chart auftaucht. Es ist besonders leicht zu erkennen, wenn man den Gesamtmarkt wie den Dow Jones oder den S&P 500 betrachtet.

Das Double-Bottom-Muster sieht aus wie ein W. Die Aktie oder der Index fällt auf ein Unterstützungsniveau, bewegt sich nach oben und kehrt zur Unterstützung zurück, durchbricht sie aber nicht. Wird die Unterstützung nicht durchbrochen, verwandelt sich die Aktie von einem potenziell bearishen Muster in ein bullishes Muster.

Denken Sie daran, dass sich das Double-Bottom-Muster schnell entwickeln kann, es aber auch mehrere Wochen oder Monate dauern kann. Techniker achten auf ein erhöhtes Volumen, wenn der Aktienkurs vom zweiten Tiefpunkt aus ansteigt, als Bestätigung, dass das Muster gültig ist.

Wie bei allen anderen Chartmustern bedeutet das W auf einem Chart nicht unbedingt, dass es ein verwertbares Signal ist. In der Tat könnte es ein schwerer Fehler sein, eine Position nur deshalb einzugehen, weil Sie ein Double-Bottom-Muster auf einem Aktienchart erkennen.

Double Top (bearishes Muster: sieht aus wie ein M)

Die Doppelspitze ist ein weiteres gängiges bearishes Muster, das das Gegenteil des doppelten Bodens darstellt. Sie hat zwei Spitzenwerte um das gleiche Kursniveau (Widerstand). Wenn der Aktienkurs nach einem Aufwärtstrend den Widerstand nach zwei Versuchen nicht durchbrochen hat, ist der Aufwärtstrend wahrscheinlich beendet.

Wenn die Aktie den Höchstkurs des zweiten Schenkels nicht durchbrechen kann und zurückfällt, ist das Doppelspitzen-Muster abgeschlossen. Achten Sie auf einen Anstieg des Volumens, wenn der Aktienkurs fällt, und bestätigen Sie damit das rückläufige Muster.

Kopf-und-Schultern-Umkehrmuster

Eines der zuverlässigsten Muster ist das *Kopf-Schultern-Umkehrmuster*. Es deutet darauf hin, dass die Käufe an der Spitze des Aufwärtstrends gestoppt wurden und eine Umkehr der Richtung bevorsteht. Wenn Sie sich das Diagramm in Abbildung 8.7 ansehen, werden Sie feststellen, dass das Muster tatsächlich wie ein Kopf und zwei Schultern aussieht.

ABBILDUNG 8.7 Kopf und Schultern
(Abdruck mit freundlicher Genehmigung von StockCharts.com.)

In Abbildung 8.7 bewegt sich die Aktie nach oben, zieht sich aber zurück und bildet die linke Schulter. Anschließend steigt sie an und bildet einen Kopf, der bullish erscheint, weil der Kurs über das vorherige Hoch (linke Schulter) gestiegen ist. Anschließend fällt die Aktie wieder auf die Unterstützung beziehungsweise die Nackenlinie (die Ausrichtung der beiden Unterstützungsniveaus) zurück.

Die Aktie steigt wieder und bildet die rechte Schulter, schafft es aber nicht, den Widerstand (den Höchstkurs des Kopfes) zu durchbrechen. Behalten Sie die Nackenlinie im Auge, denn wenn die Aktie unter diese Marke bricht, stehen die Chancen gut, dass Sie mit einer Short-Position Geld verdienen oder eine Long-Position aufgeben können.

Die durchbrochene Nackenlinie bestätigt, dass der Aufwärtstrend beendet ist und sich umgekehrt hat. Es ist üblich, dass das Volumen im Laufe der Entwicklung des Musters abnimmt. Sobald die Aktie unter die Nackenlinie fällt, kann das Volumen zunehmen, wenn der Aktienkurs einbricht (das ist es, was Techniker erwarten).

Nachdem Sie nun mit einigen der grundlegenden Muster vertraut sind, wollen wir jetzt einige weitere Muster untersuchen, die häufig in einem Chart erscheinen. Diese sind bei Anfängern nicht so beliebt, aber es lohnt sich, sie zu erlernen.

Dreieck

Ein Dreieck ist Teil eines Fortsetzungsmusters. Es bedeutet einfach, dass sich eine Aktie weiterhin in dieselbe Richtung bewegt, vielleicht mit einer Pause (Konsolidierung), aber der Trend bleibt stabil, während die Volatilität weiter sinkt. Das Dreieck kann bullish, bearish oder neutral sein. Vor allem aber nutzen Trader diese Muster, um Prognosen für die Zukunft zu erstellen.

Es gibt drei Arten von Dreiecken: *aufsteigende, absteigende* und *symmetrische.*

- **Aufsteigendes Dreieck (bullish).** Das aufsteigende Dreiecksmuster entsteht, wenn zwei Trendlinien zu einem Dreieck zusammenlaufen. Der Punkt, an dem sich die beiden konvergierenden Linien treffen, vervollständigt das Muster. Infolgedessen steigt der Aktienkurs und übersteigt den Widerstand. Dieses Muster ist für viele Trader interessant, da die Wahrscheinlichkeit eines Ausbruchs steigt, wenn sich der Aktienkurs nach oben bewegt.

Hinweis: Das Volumen dürfte sich erhöhen, wenn sich das bullishe Dreiecksmuster bildet. Abbildung 8.8 zeigt ein Beispiel für ein aufsteigendes Dreieck.

ABBILDUNG 8.8 Aufsteigendes Dreieck
(Grafik mit freundlicher Genehmigung von StockCharts.com.)

- **Absteigendes Dreieck (bearish).** Das rückläufige absteigende Dreieck ist ein umgekehrtes Bild des aufsteigenden Dreiecks. Der Aktienkurs fällt unter die Unterstützung und erreicht neue Tiefststände. Der Punkt, an dem sich die beiden konvergierenden Linien treffen, bildet das Dreieck. Infolgedessen sinkt der Aktienkurs und fällt unter die Unterstützung. Leerverkäufer sind bereit zuzuschlagen, wenn sie ein absteigendes Dreieck erkennen, da die Wahrscheinlichkeit eines Zusammenbruchs steigt.
- **Symmetrisches Dreieck (neutral).** In der Technischen Analyse gehören *Flaggen* und *Wimpel* zur Familie der Dreiecke. Viele Techniker glauben, dass Wimpel und Flaggen die zuverlässigsten Signale geben. Da es sich um Fortsetzungsmuster handelt, tendieren die Aktien zunächst seitwärts, bevor sie sich weiter nach oben oder unten bewegen.

Hinweis: Dreiecke gelten als Zwischenmuster, was bedeutet, dass es einen Monat oder länger dauern kann, bis sich ein Dreieck bildet. Die Flagge und der Wimpel hingegen gelten als kurzfristige Muster, die sich nach ein bis drei Wochen ausbilden können.

Flagge

Hierbei handelt es sich um ein kurzfristiges Fortsetzungsmuster, das eine kurze Pause nach einer zuvor starken Kursbewegung anzeigt. Trader gehen davon aus, dass dieses Muster bedeutet, dass der Markt eine Verschnaufpause einlegt, bevor er später wieder abhebt. Die Flagge gilt als ein beständiges Muster, das nur selten die Richtung wechselt.

Das steigende Volumen bestätigt, dass sich das Muster gebildet hat und dass der Trend gültig ist. Obwohl die Flagge einem Wimpel ähnelt, sind die Trendlinien einer Flagge parallel. Wenn Sie das Muster auf einem Diagramm sehen (Abbildung 8.9), sieht es tatsächlich wie eine Flagge aus (und es hat sogar einen eigenen Fahnenmast!).

Hinweis: Eine bearishe Flagge erscheint als umgekehrte Flagge auf einem Aktienchart.

ABBILDUNG 8.9 Flagge

(Abdruck mit freundlicher Genehmigung von StockCharts.com.)

Wimpel

Der kurzfristige Wimpel sieht ähnlich aus wie die Flagge, mit dem Unterschied, dass seine Trendlinien zusammenlaufen und einen Wimpel statt einer Flagge bilden. Mit anderen Worten: Der Wimpel selbst ist horizontaler als die Flagge, aber seine Ober- und Unterkante sind zueinander geneigt.

Beide kurzfristigen Muster (die Flagge und der Wimpel) stellen eine Pause im aktuellen Trend dar. Vergewissern Sie sich, dass das Volumen bei der Bildung des Musters zunimmt, was die Gültigkeit des Trends bestätigt.

Hinweis: Zu Beginn sollte das Volumen bei beiden Mustern sehr gering sein. Nach dem Ausbruch nimmt das Volumen zu.

Keil

Der Keil ähnelt dem Dreieck, da sich zwei konvergierende Trendlinien zu einer *Spitze* (oder einem Punkt) verbinden. Beide benötigen in der Regel ein bis drei Monate, um sich zu bilden (obwohl der Keil länger dauern kann).

Der Hauptunterschied zwischen einem Dreieck und einem Keil ist die Neigung (der Winkel) der Trendlinien. Die Trendlinie eines steigenden Keiles neigt sich nach unten (bearishes Umkehrmuster), während die Trendlinie eines fallenden Keiles sich nach oben neigt (bullishes Umkehrmuster). Keil und Dreieck haben konvergierende Trendlinien, beim Keil verlaufen sie jedoch in die entgegengesetzte Richtung des übergeordneten Trends (genau wie bei einem Flaggenmuster).

Hinweis: Wenn Sie von diesen Chartmustern fasziniert sind und noch mehr darüber erfahren möchten, sollten Sie das Buch „Technical Analysis of the Financial Markets" von John Murphy lesen. Alle in diesem Kapitel besprochenen Muster und viele weitere (einschließlich Kerzen) sind in seinem Buch enthalten.

Darüber hinaus finden Sie auf der Website StockCharts.com eine detaillierte Beschreibung der Kerzenmuster sowie aller in diesem Buch enthaltenen Chartmuster und Indikatoren. Besuchen Sie auch die ChartSchool (school.stockcharts.com) für eine erstklassige Chartausbildung.

Die Finanz-Website Investopedia bietet ebenfalls eine ausgezeichnete Beschreibung der einzelnen Muster aus diesem Kapitel.

• • • • • •

Jetzt, wo Sie ein gründliches Verständnis und Einblicke in Indikatoren, Oszillatoren und Kerzendiagramme haben, ist es an der Zeit, das Gelernte anzuwenden. Im dritten Teil lernen Sie eine Reihe von Trading-Strategien kennen, darunter Trend- und Momentum-Strategien. Ich denke, es wird Ihnen Spaß machen, sich mit diesen Methoden zu befassen.

TEIL 3

TREND- UND MOMENTUM-STRATEGIEN

Da Sie nun wissen, wie man Indikatoren, Oszillatoren und Kerzendiagramme verwendet, sollten Sie für Trend- und Momentum-Strategien bereit sein. Unabhängig davon, welcher Zeitrahmen verwendet wird, stehen die Chancen gut, dass Sie einen dieser Trading-Ansätze verwenden werden. Im dritten Teil werden Sie beide kennenlernen.

Zunächst möchte ich auf eine der beliebtesten Anlage- und Trading-Strategien der Welt eingehen (und das aus gutem Grund): das *Trend-Trading* beziehungsweise die *Trendfolge*. Viele Befürworter des Trend-Tradings haben mit einigen der in diesem Kapitel vorgestellten Strategien ein Vermögen gemacht. Trend-Trading ist täuschend einfach zu verstehen, aber es ist nicht immer einfach, einen Gewinn zu erzielen.

Kapitel 9

KURZFRISTIGES TREND-TRADING

Es wurden viele Bücher über die Vorteile von Trend-Tradern geschrieben. Die Idee ist, sich darauf zu verlassen, dass die Stärke des Trends den Index oder Aktienkurs weiter nach oben (oder unten) treibt. Dann steigen Sie ein (und fahren mit), indem Sie einen Trade in dieselbe Richtung wie der Trend vollziehen. Ziel ist es, dem Trend zu folgen, bis er endet, und Positionen zu vermeiden, die gegen den Trend laufen.

Wie Sie wahrscheinlich wissen, gibt es drei Haupttrends: Aufwärtstrend, Abwärtstrend und Seitwärtstrend. Trend-Trader gehen bei Aufwärtstrends long und gehen bei Abwärtstrends entweder short oder warten ab.

Seitwärtstrends sind in der Regel am schwierigsten zu steuern. Die überwiegende Mehrheit der Trend-Trader nimmt bei Seitwärtstrends eine abwartende Haltung ein, bis der Aktienkurs in die eine oder andere Richtung ausbricht.

Das Trend-Trading kann sowohl als kurzfristige als auch als langfristige Strategie eingesetzt werden. In diesem Kapitel konzentrieren wir uns auf das kurzfristige Trend-Trading. Die Dauer des Trades wird jedoch nicht im Voraus festgelegt. Trend-Trader bleiben bei ihren Positionen, bis der Trend endet.

Wenn man einen Trend in seinem Anfangsstadium aufgreift, ist das spannend. Es besteht das Potenzial für enorme Gewinne, wenn Sie die Disziplin haben, dem Trend zu folgen. Sie können die Entwicklung von Minuten bis Jahren verfolgen. Das ist der Grund, warum es so beliebt ist, dem Trend zu folgen – vorausgesetzt, man hat die Disziplin, den Kurs zu halten.

Trend-Trader besitzen gern Aktien, die auch bei gedämpfter Dynamik und Volatilität in eine Aufwärtsrichtung tendieren. Erfolgreiche Trend-Trader müssen geduldig sein und auf die Entwicklung des Trends warten.

Manchmal hält der Trend über einen langen Zeitraum in einer Richtung an. Zu anderen Zeiten verpufft er. Die ideale Aktie für einen Trend-Trader ist eine Aktie, die sich in eine einzige Richtung bewegt, und zwar mit etwas Glück über Tage, Wochen oder Monate. In diesen Zeiten ernten Trendfolger große Gewinne.

Ich habe umfangreiche Untersuchungen über Trend-Trading-Strategien durchgeführt und wende diese selbst an. Ich habe festgestellt, dass sich nicht alle in der Trading-Gemeinschaft über die genaue Definition eines „Trends" einig sind. Für unsere Zwecke verfolgen die Anleger langfristige Trends. Echtes Trend-Trading ist eine All-in- oder All-out-Strategie.

Auf der anderen Seite folgen kurzfristige Trader in der Regel kurzfristigen Trends (und „lasset die beiden niemals aufeinandertreffen"). Offensichtlich verlassen sich die kurzfristigen Trader auf die Technische Analyse, um Positionen einzugehen oder zu verlassen. Sie können sich auch absichern oder gestaffelt in einen Trade ein- oder aussteigen.

Bedenken Sie, dass Hedging und Skalieren theoretisch gegen das Regelwerk für das Trend-Trading verstoßen. Es spricht jedoch nichts dagegen, diese oder eine andere in diesem Buch vorgestellte Strategie zu ändern. Solange es Gewinn bringt, sollten Sie das tun, was für Sie funktioniert.

Ich gebe Ihnen die Fakten so wieder, wie ich sie interpretiert habe, aber denjenigen, die mehr über Trend-Trading erfahren möchten, empfehle ich, weitere, eigene Nachforschungen anzustellen. Betrachten Sie dies als eine kollegiale Einführung in diese beliebte Strategie.

Wie ein Magnet

Versuchen Sie, sich einen großen Magneten vorzustellen, der Milliarden von Investitionsgeldern anzieht. Je höher der Aktienkurs steigt, desto mehr Geld wird von diesem Magneten angezogen. Wenn Sie sich diesem Trend anschließen könnten, wäre das eine großartige Möglichkeit, um langfristig Geld zu verdienen.

Wenn Sie also einen Trend erkennen, während er sich entwickelt, und ihn nach oben oder unten mitnehmen, um ihn dann mit Gewinn zu beenden, könnte Ihnen diese Strategie gefallen. Das Problem ist, wie Sie vielleicht wissen, dass kurzfristige Trends nicht immer offensichtlich und auch nicht stabil sind. Es gibt zahlreiche falsche Ausbrüche, Umkehrungen, Rückschläge und Erholungen. Mit anderen Worten: Trendfolger erleiden zahlreiche Kursschwankungen und kleine Verluste.

Es ist nicht verwunderlich, dass Anleger kurzfristige Schwankungen (Volatilität) ignorieren, wenn sie kaufen und halten. Tatsächlich ist es eine einfachere und weniger stressige Art, in den Aktienmarkt zu investieren. Verstehen Sie mich nicht falsch: Ich sage nicht, dass „Kaufen und Halten" besser ist. Ich will damit sagen, dass es weniger anspruchsvoll ist.

Andererseits sind Sie vielleicht hier, weil Sie mit Aktien traden wollen, und nicht unbedingt, um sie zu kaufen und zu halten. Wie ich bereits schrieb, funktioniert das Trend-Trading sowohl mit langen als auch mit kurzen Zeiträumen. Zum Glück haben Trader starke Verbündete: Indikatoren und Oszillatoren.

Diese technischen Tools helfen dabei, Trends zu erkennen und festzustellen, wann man ein- und aussteigen sollte und wann eine

Aktie so überkauft oder überverkauft ist, dass man sich auf einen baldigen Ausstieg vorbereiten sollte. Betrachten Sie diese Tools als Ihre Freunde.

Anleger, die nicht an die Technische Analyse glauben, schränken sich selbst ein. Im Wesentlichen hoffen sie, dass ihre Aktien und der Gesamtmarkt auf unbestimmte Zeit nach oben tendieren. Manchmal werden ihre Hoffnungen erfüllt, oft aber auch nicht.

In der Realität gibt es Zeiten, in denen der Markt oder eine Aktie unkooperativ ist und sich nicht an das Drehbuch hält. Dann werden Sie froh sein, dass Sie sich mit trendfolgenden Indikatoren wie gleitenden Durchschnitten und MACD beschäftigt haben. Sie sind so konzipiert, dass Sie immer auf der richtigen Seite des Trends liegen.

> *Hinweis:* Manchmal gibt es keinen eindeutigen Trend (dies wird als *Konsolidierung* bezeichnet). Wenn dem so ist, sollten Sie abwarten, denn der Trend könnte in beide Richtungen drehen.

Um Ihnen den Einstieg in das Trend-Trading zu erleichtern, finden Sie im Folgenden eine Liste der bullishen technischen Signale, auf die Sie beim Einsatz kurzfristiger Trend-Trading-Strategien achten sollten. Hier geht es darum, ein Kauf- oder Verkaufssignal zu finden, das von Ihren Lieblingsindikatoren (vorzugsweise mindestens zwei) generiert wird.

TECHNISCHE TREND-TRADING-SIGNALE (BULLISH)

- **Gleitende Durchschnitte:** Sie suchen nach Aktien, die sich über ihren gleitenden 50-, 100- und 200-Tage-Durchschnitten bewegen (oder verwenden Sie kürzere Zeiträume, wenn Sie ein kurzfristiger Trader sind).
- **MACD:** Wenn die MACD-Linie über der Nulllinie liegt und die MACD-Linie über die 9-Tage-Signallinie kreuzt, kann dies ein brauchbares Aufwärtssignal sein.

- **Unterstützung und Widerstand:** Der Aktienkurs muss über der Unterstützungslinie liegen und durch andere technische Indikatoren bestätigt werden. Als Trend-Trader sollten Sie den Aufwärtstrend so lange wie möglich mitmachen. Solange der Aktienkurs über seinen gleitenden Durchschnitten (Unterstützungsniveaus) liegt, besteht keine dringende Notwendigkeit, zu verkaufen.

Technische Signale für einen Trendbruch

Trend-Trader neigen dazu, Aktien so lange zu halten, wie sich der Trend in die richtige Richtung bewegt. Wenn ein Trend jedoch bricht, suchen die meisten kurzfristigen Trend-Trader nach einem Ausstieg.

Es gibt eine Reihe von Hinweisen, die bestätigen, dass der kurzfristige Trend gebrochen ist. Ein Warnhinweis liegt zum Beispiel vor, wenn der Aktienkurs eine wichtige Unterstützungsmarke wie den gleitenden 20-, 50- oder 100-Tage-Durchschnitt durchbricht und nicht wieder darüber steigt. Wie Sie sich vielleicht erinnern, fungiert das vorherige Unterstützungsniveau nun als Widerstand.

Ein weiterer Hinweis darauf, dass ein Trend zu Ende gegangen ist (oder gebrochen wurde), ist, wenn das Momentum auf eine sprichwörtliche Wand trifft. Erinnern Sie sich an unsere frühere Diskussion, dass sich das Momentum vor dem Aktienkurs dreht. Wenn also das Momentum nachlässt, ist das ein Hinweis darauf, dass eine Trendumkehr möglich ist. Wie ein Börsendetektiv müssen Sie alle Indizien zusammenfügen, um mögliche Trendwenden zu erkennen.

Denken Sie daran, dass dies nur Anhaltspunkte sind. Sie weisen Sie darauf hin, dass eine Umkehr möglich ist, sind aber keineswegs garantierte Signale. Während die Technische Analyse eine Wissenschaft ist, ist das Lesen und Interpretieren der Signale eher eine Kunst. Alle schauen zwar auf die gleichen Signale, aber nur wer sie richtig entschlüsselt, kommt auf die Siegerstraße.

Wenn Trend-Trading nicht funktioniert

Trend-Trading ist, wie jede andere Strategie auch, nicht perfekt. So entwickeln sich beispielsweise viele Trends nicht und verpuffen frühzeitig. Darüber hinaus kann das richtige Timing für den Einstieg in einen Trend eine frustrierende Erfahrung sein, da die Aktienkurse stark schwanken können. In vielen Fällen gibt es keinen Trend, sodass man ohne Trade dasteht. In diesem Fall sollten Sie geduldig auf andere Gelegenheiten warten und nicht überstürzt handeln.

Die schlechte Nachricht für einige Trader ist, dass trendlose Aktienmärkte manchmal nicht nur Tage oder Wochen, sondern viel länger andauern. In diesen Zeiten ist Geduld gefragt, und es muss eine Strategie gefunden werden, die funktioniert.

> *Tipp:* Eine Strategie, die auch in trendlosen Märkten funktioniert, ist der *Verkauf von gedeckten Calls*, über den Sie in Kapitel 19 lesen können.

Nachdem Sie nun ein besseres Verständnis und einen Überblick über das Trend-Trading haben, ist dies der perfekte Zeitpunkt für mich, einen Trend vorzustellen, der zu den stärksten und mächtigsten auf den Finanzmärkten gehört, über den aber nur wenige sprechen – wenn sie überhaupt seinen Namen kennen.

Die Dampfwalze: Das stärkste Chartmuster auf dem Markt

Es gibt einen kurzfristigen Trend, der sich am Morgen entwickelt, am Mittag an Stärke gewinnt und am Nachmittag unaufhaltsam wird. Wenn dieser Trend erkannt wird, kann er das meiste Geld mit dem geringsten Aufwand bringen. Die Techniker nennen das einen *Trendtag*.

Da Trendtag eine so langweilige Beschreibung für diesen großen Geldmacher ist, habe ich ihn in *Dampfwalze* umbenannt, weil dies eine genauere Definition dieses Chartmusters ist.

Es stimmt, wenn man Börsentechnikern von der Dampfwalze erzählt, werden sie verwirrt schauen. In der Tat werden sich viele Trend-Trading-Puristen, die zum Teil extrem wählerisch sind, was Definitionen angeht, darüber ärgern, wenn Sie den Namen „Dampfwalze" verwenden. Sie sollten auch wissen, dass in der Trading-Gemeinschaft Uneinigkeit darüber herrscht, was ein „Trendtag" wirklich ist.

Konzentrieren wir uns auf das Trading mit diesem erstaunlichen Muster. Wenn Sie nur mit der Dampfwalze traden würden, könnten Sie anständige Gewinne erzielen. In der Tat ist die Erzielung von Gewinnen das Einzige, was für Sie zählen sollte.

Die Dampfwalze

Die Dampfwalze kann bullish (*bullishe Dampfwalze*) oder bearish (*bearishe Dampfwalze*) sein. Ein einzigartiges Merkmal der Dampfwalze ist, dass sie langsam anfängt und dann im Laufe des Tages an Kraft und Dynamik gewinnt und alle Versuche, sie zu verlangsamen oder umzukehren, zurückweist. Die Kraft der Dampfwalze ist so groß, dass sie nahezu unaufhaltsam ist.

Wie in Abbildung 9.1 zu sehen ist, stieg die Aktie den ganzen Tag über ihren gleitenden Durchschnitt auf dem Tageschart und bestätigte damit, dass es sich um eine echte Dampfwalze handelt.

Hinweis: Diese Aktie, Tesla, war in den nächsten fünf Tagen auf einem Höhenflug und überrollte alle Leerverkäufer, die versuchten, den Aufwärtstrend zu stoppen.

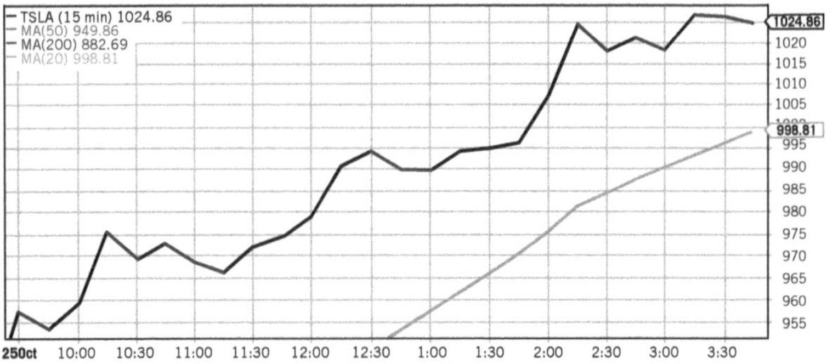

ABBILDUNG 9.1 Die Dampfwalze
(Grafik mit freundlicher Genehmigung von StockCharts.com.)

Die bullishe Dampfwalze

Normalerweise entwickelt sich die Dampfwalze am Futures-Markt (vorbörslich) und deutet auf eine stark bullishe Eröffnung hin, wahrscheinlich mit einem Plus von mehr als einem oder zwei Prozent. Die Chancen stehen gut, dass an diesem Tag eine bullishe Dampfwalze auftaucht, gelegentlich bereits innerhalb der ersten Stunde. Wenn Sie diesen starken Trend noch nie erlebt haben, wird er Sie sozusagen aus den Socken hauen. Nach der Markteröffnung um 9:30 Uhr ET steigt der Aktienkurs kräftig an. Das ist der erste Hinweis darauf, dass es sich um eine potenzielle Dampfwalze handelt.

> ***Hinweis:*** Es dauert in der Regel eine Weile, bis sich eine Dampfwalze entwickelt. Machen Sie nicht den Anfängerfehler, gleich in den ersten Minuten in einen Aufwärtstrend einzusteigen. Oft beginnt der Markt oder eine Aktie stark, verliert dann aber innerhalb von Minuten an Kraft (ich nenne das ein One-Minute-Wonder).
>
> Warten Sie mindestens eine Stunde oder länger, bevor Sie eine Dampfwalze ausrufen, da sie schwanken kann. Es kann auch zu Finten und kurzen Pullbacks kommen. Wenn es sich um eine echte bullishe Dampfwalze

handelt, wird sie alle Versuche, ihre Richtung zu ändern, abwehren und dann an Kraft gewinnen.

Mittag

Wie bereits erwähnt, ist es möglich, dass Sie eine bullishe Dampfwalze in der ersten Stunde erkennen können. Seien Sie geduldig und beobachten Sie, wie dieser Trend mit gelegentlichen kleinen Ausreißern an Stärke gewinnt. Wenn es sich um eine echte Dampfwalze handelt, nimmt die Dynamik immer weiter zu, sodass der Trend gegen Mittag so stark ist, dass ihn nichts mehr aufhalten kann. Wenn Sie ihn früh genug erkannt haben und in der Lage waren, sich darauf einzulassen, dann werden Sie die Früchte Ihrer Arbeit ernten.

Sobald eine Dampfwalze etabliert ist, sollten Sie nicht gegen sie wetten. Diejenigen, die das tun, werden ihre Entscheidung höchstwahrscheinlich bereuen. Dieser Trend ist unerbittlich.

Die Dampfwalze dürfte am Nachmittag an Fahrt gewinnen und bis zum Schluss widerstandsfähig sein. Auf dem Weg dorthin zieht sie weitere Anhänger wie Day-Trader, Investoren und Algos an. Dieser starke Kaufdruck treibt alle führenden Aktien nach oben, wie eine große Welle, die alle Schiffe hebt.

Dampfwalzen-Tage

Sie fragen sich vielleicht, warum nicht jeder an einem *Dampfwalzen-Tag* kauft, wenn die bullishe Dampfwalze ein so offensichtlicher Gewinnbringer ist. Die Antwort ist einfach: Sie tun es! Viele Profis stürzen sich auf diesen Trend, sobald sie ihn erkannt haben. Das ist einer der Gründe dafür, dass die „bullishe Dampfwalze" erst langsam anläuft und dann zur Mittagszeit an Fahrt gewinnt.

Einige Vermögensverwalter erkennen, welche Aktien oder Indizes Geld anziehen (Orderflow), und stürzen sich mit Kaufaufträgen darauf.

Dann steigen Algos in den Trade ein und treiben den Markt noch weiter nach oben.

Erfahrene private Anleger können sich mit Kauforders beteiligen und möglicherweise ebenfalls von diesem starken Trend profitieren. Wenn Sie die Dampfwalze zum richtigen Zeitpunkt mit Ihren technischen Tools erwischen, können Sie kurz- und langfristig Gewinne erzielen. Die Chancen stehen gut für die Longs, also schließen Sie sich besser an und riskieren nicht, überfahren zu werden. Dies ist einer der Momente, in denen es wichtig ist, mit dem Trend zu gehen.

Die einzigen Verlierer sind diejenigen, die versuchen, diese unerbittliche Bestie zu shorten. Selbst professionelle Leerverkäufer, die sich vor die ansteigende Welle stellen, können überrollt werden. Tatsächlich sind die gefangenen Leerverkäufer gezwungen zu kaufen, um ihre Verlustpositionen zu decken, was den Markt noch höher treibt.

Am Nachmittag kann dieses Monstrum nur dann seine Richtung ändern, wenn unerwartete, außerordentlich schlechte Nachrichten kommen, die den Kurs umkehren.

Hinweis: Manchmal fängt der Markt bei der Eröffnung stark an (mit einem Plus von mehr als einem oder zwei Prozent), steigt aber an diesem Tag nicht weiter an. Dieser kurzfristige Kursanstieg ist *keine* Dampfwalze. Eine echte Dampfwalze nimmt den ganzen Tag über Dampf auf. Bullishe Dampfwalzen kommen zwar nicht so oft vor, aber das Warten lohnt sich. Sie sind viel häufiger in Bullenmärkten anzutreffen, während die bearishe Dampfwalze eher in Bärenmärkten auftritt.

Tipp: Ein einzigartiges Merkmal einer Dampfwalze ist, dass sie zwar am Morgen nach oben tendiert, aber in der Regel nur eine geringe Volatilität aufweist. Dies ist einer der Gründe, warum so viele Trader die Dampfwalzen-Signale falsch deuten und sich nicht daran beteiligen (oder schlimmer noch, shorten). Auch wenn die Volatilität gedämpft ist, ist die Kraft, die dem Trend zugrunde liegt, enorm.

Warum herrscht hier so viel Energie? Das liegt daran, dass viele an der Wall Street einsteigen, darunter auch institutionelle Anleger, die ihre Short-Positionen absichern oder der Performance hinterherlaufen. Wenn diese großen Institutionen erst einmal auf Kauftour gehen, ist es unwahrscheinlich, dass sie bald wieder verkaufen, was einer der Gründe dafür ist, dass eine Dampfwalze länger als nur ein paar Tage andauern kann.

Ende des Monats oder Quartals

Es gibt bestimmte Tage, die Sie in Ihrem Kalender markieren sollten. Und zwar die jeweils letzten drei Tage eines jeden Monats und Quartals. An diesen Tagen wenden Hedgefonds, Investmentfonds und institutionelle Anleger eine Strategie an, die in der Branche liebevoll als „Bilanzkosmetik" bezeichnet wird. Diese Tage sind in der Regel günstig für jeden, der mit der Dampfwalze handelt.

Fondsmanager müssen dann ihren Kunden zeigen, dass sie viele Gewinner-Aktien und nur wenige Verlierer besitzen. Am wichtigsten ist, dass die Fondsmanager nachweisen müssen, dass sie ihre Benchmark (zum Beispiel den S&P 500) schlagen. An diesen speziellen Bilanzkosmetik-Tagen werden einige Gewinner-Aktien auf unangemessen hohe Niveaus getrieben.

Es ist unglaublich, wie sich dieses Phänomen auswirkt, wenn bestimmte Aktien kurz vor Quartalsende auf überkaufte Niveaus gedrängt werden. Aufgrund der Bilanzkosmetik stehen die Chancen gut, dass einige Aktien an diesen Tagen steigen werden. In der Finanzbranche bevorzugen Fondsmanager die Formulierung, sie seien auf der Suche nach *Alpha* beziehungsweise der Überschussrendite gegenüber einer bestimmten Benchmark (zum Beispiel der S&P 500 Index), an der die Performance des Fonds gemessen wird.

Trader mit einer Short-Position, die sich dieses Ereignisses nicht bewusst sind, könnten zusätzliches Geld verlieren, wenn Short-Positionen „gequetscht" werden (wenn diese Trader gezwungen sind, ihre

Verlustpositionen zu decken, weil die Aktie so schnell steigt). Diese Zwangskäufe treiben die Kurse noch weiter in die Höhe.

Wenn die Institutionen auf Gewinner gesetzt haben, ist das Risiko eines Rückschlags gering. Gleichzeitig werden Aktien, die Verluste machen, aufgrund von Bilanzkosmetik hart bestraft.

Wann sollte man eine Dampfwalze verkaufen?

Selbst mit einer Dampfwalze ist es möglich, den Trade zu misshandeln und Geld zu verlieren. Das passiert erfahrenen Tradern oder jedem, der zu selbstsicher ist. Während es klug ist, in eine Dampfwalze einzusteigen (und es wird ausdrücklich empfohlen, in sie einzusteigen), ist es schwierig, zum richtigen Zeitpunkt auszusteigen.

Ein kurzfristiger Trader neigt dazu, noch am selben Tag oder am nächsten Tag zu verkaufen. Wochen- oder Swing-Trader steigen oft am Freitag aus. Wenn Sie an einem Dampfwalzen-Tag Gewinne erzielen, könnten Sie sich ermutigt fühlen, aber es ist noch nicht der richtige Zeitpunkt zum Feiern. Es ist möglich, dass dieser lukrative Trade eine Eintagsfliege ist und am nächsten Tag wieder rückgängig gemacht wird.

Während eines Bullenmarktes besteht die Möglichkeit, dass die Dampfwalze „Beine" hat, das heißt, sie wird sich länger als einen Tag bewegen, aber wahrscheinlich mit abnehmender Intensität. Nur Sie können entscheiden, ob Sie noch ein paar Tage warten oder noch am selben Tag verkaufen wollen. Diese Entscheidung hängt von Ihrem strategischen Plan und Ihren Zielen für den Trade ab.

Die Dampfwalze nicht shorten

Ich hoffe, ich habe deutlich gemacht, dass die meisten Trader bullishe Dampfwalzen lieben, mit Ausnahme der Leerverkäufer. Mein Rat: Shorten Sie keine Dampfwalze. Auf diese Weise beenden viele Leerverkäufer ungewollt ihre Karriere und vernichten ihre Konten.

Ein häufiger Fehler besteht darin, die Indikatoren falsch zu deuten. Zunächst steigt der RSI an, was die Stärke der Bewegung bestätigt. Wenn die Dampfwalze an Zugkraft gewinnt, kann der RSI (und andere begrenzte Oszillatoren wie die Bollinger-Bänder) die Charts verlassen. Diese Indikatoren können sogar Messwerte liefern, die ihre Schwellenwerte erreichen (was als *„das Tachometer übersteigen"* bezeichnet wird).

Dies ist der Fall, wenn einige Leerverkäufer glauben, dass der Markt oder eine Aktie „nicht weiter steigen kann". Sie liegen falsch: Eine bullishe Dampfwalze weist jeden Versuch von Leerverkäufern zurück, den Kurs aufzuhalten oder umzukehren. Leerverkäufer werden überrollt, wenn sie es versuchen.

Trading-Tipps für Dampfwalzen

Eine bullishe Dampfwalze tritt nur selten auf. Sie kann nicht jeden Tag gehandelt werden, sondern nur an den Tagen, an denen alles (sowohl die Technische Analyse als auch das allgemeine Marktumfeld) richtig zusammenpasst.

Wenn Sie nur mit diesem einen Muster traden würden, könnten Sie vielleicht ein gutes Einkommen erzielen. Der Schlüssel liegt darin, es richtig zu deuten und zum richtigen Zeitpunkt einzusteigen. Bereiten Sie einen Plan vor, und befolgen Sie ihn, wenn das nächste Mal eine Dampfwalze auftaucht.

Es scheint ein Kinderspiel zu sein, an einem Dampfwalzen-Tag einen Gewinn zu erzielen. In der Tat braucht man Geduld und ein gutes Urteilsvermögen, um von einer Dampfwalze zu profitieren, auch wenn es (im Nachhinein) einfach und offensichtlich erscheint. Es erfordert auch Geschick, dieses Muster rechtzeitig zu erkennen, um davon zu profitieren. Viele Trader lassen sich dazu verleiten, den Trade zu früh aufzugeben.

Der schlimmste Fehler, den viele Trader machen, ist, eine Dampfwalze zu früh auszurufen, bevor sie sich bestätigt hat. Warten Sie geduldig ab, ob sich die Dampfwalze tatsächlich entwickelt, bevor Sie kaufen.

Verwechseln Sie schließlich die Dampfwalze nicht mit einer Aktie, die bei der Eröffnung stark ansteigt. Aktien oder Indizes, die bei der Eröffnung ein Gap aufweisen, sind *keine* Dampfwalzen. Wie ich bereits schrieb, sind Aktien, die bei der Eröffnung eine Kurslücke (Gap) aufweisen und innerhalb von Minuten die Richtung wechseln, One-Minute-Wonder. Ich widme mich dem Thema Gap-Trading in Kapitel 12.

• • • • • •

Nachdem Sie nun gelernt haben, wie man mit einer Vielzahl von Trends und Chartmustern tradet, ist es an der Zeit, die Motoren hochzufahren und Ihnen eine risikoreiche, für Trader sehr interessante Strategie vorzustellen: das Momentum-Trading.

Solange Sie sich der Risiken dieser kurzfristigen Strategie bewusst sind, können Sie sie in Erwägung ziehen. Ich möchte Sie aber vorwarnen, dass das Momentum-Trading zwar gute Gewinne bringen kann, wenn Sie Erfolg hatten, dass es aber auch dazu führen kann, Ihr Konto zu schädigen, wenn Sie zu viel traden oder zu viel Geld auf eine Position setzen. Wenn Sie jedoch gern Risiken eingehen, um im Gegenzug große Gewinnchancen zu erhalten, werden Sie diese Strategie mögen.

Kapitel 10

MOMENTUM-TRADING

In diesem Kapitel stelle ich eine risikoreiche, aber oft sehr profitable kurzfristige Strategie vor, das *Momentum-Trading*. Dies ist eine beliebte Strategie, vor allem während der Hausse, und einer der Gründe, warum sie ein eigenes Kapitel verdient.

Momentum-Trader (oder „Momo"-Trader) brauchen wilde Kursausschläge inmitten der Panik und Euphorie anderer Trader, um Geld zu verdienen. Sie folgen einem Trend, aber im Gegensatz zu traditionellen Trend-Tradern profitieren diese Käufer vom kurzfristigen Momentum und kurzfristiger Volatilität.

Manchmal folgen Momentum-Trader dem Trend und manchmal handeln sie gegen den Trend (*Contrarian-Trading* genannt). Momentum-Trader reiten auf dem Rücken von institutionellen und privaten Anlegern in die eine oder andere Richtung, solange es Volatilität und einen starken Trend gibt.

Die Momo-Trader haben keine Zeit zu verlieren. Sie wollen mit Warp-Geschwindigkeit Gewinne erzielen und zum nächsten Geschäft übergehen. Sie halten so lange, wie sie glauben, dass sie es schaffen können, bis sie beschließen, dass es Zeit ist, auszusteigen.

Day-Trader, die Momo-Strategien verwenden, steigen immer noch am selben Tag aus, egal was passiert. Einige wenige Momentum-Trader halten über Nacht, aber nur so lange, bis das Momo ausläuft.

Eins ist sicher: Diese Strategie ist für hoch qualifizierte, erfahrene Trader, die sich mit Technischer Analyse auskennen. Noch wichtiger ist, dass Sie in der Lage sind, Risiken zu managen. Insbesondere müssen Sie in der Lage sein, Verlustgeschäfte schnell zu beenden. Um diese Strategie anwenden zu können, müssen Sie die Disziplin besitzen, verantwortungsvoll zu traden und Ihre Regeln zu befolgen.

Einer meiner Trading-Freunde verglich diese Methode mit einem Surfer, der auf einer großen, schönen Welle reitet – bis er vom Brett fällt. Man sollte besser wissen, wie man wieder auf das Brett kommt, sonst ertrinkt man.

Für Momentum-Trader spielt es keine Rolle, ob eine Aktie oder ein ETF völlig überkauft oder überverkauft ist. Was zählt, ist die Fähigkeit, auf der Welle weiter zu reiten, bis sie zum Stillstand kommt, und dann rechtzeitig auszusteigen. Es ist nicht so einfach, wie es klingt.

Momentum-Trader, insbesondere Anfänger, machen viele Fehler. Das ist verständlich, denn es ist schwierig, in einem stark belasteten, schnelllebigen und komplizierten Umfeld Geld zu verdienen.

Mein Ziel ist es nicht, Ihre Begeisterung für das Momentum-Trading zu bremsen, sondern Ihnen die Fakten zu nennen, die auf meiner persönlichen Erfahrung und Forschung basieren. Sie müssen wissen, dass Sie sich in ein tückisches Trading-Umfeld begeben, in dem es trügerisch einfach erscheint, Gewinne zu erzielen.

Wenn Sie entschlossen sind, diese Strategie anzuwenden, werde ich nicht versuchen, Sie umzustimmen. Ich kann Ihnen nur raten, diese wilde Arena mit den richtigen Tools, der richtigen Einstellung und dem richtigen Wissen zu betreten, damit Sie eine echte Chance auf Erfolg haben. In diesem Kapitel gebe ich Ihnen einige Orientierungshilfen.

Hinweis: Ein noch extremeres Momentum-Trading ist das *Gap-Trading*. Ich werde diese risikoreiche, aber lohnende Strategie in Kapitel 12 erörtern. Momentum-Trading ist schon schwierig genug – Gap-Trading ist noch einmal eine andere Welt.

Trend-Trading versus Momentum-Trading

Sie fragen sich vielleicht, was der Unterschied zwischen einem kurzfristigen Trend-Trader und einem Momentum-Trader ist. Das ist der Hauptunterschied: Momentum-Trader kaufen im Allgemeinen nur bei extremer Volatilität und starker Dynamik. Sie machen sich das Momentum zunutze und reiten die Aktie nach oben (oder unten).

Das Momentum-Trading ist riskant, weil hoch fliegende Aktien ins Stocken geraten und schnell die Richtung wechseln können. Momentum-Trader jagen oft der Performance hinterher, lange nachdem sich der Kurstrend etabliert hat.

Wie Sie im vorigen Kapitel gelernt haben, brauchen Trend-Trader keinen schwankenden Markt, um Geld zu verdienen. Langfristige Trend-Trader bevorzugen sogar ein Marktumfeld mit geringerer Volatilität. Der wichtigste Punkt ist dieser: Sowohl Momentum- als auch Trend-Trader verfolgen zwar Trends, aber ihre Strategien sind völlig unterschiedlich.

Auf der Welle reiten

Genau wie Trendfolger reiten auch bullishe Momo-Trader auf der Welle der institutionellen Anleger, Algos und Privatanleger, die Aktien kaufen, die sich nach oben bewegen. Der Unterschied besteht darin, dass Momo-Trader nach Aktien suchen, die sich schnell bewegen, und bei diesen bleiben, solange sie sich nach oben (oder unten) bewegen. Sie lieben es, die Volatilität zu nutzen, um Geld zu verdienen.

Solange sie die richtige Richtung wählen und Gewinne mitnehmen, ist es möglich, mit dieser Strategie kurzfristig fantastische Gewinne zu erzielen. Es ist ein schönes Gefühl, wenn man auf der richtigen Seite eines starken Aufwärtstrends steht.

Ich kann nicht genug betonen, dass dies eine *Intraday-Strategie* ist. Ein starkes Momentum hält in der Regel nicht sehr lange an, und deshalb müssen Momentum-Trader ihre Gewinne schnell verbuchen. Da Momo-Gewinne oft innerhalb der ersten Stunde des Handelstages anfallen, sind viele Momo-Trader schon vor Mittag fertig. Das ist jedoch immer eine persönliche Entscheidung.

Als leistungsorientierter Momentum-Trader werden Sie wahrscheinlich am oder nahe dem Höhepunkt eines Trends kaufen und den Orderflow so lang wie möglich mitnehmen. Vielleicht ist die Aktie schon in der ersten Stunde um fünf oder sechs Prozent gestiegen. Als Momo-Trader könnten Sie einsteigen und versuchen, den Kurs noch höher zu treiben.

Wie man Momentum-Aktien findet

Die gute Nachricht bei dieser Strategie ist, dass Momentum-Aktien leicht zu finden sind. Hier sind ein paar Tipps:

- Suchen Sie nach Aktien, die sich auf oder in der Nähe ihres 52-Wochen-Hochs befinden. Diese Aktien sind unter anderem auf MarketWatch, CNN Money, Yahoo Finance, Google Finance und Market Chameleon zu finden.
- Suchen Sie nach Aktien, die vorbörslich nach oben tendieren (oder nach unten, wenn Sie short gehen).
Die aktivsten Aktien, die kurz vor dem Durchstarten stehen, finden Sie unter anderem auf den oben genannten Websites.

- Führen Sie einen Scan in der Trading-Software Ihres Brokers durch. Die meisten Broker bieten Ihnen die Möglichkeit, nach Kriterien wie vorbörslichen Gewinnern und Verlierern zu suchen. Sie können aber auch andere Kriterien eingeben.
- Achten Sie auf Aktien, über die vor der Markteröffnung in den Nachrichten berichtet wird. Seien Sie vorsichtig, denn einige dieser vielversprechenden Aktien könnten sich von einem Momentum-Trade in einen Gap-Trade verwandeln, eine Strategie mit noch höherem Risiko und höherer Rendite.

Warum das Momentum-Trading funktioniert

Viele Momo-Trader verlassen sich auf die Macht der Algos und der Institutionen, um Aktien auf extreme Niveaus in beide Richtungen zu treiben. Was Kleinanleger nicht immer erkennen, ist, dass Algos nicht ihre Freunde sind. Sie sorgen lediglich für die Liquidität, von der die Momo-Trader profitieren. Es ist die Liquidität, die diese Strategie funktionieren lässt. Sobald diese Liquidität jedoch zusammenbricht, sollten Sie schnell aussteigen.

Mit anderen Worten: Heute könnten die Liquiditätsanbieter auf Ihrer Seite traden. Morgen könnten sie schon gegen Sie traden. Sie kümmern sich nicht um Sie oder Ihr Konto, also seien Sie vorsichtig, wenn Sie sie zum Geldverdienen benutzen.

Viele Trader glauben, dass sie mit Volatilität viel Geld verdienen können. In Wirklichkeit ist die Volatilität ein zweischneidiges Schwert, denn sie lässt sich nicht kontrollieren. Wenn die Volatilität auf Ihrer Seite ist und Ihre Aktien nach oben treibt, ist das Leben gut, aber wenn sie sich gegen Sie wendet, sollten Sie schnell aussteigen.

Im folgenden Exkurs habe ich einige spezifische Signale zusammengestellt, auf die Sie beim Trading mit Momentum-Aktien achten sollten.

TECHNISCHE MOMENTUM-SIGNALE

- **Gleitende Durchschnitte:** Sie suchen nach Aktien, die über ihren gleitenden 14-, 20-, 50- und 100-Tage-Durchschnitt ausbrechen (viele Momentum-Trader verwenden jedoch noch kürzere Zeiträume).
- **MACD:** Sie wollen das Momentum auf Ihrer Seite haben (der MACD muss über der Nulllinie und über der 9-Tage-Signallinie liegen). Achten Sie außerdem auf bullishe Divergenzen, da diese das aussagekräftigste Signal liefern (auch wenn das Signal langsamer ist als das der Stochastik).
- **MACD-Histogramm:** Achten Sie darauf, dass die Balken dunkler werden, ein Zeichen dafür, dass das Momentum zunimmt. Als Momentum-Trader möchten Sie, dass sich das Momentum verstärkt. Vergessen Sie nicht, dass sich das Momentum vor den Kursen bewegt, seien Sie also bereit, Ihre Position aufzugeben, wenn das Momentum nachlässt.
- **Langsame (oder schnelle) Stochastik:** Sie wollen, dass %K und %D steigen, aber wenn sie über 75 oder 80 steigen und sich kreuzen (überkauft), ist das ein Verkaufssignal. Momentum-Trader müssen extrem vorsichtig sein, wenn Aktien überkauft sind, da Umkehrungen sehr häufig sind.
- **RSI:** Verwenden Sie den RSI, um überkaufte Bedingungen zu erkennen und um die Stärke des Aufwärtstrends zu bestätigen. Wenn der RSI plötzlich nach unten dreht, ist es möglich, dass der Aktienkurs ein Abwärtsmomentum entwickelt. Das ist nicht unbedingt ein Verkaufssignal, aber seien Sie vorsichtig. Als Momentum-Trader können Sie eine überkaufte Aktienposition nicht zu lange halten, da Sie sonst in einer Long-Position gefangen sind, wenn der Kurs sich umkehrt.
- **Volatilität:** Wenn die Volatilität steigt (über Bollinger-Bänder oder den RSI), ist dies ein positives Zeichen für Momentum-Trader. Das passiert oft, wenn überkaufte Aktien in die Höhe schnellen. Die Volatilität könnte auf extreme Niveaus explodieren, zur großen Freude der Momentum-Trader. Bleiben Sie jedoch nicht zu lange auf der „Momo-Party“, sonst könnten Sie in die Falle tappen. Das erste Anzeichen für Probleme ist, wenn

das Momentum zu schrumpfen beginnt (die Bollinger-Bänder werden enger und die Volatilität nimmt ab). Das ist ein Warnsignal.

- **Unterstützung und Widerstand:** Sie sind auf der richtigen Seite, wenn Sie auf der Long-Seite sind und die Aktie den Widerstand überwindet. Als Momo-Trader sollten Sie den Aufwärtstrend so lange wie möglich mitmachen, aber vorsichtig sein.
- **Kerzendiagramm:** Die Kerzen leuchten grün, wenn der Aktienkurs steigt. Achten Sie jedoch auf eine Reihe roter Kerzen, ein Zeichen dafür, dass der Aktienkurs die Richtung wechselt.

• • • • • •

Tipps zum Momentum-Trading

Für diejenigen, die Momentum-Trading-Strategien verwenden möchten, sind hier einige hilfreiche Tipps:

- Wenn Sie so viel Geld verdienen, dass Sie sich euphorisch fühlen, ist es vielleicht an der Zeit, aus dem Trade auszusteigen, bevor Ihre Gewinne verloren gehen. Es ist eine bewährte Verkaufsstrategie, schrittweise Gewinne mitzunehmen, bevor die Aktie umschlägt.
- Bei der Anwendung von Momentum-Strategien gibt es wenig Spielraum für Fehler. Sie müssen Ihre Bestände immer genau im Auge behalten. Leider funktionieren traditionelle harte Stopps nicht so gut, da sich viele Momo-Aktien blitzschnell bewegen. Sie müssen oft spontane Verkaufsentscheidungen treffen und Sie sollten besser richtigliegen. Wenn Sie einen Plan haben und ihn befolgen, werden Sie weniger Fehler machen.
- Ich empfehle, nicht mit mehr als einer oder zwei Positionen gleichzeitig zu „jonglieren". Es ist schon schwierig genug, eine

Momo-Aktie zu verfolgen; mehr als zwei zu verfolgen, könnte zu Problemen führen.

- Fundamentaldaten wie Kurs-Gewinn-Verhältnisse, Erträge oder der innere Wert sind für einen Momo-Trader nicht von Nutzen. Wenn überhaupt, dann lenken sie davon ab, einen Trade abzuschließen. Momo-Trader interessieren sich nur für die Geschwindigkeit der Bewegung und wie lange sie auf dieser Welle reiten können.

Was, ich soll verkaufen?

Momentum-Trader müssen schnell aus ihren Positionen aussteigen. Warum? Weil das Momentum wie ein Energiestoß ist, der nach einer unbestimmten Zeitspanne verpufft (ein nicht leicht zu bestimmender Ausstiegszeitpunkt). Wenn Momo-Trader nicht erkennen, dass sich das Momentum verlangsamt, und die Position mit Gewinn verkaufen, werden sie wahrscheinlich die Dummen sein.

Beim Momo-Trading ist es schwierig, den richtigen Zeitpunkt für den Ausstieg zu bestimmen. Momo-Trader haben immer Angst, dass ihnen der Teppich unter den Füßen weggezogen wird, und sie haben recht. Die Strafe für das zu lange Halten der Position ist hart. Es ist leicht, schnell Geld zu verlieren.

Es gibt Millionen von Geschichten von Tradern, die nicht rechtzeitig ausgestiegen sind, nachdem sie unglaubliche Papiergewinne erzielt hatten. Wenn man eine Momo-Position hält, geht die Umkehrung oft so schnell, dass man fast nie genug Zeit hat, um zu entkommen. Es ist eine der schlimmsten Erfahrungen für Ihr Ego und Ihr Trading-Konto, wenn Sie mit ansehen müssen, wie aus einer Gewinnposition ein Verlustgeschäft wird.

Wenn man zusammen mit anderen Momo-Tradern in einen sich schnell bewegenden Trade einsteigt, kann es sehr schwierig sein, mit einem Gewinn auszusteigen (oder zumindest ohne große Verluste). Leider glauben die meisten nicht-institutionellen Momo-Trader, dass sie rechtzeitig aussteigen können. Sie sagen es so oft, dass sie es irgendwann selbst glauben.

Warum sollten Sie verkaufen, wenn sich Ihre Aktien in einem erschreckend schnellen Tempo bewegen und Sie Geld verdienen? Weil es genau das ist, was Sie tun sollten. Sie haben *nicht* viel Zeit, um auszusteigen.

Noch schlimmer ist, dass viele der Momo-Trader keinen Ausstiegsplan haben, außer so lange wie möglich den Trend mitzumachen und „rechtzeitig“ auszusteigen. Das ist ein großer Fehler! Wenn Sie diese Strategie anwenden, müssen Sie einen Ausstiegsplan, Zielkurse und Stop-Losses haben. Falls nicht, ist ein Crash fast unvermeidlich.

Damit Sie es nicht vergessen, jeder Momo-Trader sollte Folgendes beachten: *Die Zeit ist nicht auf Ihrer Seite.* Momentum-Positionen haben die seltsame Eigenschaft, sich umzukehren, kurz bevor Sie Ihre Gewinne einlösen wollten.

Die Psychologie der Momentum-Trader

Wenn Sie die Psychologie von Momentum-Tradern verstehen, hilft Ihnen das, die Momentum-Strategie zu verstehen und Sie vielleicht vor Schwierigkeiten zu bewahren. Momo-Trader haben den starken Wunsch, schnelles Geld zu verdienen. Sie haben nicht die Geduld, zu investieren und dann ein Jahr zu warten, bis ihre Aktien eine Rendite von zehn Prozent abwerfen. Ein Jahr? Vergessen Sie es.

Momentum-Trader leben für den Moment, und das gilt auch für ihre Aktien. Sie nehmen Risiken nicht nur in Kauf, sondern leben sie geradezu aus. Sie sind bereit, für einen großen Gewinn große Risiken einzugehen. Für sie ist die Belohnung das Risiko wert.

Hinweis: Erschwerend kommt hinzu, dass einige Momentum-Trader unter der Angst leiden, den nächsten Momo-Trade zu verpassen.

Flattermann

Es ist nicht überraschend, dass viele Momo-Trader ständig nervös sind. Sie haben Angst zu verkaufen, aber sie haben auch Angst, ihre Positionen zu lange zu halten. Paradoxerweise sind es die nervösen Momo-Trader, die am ehesten überleben.

Wenn Sie jedoch zu selbstgefällig mit dieser Strategie umgehen und größere Verluste mit einem Schulterzucken abtun, wird Ihr Konto nicht lange Bestand haben. Eine Laissez-faire-Haltung und das Unterlassen besonderer Maßnahmen zur Risikobegrenzung sind Fehler, die Sie vermeiden sollten.

Hinweis: Professionelle Momentum-Trader kalkulieren mögliche Verluste im Voraus und vollziehen nur dann den Trade, wenn das Risiko-Ertrags-Profil vorteilhaft ist.

Spieler aufgepasst

Leider werden Trader mit einem Hang zum Spekulieren oft von der Momo-Strategie angezogen. Wenn das auf Sie zutrifft, empfehle ich Ihnen im Interesse Ihres Kontos und Ihrer psychischen Gesundheit dringend, andere Strategien aus diesem Buch anzuwenden. Die Trading-Konten von Spekulanten haben eine kurze Lebenserwartung.

Wenn Sie trotz meiner Vorschläge weitermachen wollen, traden Sie zunächst nur einige wenige Aktien, während Sie diese Strategie erlernen. Vielleicht werden Sie nicht viel Geld verdienen, aber Sie werden auch nicht viel verlieren und dabei wertvolle Erfahrungen sammeln.

Es mag so klingen, als wäre ich gegen das Momo-Trading. Das bin ich ganz und gar nicht. Es ist eine beliebte Strategie, die ich selbst angewendet habe. Ich spreche die Risiken offen an, um Sie vor sich selbst zu schützen. Wenn Sie nicht über ausgezeichnete Trading-Skills oder die emotionale Stärke verfügen, diese Strategie anzuwenden, werden Sie Geld verlieren. Ich möchte nicht, dass Ihnen das passiert, also handeln Sie auf eigene Gefahr.

Aus diesem Grund müssen Momo-Trader diszipliniert, emotionslos und schnell mit den Fingern sein. Ihre Stopps müssen strenger sein, Ihre Ausstiege schneller und Ihr Urteilsvermögen muss gut sein. Wenn man einen Fehler macht und in eine Falle gerät, kann der Schmerz unerbittlich sein. Um dieses Schicksal zu vermeiden, sollten Sie auf der Hut sein und während eines Momo-Trades nicht selbstgefällig werden.

Auf der anderen Seite werden manche Anfänger, die mit Momo-Strategien erste Erfolge erzielt haben, euphorisch. Anstatt den Einsatz für den nächsten Trade zu reduzieren, machen sie den beliebten Fehler, alles zu setzen. Ich muss Ihnen nicht sagen, was passiert: Der nächste Trade geht schief und ihr Geld ist futsch.

Auch hier müssen Sie die bittere, nackte Wahrheit kennen, wenn Sie mit Aktien, Kryptowährungen, Terminkontrakten, Optionen und Währungen unter Verwendung von Momentum-Strategien traden wollen.

Dazu gehört auch, dass Sie ehrlich zu sich selbst sind. Wenn Sie viel Geld verlieren, oder auch Schlaf, ist es Zeit, sich der Realität zu stellen. Entweder finden Sie eine andere Strategie oder Sie machen eine lange Pause, bis Sie herausgefunden haben, was schiefgelaufen ist.

Kleine Siege anstreben

Der vielleicht schlimmste Fehler, den Momo-Trader begehen, ist, sich vorzumachen, dass jeder Trade schnelle Gewinne bringt. Sie kalkulieren gedanklich alle Gewinne, die sie erzielen werden, ohne mögliche Verluste mit einzubeziehen (es ist wichtig, darauf hinzuweisen, dass nicht nur Momo-Trader diesen Fehler machen).

Sie sind schockiert, wenn sie statt einer Reihe von kleinen Siegen eine Reihe von kleinen Verlusten erleiden. Denn zu verlieren war nicht Teil des Kalküls.

Wenn das Momo sich erschöpft

Ein weiteres Risiko besteht darin, dass viele Momo-Trader nach zehn, elf oder mehr aufeinanderfolgenden Gewinntagen glauben, das Geheimnis des Universums entdeckt zu haben. Am zwölften Tag werden sie unachtsam, die Liquidität verschwindet und die Falltür öffnet sich.

Bevor sie Zeit zum Reagieren haben, sind sie in einer schlechten Position gefangen und verlieren einen ganzen Monat an Gewinnen mit einem einzigen Trade. Das ist schon vielen Momo-Tradern passiert, die ich kenne.

Ich möchte dieses Kapitel mit einer positiven Bemerkung abschließen: Wenn Sie entschlossen sind, als Momentum-Trader erfolgreich zu sein, können Sie es schaffen, indem Sie alle Hinweise und Trading-Signale in diesem Kapitel befolgen. Traden Sie nicht auf Marge und vor allem: Üben Sie, üben Sie, üben Sie.

• • • • • •

Wenn Ihnen das Momentum-Trading zugesagt hat, dann wird Ihnen der vierte Teil gefallen, in dem ich Geschäfte mit höherem Risiko und höherer Rendite vorstelle. Für Ihre Bildung und Unterhaltung stelle ich Ihnen Day-Trading, Gap-Trading, Kryptowährungsstrategien und das riskanteste Geschäft von allen, das Pennystock-Trading, vor. All das ist nur für disziplinierte Trader geeignet.

TEIL 4

TRADING-STRATEGIEN MIT HOHEM RISIKO UND HOHEN GEWINNEN

Wenn Sie zu den Tradern gehören, die gern Risiken eingehen, um große Gewinne zu erzielen, dann ist Teil 4 genau das Richtige für Sie. Sie werden in hochaktuelle Strategien wie Day-Trading (auch *Intraday-Trading* genannt), Gap-Trading, Kryptowährungen und Pennystocks eingeführt.

Obwohl diese Strategien nicht für jeden geeignet sind, ist es nützlich, sie zu verstehen, auch wenn Sie sie nicht sofort anwenden wollen. Gelegentlich gibt es Zeiten, in denen Day-Trading für jeden sinnvoll ist, der die Disziplin hat, die Regeln und Indikatoren zu befolgen. An solchen Tagen werden Sie froh sein, dass Sie diese Taktiken kennen.

Sie werden auch etwas über das *Gap-Trading* erfahren, eine spezielle Strategie für Trader, die bereit sind, extrem hohe Risiken einzugehen. Ich helfe Ihnen auch dabei, Kryptowährungen zu verstehen und herauszufinden, ob sie für Sie geeignet sind.

Wie immer betone ich, wie wichtig es ist, bei der Anwendung dieser Strategien das Risiko zu kontrollieren. Schnallen Sie sich an, wenn ich Ihnen einige der wildesten Strategien auf den Finanzmärkten vorstelle. Wenn Sie gern Risiken eingehen, sind Sie hier richtig.

Kapitel 11

DAY-TRADING-STRATEGIEN

Beim *Day-Trading* oder *Intraday-Trading* werden eine oder mehrere Aktien (oder börsengehandelte Fonds wie SPY, QQQ und IWM) getradet und noch am selben Tag wieder geschlossen. Die Wartezeit kann Sekunden, Minuten oder Stunden betragen. Das Ziel ist es, einen Trade abzuschließen, mit einem Gewinn auszusteigen und eine geruhsame Nacht zu haben.

Das Verlockende am Day-Trading ist, dass man schon vor dem Mittag Geld verdienen kann, während man zu Hause in seiner Jogginghose sitzt. Wie Sie weiter unten sehen werden, benötigt ein erfolgreicher Day-Trader unglaubliche Disziplin und Konzentration. Die Vorstellung, innerhalb von Minuten Geld zu verdienen, ist zwar verlockend, aber es ist auch leicht, Geld zu verlieren. Ich werde mein Bestes tun, um sowohl die Risiken als auch die Vorteile zu beschreiben.

Hier ist etwas, das Sie überraschen wird: Von allen im vierten Teil vorgestellten Strategien ist das Day-Trading die am wenigsten riskante. Ich freue mich, dass Sie sich für diese faszinierende Strategie interessieren, aber halten Sie die Augen weit offen. Vieles kann schiefgehen.

Es ist zwar schön, von all dem Geld zu träumen, das man mit Day-Trading verdienen kann, aber es ist eine anspruchsvolle Strategie. Mein Ziel ist es immer, Ihnen die Fakten zu liefern, damit Sie sich selbst ein Bild davon machen können, ob diese Strategie zu Ihrem Trading-Stil und Ihrer Persönlichkeit passt.

Noch einmal: Das Letzte, was ich will, ist, dass Sie Geld verlieren. Eine Möglichkeit, Ihre Trading-Skills zu verbessern und Fehler zu vermeiden, ist die Verwendung eines simulierten Trading-Programms. Vielleicht möchten Sie warten, bis Sie mit dem Papiergeldprogramm Erfolg haben, bevor Sie echtes Geld auf Day-Trading-Strategien setzen.

Hinweis: Es gibt so viel über Day-Trading zu sagen, dass ich ein Buch darüber schreiben könnte – und das habe ich auch getan: „So werden Sie zum Daytrader" (Börsenbuchverlag) richtet sich an Anfänger.

Die Day-Trading-Musterregel

Das Erste, was Sie vielleicht kennenlernen sollten, ist die *Day-Trading-Musterregel*, die besagt, dass Sie, wenn Sie weniger als 25.000 Dollar auf Ihrem Konto haben, nur drei sogenannte Roundtrip-Day-Trades innerhalb eines Zeitraums von fünf Werktagen tätigen dürfen. Wenn Sie den vierten Trade tätigen, gelten Sie als sogenannter *Pattern-Day-Trader*. Sie dürfen dann 90 Tage lang nicht traden, solange Sie nicht 25.000 Dollar auf dem Konto haben.

Ich weiß, dass einige Trader diese Regel verabscheuen, aber sie ist zu Ihrem Vorteil gedacht. Mit weniger als 25.000 Dollar sind Anfänger gezwungen, bei ihren Trades wählerischer zu sein. Indem Sie mit einem kleinen Volumen traden, können Sie Ihre Trading-Skills verbessern, ohne eine große Geldsumme zu riskieren. Zu viel auf einen einzigen Trade zu setzen hat schon viele Day-Trader ins Verderben gestürzt – ein Schicksal, das ich Ihnen ersparen möchte.

Viele Anfänger wissen nicht, dass man nicht viel Geld investieren muss, um diese Strategie zu erlernen. Es ist die Art und Weise, wie Sie Ihr Konto verwalten, die über Ihren Erfolg oder Misserfolg als Trader entscheidet. Die Lösung: Traden Sie mit weniger Geld, bis Sie an Erfahrung und Sicherheit gewonnen haben.

Tipp: Wenn Sie über mehr als 25.000 Dollar verfügen, sollten Sie den Betrag, der in einer einzelnen Position getradet wird, auf einen Prozentsatz begrenzen, der Ihnen angemessen erscheint, vielleicht fünf bis sieben Prozent Ihres Kontostands oder sogar nur drei Prozent, je nach Größe Ihres Portfolios. Aktive Day-Trader mit großen Konten können sich dafür entscheiden, ihren Trading-Anteil auf ein oder zwei Prozent zu beschränken.

Das Leben eines Day-Traders

Für viele Menschen klingt es wunderbar, ein Vollzeit-Day-Trader zu sein. Sie haben die Kontrolle über Ihre Zeit und Ihren Terminplan. Sie müssen nicht in ein Büro pendeln oder einem Chef unterstellt sein. Es ist äußerst befriedigend, einen guten Trade zu machen und sofort mit Geld belohnt zu werden. Es gibt keine Kleiderordnung und Sie können Ihre eigenen finanziellen Ziele festlegen. Und vergessen Sie nicht, dass Sie von jedem Ort der Welt aus traden können.

Obwohl es auf dem Papier wunderbar klingt, ist Day-Trading harte Arbeit. Ohne einen regelmäßigen Gehaltsscheck verspüren viele Trader einen enormen Druck, viel zu traden, um Geld zu verdienen. Sie müssen oft schnelle Entscheidungen treffen und der Druck, kein Geld zu verlieren, ist groß. Aber auch mit all diesen Herausforderungen ist es möglich, ein erfolgreicher Day-Trader zu sein.

Das Klischee eines Day-Traders ist jemand, der Dutzende von blitzschnellen Geschäften tätigt und dabei Tausende von Dollar riskiert, in der Hoffnung, 200 bis 500 Dollar zu verdienen. Obwohl einige

Personen diese anstrengende Strategie anwenden, sind die meisten modernen Trader disziplinierter bei ihren Geschäften. Sie traden intelligenter und tätigen nur wenige Transaktionen in einer Trading-Sitzung. Das Ziel ist dasselbe – an einem einzigen Tag Geld zu verdienen –, aber die Art und Weise, wie Sie es tun, ist der Schlüssel.

Day-Trading-Signale

Um als Day-Trader erfolgreich zu sein, sollten Sie sich auf die in diesem Buch vorgestellten technischen Indikatoren verlassen. Passen Sie dann die Parameter auf kürzere Zeiträume an. Es kann einige Zeit dauern, bis Sie die für Sie passenden Einstellungen gefunden haben, aber haben Sie Geduld.

Der folgende Exkurs enthält einige der Signale, auf die Sie bei dieser Strategie achten sollten. Betrachten Sie sie lediglich als Empfehlungen.

TECHNISCHE DAY-TRADING-SIGNALE

- **Gleitende Durchschnitte:** Beginnen Sie mit den gleitenden 20- und 50-Tage-Durchschnitten (oder kürzeren wie dem 10-Tage-Durchschnitt) auf einem 15-, 30- oder 60-Minuten-Diagramm (einige Day-Trader verwenden sogar noch kürzere Zeiträume). Eine andere Möglichkeit ist der gleitende 200-Tage-Durchschnitt auf einem 15-Minuten-Chart, der weniger Signale liefert. Es gibt keine richtige Antwort auf die Frage, was das Beste ist; es ist eine individuelle Entscheidung.
- **MACD:** Die stärksten Signale erhalten Sie, wenn der MACD über der Nulllinie und über der 9-Tage-Signallinie liegt. Achten Sie außerdem auf eine bullishe Divergenz, da diese aussagekräftige Signale liefert (auch wenn sie langsamer sind als die der Stochastik). Als Day-Trader können Sie die Parameter für schnellere Signale anpassen (aber nicht zu schnell).

- **MACD-Histogramm:** Beobachten Sie, ob die Balken dunkler oder heller werden, um festzustellen, ob das Momentum zunimmt oder abnimmt.
- **Langsame (oder schnelle) Stochastik:** Achten Sie darauf, dass %K und %D steigen, aber wenn sie über 75 oder 80 (überkauft) steigen und sich kreuzen, ist das ein Verkaufssignal. Day-Trader müssen extrem vorsichtig sein, wenn Aktien überkauft sind, da Umkehrungen sehr häufig sind.
- **RSI:** Verwenden Sie den RSI für überkaufte oder überverkaufte Bedingungen innerhalb eines Tages. Der RSI bestätigt die Stärke der Bewegung. Wenn der RSI nach unten dreht, ist es möglich, dass einem überkauften Aktienkurs der Sprit ausgeht. Es ist nicht unbedingt ein Verkaufssignal, wenn es nicht durch andere Indikatoren bestätigt wird.
- **Unterstützung und Widerstand:** Inzwischen wissen Sie, dass Sie nicht gegen die Fakten ankämpfen sollten, wenn eine Aktie unter die Unterstützungsniveaus fällt und die Indikatoren sich gegen Ihre Position wenden. Steigen Sie aus der Position aus und überlegen Sie, ob Sie Leerverkäufe tätigen wollen. Umgekehrt, wenn ein Aktienkurs über den Widerstand steigt und dort bleibt und die Indikatoren auf Ihrer Seite sind, gibt es keinen Grund, zu diesem Zeitpunkt zu verkaufen.

  Setzen Sie auf erfolgreiche Geschäfte, solange Sie können (das ist der künstlerische Teil des Tradens), aber denken Sie darüber nach, Geld vom Tisch zu nehmen. Am wichtigsten ist es, eine Gewinnposition vor dem Ende des Tages zu verkaufen. Machen Sie das Gleiche bei einer Verlustposition.
- **VWAP (Volume Weighted Average Price, volumengewichteter Durchschnittspreis).** Dieser technische Indikator ist bei vielen Day-Tradern beliebt. Lesen Sie den Exkurs am Ende dieses Kapitels, um zu erfahren, wie Sie diese Funktion nutzen können.

Tipp: Sie können die Aktienkurse nicht kontrollieren, aber Sie haben die Kontrolle über die von Ihnen gewählten Indikatoren. Nutzen Sie sie, um erfolgreiche Geschäfte zu machen.

••••••

Es fällt mir zwar leicht, Ihnen anhand der oben genannten Indikatoren zu sagen, wann Sie kaufen und verkaufen sollten, aber die Herausforderung beim Day-Trading besteht darin, dass alles blitzschnell geht. Aus diesem Grund ist ein Trading-Plan für Day-Trader so wichtig. Dieser hilft Ihnen, geeignete Einstiegs- und Ausstiegskurse zu ermitteln. Day-Trading ist keine Strategie, bei der man einfach drauflostraden kann (sprich ohne Plan).

Am wichtigsten ist, dass Sie nicht gegen die wichtigste Regel für Day-Trader verstoßen: nicht über Nacht halten! Viele Anfänger gehen in einen Day-Trade mit der Absicht, bis zum Ende des Tages zu verkaufen. Später, wenn die Position in Schwierigkeiten gerät, setzen sie die Indikatoren und ihre Regeln außer Kraft, weil sie glauben, dass es morgen besser sein wird.

Dabei spielt es keine Rolle, ob sie am nächsten Tag gewinnbringend ausgestiegen sind. Sie haben ihre eigenen Regeln gebrochen. Wenn Sie gegen Ihre Regeln verstoßen, hat das oft schwerwiegende Folgen.

> ***Fazit:*** Vergessen Sie nicht, dass Sie ein Day-Trader sind. Am Ende des Tages müssen Sie aus dem Geschäft raus sein. Brechen Sie diese Regeln, wenn Sie müssen, aber wenn Sie das tun, nennen Sie sich nicht Day-Trader.

Worauf Day-Trader bei Aktien achten

Nachfolgend sind einige der Merkmale aufgeführt, die Day-Trader bei der Suche nach Gewinner-Aktien anstreben:

- **Volatile Aktien:** Day-Trader suchen nach Aktien, die in Bewegung sind, das heißt, sie sind volatil. Je volatiler der Aktienkurs ist, desto besser ist er für die meisten Day-Trader. Warum?

Weil sie schnelle Gewinne anstreben. Day-Trader haben keine Zeit, eine Aktie zu kaufen, die sich nur langsam bewegt und ihr Kursniveau über Tage oder Wochen hält.

- **Hohes Volumen:** Ein wichtiges Merkmal für einen Trading-Kandidaten ist ein hohes Volumen. Einige Trader lehnen den Day-Trade von Aktien mit einem täglichen Volumen von weniger als 400.000 Anteilen ab (aber legen Sie Ihre eigenen Kriterien fest). Trading mit Aktien, die ein höheres Volumen aufweisen, gewährleistet Liquidität, sodass Sie leicht in eine Position ein- und aussteigen können. Aktien mit geringer Liquidität und geringem Volumen sind leicht zu kaufen, aber es kann schwierig sein, sie zu einem für Sie günstigen Preis zu verkaufen.
- **Risiko und Ertrag:** Day-Trader achten auf das Risiko-Ertrags-Verhältnis, und das ist auch gut so. Wie Sie sich erinnern, hat der Kauf einer Aktie, die um einen Dollar fallen könnte, aber das Potenzial hat, um fünf Dollar zu steigen, ein Risiko-Ertrags-Verhältnis von 1:5. Aus diesem Grund sind Day-Trader ständig auf der Suche nach Aktien mit einem ausgezeichneten Chance-Risiko-Verhältnis (mindestens 1:3).
- **Relative Stärke:** Viele Day-Trader versuchen, Aktien zu finden, die eine Relative Stärke aufweisen. Wie Sie sich vielleicht noch aus Kapitel 1 erinnern, gilt: Wenn sich der Gesamtmarkt nach unten bewegt, bestimmte Aktien auf Ihrer Watchlist aber nach oben, dann haben diese Aktien Relative Stärke.
  Es gibt keine Garantie dafür, dass diese Aktien den ganzen Tag über steigen werden, aber für Day-Trader ist es bereits eine profitable Gelegenheit, wenn diese Aktien für ein paar Minuten oder Stunden weiter steigen.
- **Aktiensektoren:** Viele Day-Trader traden mit *Aktiensektoren.* Anstatt beispielsweise Microsoft, Alphabet, Adobe oder Nvidia zu kaufen, investieren Day-Trader mit einem ETF beispielsweise

in den *Technologiesektor*. Der Technologiesektor-ETF (XLK: Technology Select Sector SPDR Fund) ist nur einer von Hunderten verfügbaren Aktiensektoren.

Wenn der Gesamtmarkt rückläufig ist, liegen einige Aktiensektoren im Plus (sie haben Relative Stärke). Wenn zum Beispiel der Dow Jones fällt, können Sie feststellen, dass der Pharma- oder Versorgungssektor steigt.

Leider kann es zu dem Zeitpunkt, an dem Sie feststellen, dass ein bestimmter Sektor stark ist, bereits zu spät sein, um zu kaufen. Wie so oft auf dem Markt kann ein Sektor den Tag stark beginnen und am Nachmittag einbrechen. Das macht das Day-Trading mit Sektoren zu einer anspruchsvollen Strategie.

Tipp: Sie können Scanning-Programme verwenden, um jeden Tag die stärksten Sektoren zu finden.

Eine Day-Trading-Geschichte

Zu Ihrer Information und Unterhaltung folgt eine fiktive Kurzgeschichte über den Börsenneuling Jerry. Ich hoffe, dass Sie aus dem Day-Trading-Abenteuer dieses Mannes ein paar Lektionen lernen.

Nachdem er einige Bücher über Day-Trading gelesen und einige Onlinevideos angesehen hatte, stieg Jerry mit etwas mehr als 25.000 Dollar auf seinem Konto in den Aktienmarkt ein. Er wusste bereits, dass er eine Aktie, ZYX, kaufen wollte, die einer seiner Nachbarn empfohlen hatte.

Jerry sah sich keine Aktiencharts an und verwendete keine Technische Analyse. Er wusste einfach, dass er diese Aktie jetzt besitzen *musste*. Sobald der Markt öffnete, erteilte Jerry eine Kauforder von 500 ZYX-Aktien zu einem Preis von 18,57 Dollar pro Aktie und bezahlte dafür 9.285 Dollar.

Nur wenige Minuten nachdem er die Aktie gekauft hatte, stieg der Kurs wieder ein wenig an. Jerry beobachtete mit Freude, wie die Aktie eine halbe Stunde nach der Eröffnungsglocke um einen Punkt anstieg. Ohne dass Jerry es wusste, hatte jemand getwittert, dass ZYX von einer großen Produktionsfirma aufgekauft werden sollte.

Innerhalb weniger Minuten hatte Jerry bereits einen nicht realisierten Gewinn von 540 Dollar erzielt. Hey, dachte er, Day-Trading ist einfach! Er freute sich so sehr über seinen Gewinn, dass er direkt seine Schwester und seinen Nachbarn, der ihm den Tipp gegeben hatte, anrief. Der Nachbar sagte ihm, dass er noch mit viel mehr Geld rechnen könne.

Leider hatte sich der Gewinn von 540 Dollar in einen Verlust von 600 Dollar verwandelt, als Jerry die Gespräche beendete. Wie? Jerry konnte es nicht fassen. Die Ablenkung von seinem Trading-Bildschirm hatte ihn 1.100 Dollar gekostet. Es stellte sich heraus, dass das Gerücht über die Übernahme falsch war.

Jerry beschloss, eine neue Strategie auszuprobieren, von der er gehört hatte: Kaufe bei Kursrückschlägen. Sein Nachbar hielt die Aktie für einen Gewinner und so kaufte Jerry weitere 500 Anteile. Er besaß nun 1.000 Aktien von ZYX zu einem Durchschnittspreis von 18,01 Dollar. Er war zuversichtlich, dass der Rückgang nur vorübergehend war.

Hätte Jerry einen Blick auf einen Chart geworfen, hätte er gesehen, dass die Aktie unter ihren gleitenden 20- und 50-Tage-Durchschnitten gehandelt wurde (und damit die Unterstützung brach), was andere Anleger zum Verkauf veranlasste. Auch der MACD hatte sich nach unten bewegt und deutete auf weitere Probleme hin. Da Jerry die Technische Analyse nicht nutzte, wusste er nichts davon.

Sobald ZYX unter ihre gleitenden Durchschnitte fiel, stürzten sich die Algos auf die Aktie und verkauften sie mit rücksichtsloser Hingabe leer. Innerhalb einer Stunde stürzte ZYX auf 13,02 Dollar ab. Als Jerry seinen Nachbarn um Rat fragte, sagte sein Freund: „Sie ist zu billig, um sie zu verkaufen. Ich kaufe mehr."

Jerry hatte nicht genug Geld, um weitere Aktien zu kaufen. Er saß mürrisch vor dem Computer und sah zu, wie sein Geld verschwand. Seine Schwester rief an, um zu erfahren, wie viel Geld er verdiene, aber er sagte ihr, er sei beschäftigt.

Die einzige Idee, die Jerry hatte, war, seinen Freund noch einmal anzurufen.

„Soll ich jetzt verkaufen?“, fragte Jerry.

„Nein!“, schrie der Nachbar. „Sei kein Angsthase! Diese Aktie wird auf 50 Dollar pro Anteil steigen. Ich war mir in meinem ganzen Leben noch nie so sicher!“

Jerry hatte keinen anderen Plan, als das zu tun, was sein Nachbar vorschlug. In der Zwischenzeit sank die Aktie bis zum Mittag weiter, als sich der Kurs seitwärts bewegte.

Hätte Jerry mehr über den Aktienmarkt gelernt, bevor er den Trade ausführte, hätte er seine „Sorgfaltspflicht“ erfüllt, anstatt sich auf Aktientipps eines unqualifizierten, aber meinungsstarken Nachbarn zu verlassen.

Nachdem ZYX unter die gleitenden Durchschnitte gefallen war, hätte Jerry seine Position nicht weiter aufstocken, sondern den Ausstieg suchen müssen. Um erfolgreich Day-Trading zu betreiben, braucht man nicht nur ein gutes Urteilsvermögen, sondern auch die Fähigkeit, unter stressigen Bedingungen schnelle Entscheidungen zu treffen, wenn es um Geld geht.

Jerry unterliefen bis zum Ende des Tages noch einige Fehler. Weil ZYX nicht mehr fiel, dachte er, das Schlimmste sei vorbei. Nach Rücksprache mit seinem „Permabull“-Nachbarn beschloss Jerry, seine Position über Nacht zu halten. Er hasste die Vorstellung, Geld zu verlieren.

Dies erwies sich als der schlimmste Fehler von allen. ZYX sollte ein Intraday-Geschäft werden, aber Jerry änderte seine Strategie auf der Grundlage von nichts außer Hoffnung. Er war jetzt ein „Stuckholder“. Zum Pech von Jerry tauchte ZYX nach Feierabend wieder ab, was ihn noch mehr Geld kostete. Was waren seine Gründe für das Halten über Nacht? Sein Nachbar hatte es ihm befohlen!

Am nächsten Tag kam Jerry zur Vernunft und verkaufte seine gesamte Position, als ZYX nach der Eröffnung weiter fiel. Er konnte den Schmerz nicht mehr ertragen. Als er verkaufte, hatte er über 8.500 Dollar verloren.

Wäre er bei dem Verlustgeschäft geblieben, anstatt zu verkaufen, wären die Verluste viel größer gewesen. Was Jerry rettete, war, dass er am nächsten Tag ausstieg.

Ich erzähle diese Geschichte nicht, um Sie vom Day-Trading abzuschrecken. Ich möchte Ihnen einen kleinen Vorgeschmack darauf geben, wie es ist, bei einem Trade viel Geld zu verlieren. Die Gewinne können fantastisch sein, wenn Sie bei einem Day-Trade auf der richtigen Seite stehen. Um erfolgreich zu sein, muss man jedoch seinen Beitrag leisten – und das bedeutet in der Regel, dass man als Anfänger Geld verliert.

Das Erlernen der Technischen Analyse ist ein wichtiger erster Schritt und einer der Gründe, warum ich so viel Zeit auf diese Methoden verwandt habe. Das Problem ist, dass viele Anfänger glauben, dass sie nur die Technische Analyse lernen müssen, um erfolgreich zu sein, aber das stimmt nicht. Das ist so ähnlich, als wenn man lernt, wie man einen Hammer und eine Säge benutzt. Kann man ein Haus bauen, nur weil man weiß, wie man mit diesen Werkzeugen umgeht? Nein, natürlich nicht. So ist es auch beim Day-Trading.

Day-Trading-Tipps

Sie haben gerade von einem unerfahrenen Trader gelesen, der ins Day-Trading gestolpert ist, ohne eine Ahnung zu haben, was er tun soll. Day-Trading kann jedoch eine erfolgreiche Strategie sein, wenn Sie diszipliniert und bewandert sind.

Eine der wichtigsten Eigenschaften eines erfolgreichen Day-Traders ist Geduld, was dem öffentlichen Bild von Day-Tradern widerspricht.

Bevor Sie die Eingabetaste drücken, müssen Sie sicher sein, dass die Erfolgsaussichten gut sind. Bestätigen Sie Ihre Entscheidung immer mit den Ihnen zur Verfügung stehenden technischen Tools und kalkulieren Sie, ob der erwartete Gewinn das Risiko wert ist. Bitte denken Sie daran, eine Stop-Loss-Order einzurichten, sobald der Trade ausgeführt wurde.

Und schließlich sollten Sie nicht traden, wenn Sie sich emotional, gehetzt oder unter Druck gesetzt fühlen. Der Adrenalinrausch, den viele Trader bei der Markteröffnung verspüren, führt zu schlechten Entscheidungen und verlorenem Geld.

Nachdem Sie nun eine bessere Vorstellung davon haben, wie Sie als Day-Trader erfolgreich sein können, erfahren Sie im folgenden Exkurs, wie Sie einen technischen Indikator verwenden, der von vielen Day-Tradern bevorzugt wird: VWAP.

VOLUMENGEWICHTETER DURCHSCHNITTSPREIS (VWAP)

Stellen Sie sich vor, Sie finden einen technischen Indikator, der von institutionellen Tradern verwendet wird und der beim Ein- und Ausstieg aus Intraday-Geschäften hilft. Wie wäre es, wenn dieser Indikator Sie wissen lassen könnte, ob Sie einen guten, einen schlechten oder einen durchschnittlichen Kurs erhalten?

Es gibt einen solchen Indikator: den volumengewichteten Durchschnittspreis, auch bekannt als VWAP (Volume-Weighted Average Price). Obwohl er auf einer ausgeklügelten Formel basiert, ist der VWAP ein unkomplizierter, leicht zu entziffernder gleitender Durchschnittsindikator. Er wird häufig von Tradern verwendet, die eine Order zu einem Preis ausführen lassen wollen, die am oder nahe am aktuellen VWAP liegt. Der VWAP gibt auch Aufschluss über die Richtung des aktuellen Trends. Aus diesen Gründen (und noch einigen mehr) ist er ein unverzichtbares Tool für institutionelle und private Day-Trader.

VWAP verwendet eine Formel, die auf Volumen und Preis basiert, um seine Version des durchschnittlichen Aktienkurses über einen bestimmten Zeitraum zu berechnen. Genauer gesagt ist der VWAP eine volumengewichtete Methode zur Ermittlung des Durchschnittskurses einer Aktie über einen bestimmten Zeitraum, in der Regel einen Handelstag.

Wenn Sie den VWAP in einem beliebigen Chartprogramm auswählen, erscheint die Darstellung des Durchschnittspreises als eine einzige Linie auf einem Intraday-Chart, ähnlich wie ein gleitender Durchschnitt. Der Trader wählt einen Intraday-Zeitrahmen von 1 Minute, 5 Minuten oder 15 Minuten.

VWAP erzeugt eine Reihe von Signalen. Eine Day-Trading-Strategie sieht zum Beispiel vor, in Richtung des VWAP zu traden. Steigt der Aktienkurs über den VWAP, ist das ein Zeichen für eine Hausse. Wenn der Aktienkurs unter den VWAP fällt, ist das ein Zeichen für eine Baisse. Viele private Day-Trader nutzen den VWAP auch, um Unterstützung und Widerstand zu finden.

Darüber hinaus zeigt der VWAP institutionellen Tradern (und Day-Tradern), ob ihr Kaufkurs über oder unter dem täglichen Durchschnittskurs lag. Schließlich müssen die Institutionellen wissen, ob sie einen Preis erhalten haben, der leicht unter dem VWAP liegt. Ihr Ziel ist es, ihre großen Orders (oft 500.000 Aktien und mehr) so gut wie möglich zu erfüllen. Für einen institutionellen Investor können sich Pennys zu erheblichen Einsparungen summieren.

Hier ein Ratschlag: Wenn Sie ein Day-Trader sind, sollten Sie lernen, diesen Indikator zu verwenden. VWAP ist das Instrument der Wahl für institutionelle Investoren und vielleicht jetzt auch für Sie. Das kann Ihren Day-Trading-Ergebnissen nur zuträglich sein.

• • • • • •

Wie ich bereits geschrieben habe, ist Day-Trading von allen Strategien mit hohem Risiko und hohen Gewinnen, die in diesem vierten Teil des Buches vorgestellt werden, die am wenigsten riskante. Sie werden sehen, was ich meine, wenn Sie über das Gap-Trading lesen, eine der anspruchsvollsten Day-Trading-Strategien, die je entwickelt wurden.

Kapitel 12

GAP-TRADING

Wenn Sie dachten, dass Momentum-Trading riskant ist, ist Gap-Trading wie eine Achterbahnfahrt ohne Sicherheitsbügel. Das Gap-Trading ist etwas für diejenigen, die extreme Risiken eingehen wollen, um in kurzer Zeit hohe Gewinne zu erzielen. Diese Strategie, die ich unerfahrenen Tradern nicht empfehle, nenne ich „Momentum-Wahnsinn“. Wenn Sie sich jedoch für das Trading mit Gaps (Kurslücken) interessieren, sollten Sie dieses Kapitel sorgfältig durcharbeiten.

Einige Trader glauben, dass Gap-Trading ein Laienhandel ist, der leichtes Geld bringt. Tatsächlich gilt das Trading mit Gaps als eine der schwierigsten aller kurzfristigen Strategien. Es erfordert ein enormes Maß an Geschick, Disziplin und Gefühlskälte, um diese Strategie zu verfolgen und mit einem Gewinn abzuschließen. Leider glauben viele Hobbytrader das Gegenteil.

Wenn Sie mit Gaps nicht vertraut sind, finden Sie im folgenden Exkurs eine kurze Einführung in die vier Arten von Gaps: *Ausbruchs-Gap, Fortsetzungs-Gap, Erschöpfungs-Gap* und *gewöhnliches Gap.*

WAS SIND GAPS?

Gaps sind ein häufiges Muster, das sich als leere oder offene Stellen in einem Diagramm zeigt. Das bedeutet, dass auf diesem Kursniveau oder in dieser Kursspanne kein Trading stattgefunden hat, weil der Aktienkurs diese Kurslücke auf dem Diagramm übersprungen hat. Sie können sich eine Kurslücke als einen leeren Bereich vorstellen, in dem nichts passiert.

Wenn sich ein Gap bildet, eröffnet die Aktie *höher* als der Schlusskurs des Vortages *(Gap-Up)* oder *niedriger* als der Schlusskurs des Vortages *(Gap-Down)*. Angenommen, über Nacht wird bekannt, dass ein Pharmaunternehmen, ZYX, von der FDA (U. S. Food and Drug Administration, deutsch: US-Behörde für Lebens- und Arzneimittel) die Genehmigung zur Entwicklung eines neuen Grippeimpfstoffs erhalten hat.

Wenn die Nachricht nach Börsenschluss bekannt gegeben wird, überwältigen die Käufer die Verkäufer bei den nachbörslichen Verkäufen. Der letzte Schlusskurs von ZYX lag bei 66 Dollar pro Aktie. Jetzt schießt ZYX in die Höhe. Vorbörslich wird ZYX für 72 Dollar pro Aktie gehandelt.

Sobald der Trade mit der Aktie beginnt (und es wird wahrscheinlich eine verzögerte Eröffnung aufgrund eines Ungleichgewichts bei den Orders geben), springt der Aktienkurs von ZYX von seinem vorherigen Schlusskurs von 66 Dollar auf erstaunliche 74 Dollar pro Aktie. Wenn man sich einen Aktienchart anschaut, gibt es eine Kurslücke zwischen 66 und 74 Dollar, in der keine Aktien gehandelt wurden. Es bestand ein Ungleichgewicht zwischen Käufern und Verkäufern (das heißt, das Angebot war größer als die Nachfrage), was zu der großen Kurslücke auf einem Aktienchart führte. Nach dem Auftreten einer Kurslücke kommt es in der Regel zu einem außergewöhnlichen Volumen, entweder durch intensive Käufe (Gap-Up) oder Verkäufe (Gap-Down).

Ausbruchs-Gap

Das obige Beispiel beschreibt das *Ausbruchs-Gap*, das nicht nur am spannendsten ist, sondern auch die meisten Gewinne bringt, wenn der Trade funktioniert. Dieser Gap-Typ tritt zu Beginn eines Trends auf, wenn eine Aktie aufgrund eines überdurchschnittlichen Volumens ansteigt.

Einige Trader versuchen, ein Ausbruchs-Gap gleich bei der Eröffnung zu kaufen (in der Regel, während der Aktienkurs konsolidiert). Es erfordert viel Übung, zum richtigen Zeitpunkt in eine Kurslücke hinein- und aus ihr herauszukommen, sowie ausgezeichnete Risikomanagement-Skills.

Fortsetzungs-Gap

Viele Anfänger verwechseln das *Fortsetzungs-Gap* mit dem Ausbruchs-Gap. Auf den ersten Blick scheinen sie sich tatsächlich zu ähneln, da beide einen Anstieg über den Widerstand oder einen Durchbruch unter die Unterstützung voraussetzen (bei Leerverkäufen). Allerdings gibt es feine Unterschiede.

Bei einem Fortsetzungs-Gap bewegt sich die Aktie bereits in eine bestimmte Richtung (nach oben oder unten), wenn der Kurs aus irgendeinem Grund nach oben oder unten springt. Im Grunde geht der Kurs in die gleiche Richtung, aber mit mehr Power. Es ist eine Fortsetzung des Trends.

Tipp: Fortsetzungs-Gaps treten seltener auf als Ausbruchs-Gaps.

Erschöpfungs-Gap

Das Erschöpfungs-Gap tritt auf, wenn eine Aktie bei einem unterdurchschnittlichen Volumen einen Aufwärtstrend vollzogen hat und ihr die Luft ausgeht, weil die Nachfrage nach der Aktie sinkt. Bei geringem Volumen und wenig Enthusiasmus gerät der Aktienkurs recht schnell ins Wanken.

Auf Erschöpfungs-Gaps folgt in der Regel eine spürbare Umkehrung, die oft zu einer regelrechten Flucht aus der Aktie führt (was eine Flut von Verkaufsorders auslöst). Das Volumen könnte zunehmen, wenn die erschöpfte Aktie nachgibt und ehemals bullishe Käufer zu bearishen Verkäufern werden.

Einige Contrarians traden gern mit Erschöpfungs-Gaps. Die Aktie macht eine extrem starke Bewegung, die sich über ein oder zwei Tage hinziehen kann, aber schließlich geht ihr die Kraft aus und sie kommt zum Stillstand. Es gibt einfach nicht genug eifrige Käufer, um die Aktie nach oben zu treiben, und nicht genug Verkäufer, um sie viel tiefer zu drücken. Diese Art von Gap deutet häufig auf einen Trendwechsel hin.

Erschöpfungs-Gap ist der perfekte Name: Die Aktie ist müde oder „erschöpft" und bereit für eine Richtungsänderung. Es ist der Hinweis darauf, dass sich „etwas" verändert hat. Wenn es sich um ein echtes Erschöpfungs-Gap handelt, wird die Aktie ihre Bewegung in die entgegengesetzte Richtung fortsetzen und möglicherweise sogar *das Gap schließen* (auf den Kurs vor der Kurslücke zurückkehren).

Gewöhnliche Gaps

Das Gap, das am häufigsten in einem Diagramm auftaucht, ist das sogenannte *gewöhnliche Gap*. Wenn beispielsweise zwischen dem Schluss- und dem Eröffnungskurs ein Gap besteht, ist der Betrag so gering, dass er unbedeutend ist, vielleicht nur ein paar Pennys. Sie sehen beispielsweise auf einem Chart, dass zwischen dem Schlusskurs von 60 Dollar und dem Eröffnungskurs von 60,10 Dollar eine Kurslücke besteht. Gewöhnliche Gaps bieten in der Regel keine Trading-Möglichkeiten.

Nachdem Sie nun einen Überblick über die wichtigsten Gap-Typen haben, wollen wir uns als Nächstes damit befassen, wie man von ihnen profitieren kann. Wie Sie vielleicht schon vermutet haben, ist das Ausbruchs-Gap am riskantesten, da eine plötzliche Umkehr kostspielig sein kann. Wenn das Timing stimmt, kann es aber auch die meisten Gewinne bringen.

Hinweis: Der Rest dieses Kapitels ist ausschließlich dem Trading mit einem Ausbruchs-Gap gewidmet.

Trading mit einem Ausbruchs-Gap

Beim Trading mit einem Ausbruchs-Gap können Trader enorme Gewinne erzielen, wenn sie auf der richtigen Seite eines Trades stehen. Wenn Sie jedoch auf der falschen Seite stehen, kann es Ihnen „die Gesichtszüge entgleisen lassen", wie Trader manchmal witzeln.

Tipp: Eine intelligente Stop-Loss-Order schützt Ihr Konto – und Ihr Gesicht.

Ein Ausbruchs-Gap zeigt an, dass etwas so Dramatisches passiert ist, dass Angebot und Nachfrage verzerrt wurden. Dieses unerwartete Ereignis führt zu einer erheblichen Kurslücke zwischen dem Schlusskurs des Vortages und dem Eröffnungskurs des nächsten Tages.

Es kann ein Dutzend Gründe geben, warum die Kluft so groß ist. Wenn es sich um einen *Ausbruch* handelt, könnten eine Nachricht über die Zulassung eines Medikaments durch die FDA, ein Gerücht über eine Übernahme oder eine positive Gewinnüberraschung dazu geführt haben. Wenn es sich um einen *Zusammenbruch* handelt, könnten die Nachricht über eine Rechnungsprüfung oder eine negative Gewinnüberraschung dahinterstecken.

Die Gründe, warum eine Aktie einen Sprung nach oben oder unten gemacht hat, sind für professionelle Investoren nicht wichtig. In der Tat ist das „Warum" für sie fast immer irrelevant. Denken Sie wie ein Profi und konzentrieren Sie sich darauf, „was" mit dem Aktienkurs passiert.

Wenn Sie in diesen volatilen, schnelllebigen Trade einsteigen, sollten Sie besser wissen, was Sie tun, und das bedeutet, dass Sie strenge Kurskontrollen durchführen (einschließlich mentaler Stopps, wo sie angebracht sind). Es kommt nicht nur zu einer großen Kursdifferenz, sondern auch zu einer erhöhten Volatilität.

Es sollte auch einen Sprung im Volumen geben. An einem normalen Tag beträgt das Volumen vielleicht nicht mehr als eine Million Aktien.

Seien Sie nicht überrascht, wenn das Volumen nach der Eröffnung auf 10 Millionen, 20 Millionen oder mehr Aktien ansteigt.

Dieser Anstieg des Volumens ist wahrscheinlich auf institutionelle Investoren zurückzuführen, die man nicht ignorieren kann. Auch viele kurzfristige Trader wollen mitmischen. Aus diesem Grund kann eine Gap-Aktie sowohl für Day-Trader als auch für Swing-, Overnight- und Weekly-Trader profitabel sein. Bei dieser Strategie wird in einem Aufwärtstrend gekauft oder in einem Abwärtstrend geshortet. Die Wahl eines guten Einstiegspunktes ist entscheidend.

Abbildung 12.1 ist ein Beispiel für eine Aktie, die bei der Eröffnung nach oben klettert.

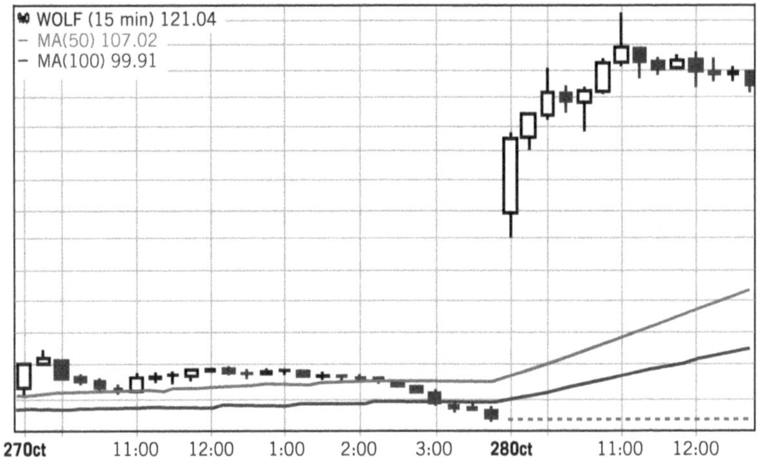

ABBILDUNG 12.1 Gap-Up

(Abdruck mit freundlicher Genehmigung von StockCharts.com.)

Niemals in ein Gap springen

Eine wichtige Lektion: Steigen Sie nicht impulsiv in eine Aktie ein, nur weil ihr Kurs einen Sprung nach oben oder unten gemacht hat. Das ist einfach zu riskant – ähnlich wie ein Sprung von einem Berg in einen kleinen Teich.

Wenn Sie leichtsinnigerweise auf der falschen Seite eines Ausbruchs-Gaps traden, kann der finanzielle Schmerz unerträglich sein. Es kann Wochen oder Monate dauern, bis Sie sich von Ihren Verlusten erholt haben, wenn Sie diesen Trade nicht richtig verwalten. Wenn Sie ungeduldig sind und planlos mit Ausbruchs-Gaps traden, ist die Wahrscheinlichkeit groß, dass Sie Geld verlieren werden.

Die Vermeidung eines großen Verlustes sollte Ihr oberstes Ziel als Trader sein. Gewinne erledigen sich von selbst, Verluste jedoch nicht. Gehen Sie beim Gap-Trading mit Vorsicht vor.

Im folgenden Exkurs finden Sie einige technische Signale, auf die Sie bei der Anwendung dieser Strategie achten sollten.

TECHNISCHE SIGNALE FÜR DAS GAP-TRADING

- **Gleitende Durchschnitte:** Sie suchen nach Aktien, die deutlich über ihre gleitenden 20-, 50- und 100-Tage-Durchschnitte steigen.
- **MACD:** Sie wollen das Momentum auf Ihrer Seite haben (der MACD muss über der Nulllinie und über der 9-Tage-Signallinie liegen). Achten Sie jedoch auf eine bearishe Divergenz, das heißt, die Aktie steigt, während der MACD sinkt. Das ist ein Warnsignal dafür, dass sich der Aktienkurs in die entgegengesetzte Richtung des Indikators bewegt.
- **MACD-Histogramm:** Als Gap-Trader möchten Sie, dass die Balken dunkler werden, ein Signal, dass das Momentum zunimmt. Vergessen Sie nicht, dass sich das Momentum vor den Kursen bewegt, seien Sie also bereit, Ihre Position aufzugeben, wenn das Momentum nachlässt.
- **Langsame Stochastik:** Sie wollen, dass sich %K und %D nach oben bewegen. Wenn sie jedoch über 75 oder 80 (überkauft) steigen und sich kreuzen, ist dies ein Verkaufssignal. Gap-Trader müssen äußerst vorsichtig sein, wenn Aktien überkauft sind, da Umkehrungen sehr häufig sind.

- **RSI:** Verwenden Sie den RSI, um überkaufte Bedingungen zu identifizieren und die Stärke des Aufwärtstrends zu bestätigen. Wenn der RSI plötzlich nach unten dreht, ist es möglich, dass der Aktienkurs eine Abwärtsdynamik entwickelt. Das ist nicht unbedingt ein Verkaufssignal, aber es ist ratsam, dies mit anderen Indikatoren zu bestätigen. Als Gap-Trader können Sie eine überkaufte Position nicht lange halten. Sie wollen nicht in einer Long-Position gefangen sein, wenn der Kurs sich umkehrt.

  Wenn der RSI 90 oder mehr oder 15 oder weniger beträgt, ist dies ein Hinweis darauf, dass der Aktienkurs in ein extrem überkauftes oder überverkauftes Umfeld gedrängt worden ist. Natürlich können die Kurse noch extremer werden, aber an diesem Punkt spielen Sie mit dem Feuer.
- **Volatilität:** Wenn die Volatilität zunimmt, ist das ein positives Zeichen für Gap-Trader. Dies ist häufig der Fall, wenn überkaufte Aktien noch höher klettern. Das erste Warnsignal ist ein nachlassendes Momentum.
- **Unterstützung und Widerstand:** Sie wollen, dass der Aktienkurs über die Unterstützung ausbricht oder den Widerstand durchbricht und dass andere Indikatoren positiv werden. Als Gap-Trader sollten Sie den kurzfristigen Aufwärtstrend so lange wie möglich mitmachen, aber sehr vorsichtig sein. Jeder Gap-Trader hat seine eigenen Verkaufskriterien, aber selbst wenn die Aktie deutlich über der Unterstützung liegt, sollten Sie nach einem Ausstiegspunkt suchen.
- **Kerzendiagramm:** Die Kerzen werden grün, wenn die Aktie eine Lücke nach oben reißt. Achten Sie jedoch auf eine Reihe roter Kerzen, die ein Zeichen dafür sind, dass die Gapping-Aktie zum Stillstand gekommen ist.

• • • • • •

Hinweis: Es wird empfohlen, diese Strategie in einem simulierten Trading-Programm zu üben oder mit kleinen Beträgen zu traden. Achten Sie auch auf extreme Kursabweichungen am Futures-Markt (zum Beispiel wenn der Aktienkurs um 10 oder 15 Prozent gegenüber dem Schlusskurs am Vormarkt steigt).

Nicht in den ersten fünf Minuten traden

Wie wir bereits in einem früheren Kapitel besprochen haben, sind manche Anfänger so begeistert davon, Geld zu verdienen, dass sie sich in den ersten fünf Minuten nach Markteröffnung auf einen Trade stürzen. Zu diesem Zeitpunkt werden alle Overnight- und neuen Market-Orders von eifrigen Anlegern, die auf aktuelle Nachrichten reagieren, ausgeführt. Es ist besser, sich in den ersten paar Minuten zurückzuhalten und die Bullen und Bären ohne Sie kämpfen zu lassen.

> *Hinweis:* Wie bei Momentum-Aktien lautet die wichtigste Regel für Gap-Trader, die Aktie nicht zu jagen. Wenn Sie den Einstieg verpasst haben, warten Sie auf eine bessere Gelegenheit oder ändern Sie Ihre Strategie.

Der richtige Verkaufszeitpunkt

Eine weitere Schwierigkeit beim Gap-Trading ist das Timing des Ausstiegs. Es stimmt, dass man mithilfe der Technischen Analyse fundierte Vermutungen anstellen kann. Oszillatoren sind besonders nützlich, um überkaufte oder überverkaufte Bedingungen zu erkennen. Dennoch müssen Sie die Daten richtig interpretieren und schnell handeln (halten oder aussteigen).

Wenn eine Aktie eine Kurslücke aufweist, ist die Dauer des Trends leider ungewiss (noch mehr als bei anderen Arten von Kurstrends). Oft scheint es eher ein Ratespiel zu sein. Ohne konkrete Bezugspunkte ist es so, als würde man im Weltraum schweben.

In Wirklichkeit erfordert es enorme Disziplin, zu verkaufen, wenn die Gewinne ihren Höhepunkt erreichen, aber genau das müssen erfahrene Gap-Trader tun. Wenn sie bei einer Aktienposition zu ängstlich oder gierig werden, könnten sie Verluste generieren. Die Anwendung dieser Strategie erfordert starke Nerven.

Wenn Gap-Trades schiefgehen

Wenn die Kraft, die Momentum-Aktien antreibt, nachlässt, kann es sehr schnell unschön werden. Manchmal ändern Gap-Aktien ihre Richtung abrupt, indem sie 38,2 oder 61,8 Prozent zurückgehen (dies sind *Fibonacci-Retracement-Niveaus*, die oft für Unterstützung und Widerstand verwendet werden). Außerdem gilt das dritte Newton'sche Bewegungsgesetz: Je stärker die Bewegung nach oben ist, desto stärker kann die Umkehr nach unten ausfallen.

Wenn man in einer Verlustposition gefangen ist, besteht die einzige Lösung darin, bei der ersten Gelegenheit auszusteigen. Das bedeutet nicht, dass man in Panik verkaufen muss, aber es bedeutet, dass man einen vernünftigen Zeitpunkt und Kurs für den Ausstieg finden muss.

Nehmen Sie es nicht persönlich, wenn Sie bei einer Umkehr (oder bei einem anderen Trade) Geld verlieren. Beim Trading mit solchen Aktien sind Umkehrungen unvorhersehbar. Es bleibt Ihnen nichts anderes übrig, als Ihre Verluste zu begrenzen und auszusteigen. Finden Sie heraus, was falsch gelaufen ist, und versuchen Sie, es beim nächsten Mal besser zu machen.

Hier ist ein Ratschlag: Oft ist es die beste Strategie, nicht mit einem Ausbruchs-Gap zu traden. Es ist nur etwas für diejenigen, die das Risiko nicht nur lieben, sondern auch wissen, wie man damit umgeht.

Tesla: Die Traumaktie für Gap-Trader

Eine Zeit lang war Tesla die Traumaktie der Gap-Trader. Hier konnte man vor dem Mittag viel Geld verdienen – oder verlieren. An manchen Tagen eröffnete die Tesla-Aktie mit einem Plus von acht Prozent oder mehr und beendete den Tag mit einem Plus von über 15 Prozent. Wenn man auf der richtigen Seite stand, waren die Gewinne fantastisch.

Wenn man sich geirrt hatte, erlitt man vermutlich einen finanziellen Schaden (ich hoffe, dass Sie keine Gap-Aktien auf Marge traden, sonst wird der prozentuale Verlust erheblich größer). Natürlich wird Tesla nicht immer die Traumaktie eines Gap-Traders sein, auch wenn sie das in der Vergangenheit war. Wenn Sie diese Zeilen lesen, hat Tesla vielleicht schon etwas von seinem „Momo“ verloren.

Wenn ja, wird es immer andere Wertpapiere geben, die an ihre Stelle treten. Zum Beispiel macht der Bitcoin, während ich diesen Text schreibe, weiterhin extreme Bewegungen an bestimmten Tagen, und das kann sich fortsetzen. Schnelllebige Aktien wie diese gibt es nicht so oft, aber wenn, dann kann man im Handumdrehen Geld verdienen und verlieren.

Notorisch unberechenbar

Ich hoffe, Sie haben inzwischen erkannt, dass Gap-Trading eine äußerst anspruchsvolle Strategie ist. Aktien, die zu Beginn des Tages einen Sprung nach oben oder unten gemacht haben, sind bekanntermaßen unberechenbar und volatil, daher sollten Sie diese Strategie mit wachen Augen anwenden. Um als Gap-Trader erfolgreich zu sein, bedarf es enormer Disziplin und Konzentration.

Fading the Gap: Höheres Risiko, höhere Belohnung

Es gibt einige mutige Trader, die mit einer volatilen und sich schnell bewegenden Gegentrendstrategie Erfolg haben, der sogenannten *Fading the Gap*-Strategie. Es bedeutet einfach, in die entgegengesetzte Richtung des Gaps zu traden. Die Profis, die diese Strategie anwenden, können innerhalb von Minuten oder sogar Sekunden in den Trade ein- und aussteigen. Sie nutzen die Kursunterschiede in den ersten fünf oder zehn Minuten nach Börseneröffnung, sprich während der „Stunde der Amateure“, aus.

Die *Fading the Gap*-Strategie ist etwas für die diszipliniertesten und furchtlosesten Trader, die das Risiko gewissenhaft kontrollieren. Wenn Sie bei einem dieser Geschäfte auf der falschen Seite stehen, kann das Ihre Emotionen und Ihr Konto in Mitleidenschaft ziehen.

Eine Sache ist sicher: Es ist schwierig, bei dieser Strategie immer auf die richtige Seite zu kommen. Versuchen Sie hier nicht, nach Auge, einer Vermutung oder Ihrem Bauchgefühl zu handeln, denn es ist zweifelhaft, dass das gut ausgeht. Diese Strategie gehört zu Recht in die Kategorie „hohes Risiko, hohe Gewinne".

Am wichtigsten ist, dass Sie keine großen Einsätze tätigen, wenn Sie diese Strategie anwenden. Sie könnten fünfmal hintereinander Geld verdienen, aber beim sechsten Trade könnten die Handelsgewinne eines ganzen Monats zunichtegemacht werden. Einer meiner Freunde nennt dies einen „Würfel"-Trade und er hat recht. Man weiß nie, wie sich dieser unvorhersehbare Trade entwickeln wird.

Wie bei allen anderen Gap- oder Momentum-Strategien sollten Sie auch hier jeweils nur mit einer Aktie und mit kleinen Beträgen traden. Wie immer sollten Sie diese Strategie in einem Demokonto üben, bevor Sie zum Live-Konto übergehen.

Da Sie nun wissen, wie man mit Gap-Trading Geld verdienen oder verlieren kann, möchte ich Ihnen zu Ihrer Unterhaltung und Bildung eine wahre Geschichte erzählen, die einem befreundeten Investor, David (nicht sein richtiger Name), widerfahren ist. Leider geriet er versehentlich in ein Ausbruchs-Gap.

ANALYSE: WAHRE GESCHICHTE EINER AUSBRUCHS-GAP-KATASTROPHE

Vor ein paar Jahren kauften David und ein paar Freunde als langfristige Investition Aktien von Athenex Inc. (ATNX), ein globales biopharmazeutisches Unternehmen. Er und seine Freunde gründeten eine informelle Investmentgruppe, die sich auf diese eine Aktie konzentrierte. Nachdem er mit seinen Freunden gesprochen hatte, investierte David einmalig 153.000 Dollar in 17.000 Aktien von Athenex zu neun Dollar pro Aktie.

Jahrelang hielten diese Freunde an der Aktie fest, begleiteten ihren Anstieg und feuerten sie an, als wäre sie ihre Lieblingssportmannschaft. Es ist nicht verwunderlich, dass sie sich gegenseitig dazu aufforderten, bei jeder Kursdelle noch mehr Aktien zu kaufen – und es gab viele Kursdellen auf dem Weg nach oben.

Mehrere Jahre lang lief alles wie geschmiert. David und die anderen Mitglieder seines Ein-Aktien-Investmentklubs häuften riesige, nicht realisierte Gewinne an, als Athenex von 9 auf 20 Dollar pro Aktie im Jahr 2020 kletterte.

Dann geschah etwas Unerwartetes. Am 1. März 2021, während des nachbörslichen Marktes, begann ein starker Abverkauf der Athenex-Aktien. Laut Abendnachrichten hatte die FDA Bedenken hinsichtlich eines von dem Unternehmen entwickelten Brustkrebsmedikaments geäußert. Die FDA teilte mit, dass das Medikament zu diesem Zeitpunkt noch nicht zur Zulassung bereit sei.

Als Athenex am nächsten Morgen für das Trading eröffnet wurde, war der Kurs auf weniger als sechs Dollar pro Aktie *gesunken*, ein Abschlag von 55 Prozent und ein perfektes Beispiel für ein Ausbruchs-Gap. Jeder, der Aktien dieses Unternehmens besaß, einschließlich David, wachte mit Bauchschmerzen auf.

Wie geht man mit einer beängstigenden Gap-Aktie um? Zunächst einmal gilt es, nicht in Panik zu geraten, was zugegebenermaßen nicht leicht ist, wenn sich die Verluste häufen. Nach dem Gap-Down lag Athenex bei extrem hohem Volumen offensichtlich unter seinen gleitenden Durchschnitten der 50-, 100- und 200-Tage-Linie.

Indikatoren wie der MACD signalisierten, dass diese Aktie in großen Schwierigkeiten steckte. Der einzige Indikator, der den bullishen Anlegern Hoffnung gab, war der RSI, der auf fast 10 fiel und damit eine stark überverkaufte Situation widerspiegelte.

Abbildung 12.2 zeigt einen Screenshot von ATNX an dem Tag, an dem sie nach unten durchbrach.

ABBILDUNG 12.2 Gap-Down

(Abdruck mit freundlicher Genehmigung von StockCharts.com.)

• • • • • •

Wie man eine Aktie tradet, die einen Sprung nach unten gemacht hat

Im Nachhinein betrachtet hätte jeder, der Athenex hielt, Pläne zum Verkauf der gesamten Position machen müssen. Viele Anleger taten dies nicht, weil sie hoffnungslose Träumer waren. Kluge Trader und Investoren hadern nicht mit dem Markttrend – sie begrenzen ihre Verluste umgehend. Der Grund, warum Athenex gefallen ist, ist irrelevant – nur *dass* sie gefallen ist, zählt. Die einzig richtige Maßnahme wäre gewesen, die Aktien zu verkaufen und das Geld für einen günstigeren Kandidaten einzusetzen.

Diese traurige Geschichte endete folgendermaßen: Wochen später brach Athenex ein zweites Mal ein und fiel auf vier Dollar pro Aktie. Die Aktie erholte sich von der zweiten Schlappe nicht mehr, wurde einige Monate später für weniger als drei Dollar pro Aktie gehandelt und erreichte schließlich den Status eines Pennystocks. Diejenigen, die Aktien zu einem Kurs von sechs Dollar hielten, waren vielleicht davon überzeugt, dass diese Aktie zu billig sei, um sie zu verkaufen. Was sagen sie wohl jetzt, wo der Kurs unter drei Dollar liegt?

Nach Davids Angaben verkaufte er alle seine Anteile, nachdem die Aktie auf fast sechs Dollar gefallen war. Mehrere Mitglieder der Gruppe haben ihre Aktien jedoch nie verkauft, darunter ein Mann, der seine gesamten Ersparnisse in diese eine Aktie investiert hatte. Als ich das letzte Mal nachgefragt habe, hielt dieser Mann seine Aktien noch immer.

Während ich diese Zeilen schreibe, existiert Athenex immer noch als Pennystock. Die Chancen auf eine wundersame Genesung sind gering, aber was noch wichtiger ist: Das Letzte, was Sie wollen, ist, ein „Stuckholder" zu sein. Hoffnung ist nie ein Grund, eine Aktie zu halten.

Lektion gelernt

Hätte David die technischen Indikatoren beachtet, hätte er die Anzeichen für Probleme erkennen können, lange bevor Athenex an diesem Tag nach unten ausbrach. Nachdem die Aktie ein Allzeithoch bei 20 Dollar erreicht hatte, prallte sie heftig ab und sank unter ihre gleitenden Durchschnitte bis auf 15 Dollar pro Aktie, bevor sie Unterstützung fand. Sie stieß eindeutig auf einen Widerstand bei 20 Dollar, was ein Warnzeichen war.

Ein kluger Trader hätte vielleicht bei 15 Dollar pro Aktie verkauft, vor allem, als diese Aktie unter ihre gleitenden Durchschnitte gefallen war. Obwohl technische Indikatoren die Zukunft nicht vorhersagen können, können sie gut vor Risiken warnen.

Ich verstehe auch, warum David damals nicht verkauft hat. Schließlich hatte Athenex in der Vergangenheit schon oft die Richtung gewechselt. Jedes Mal, wenn die Anleger beim Kursrückgang kauften, wurden sie belohnt.

Abgesehen davon, dass er sich zu sehr auf die Buy-the-Dip-Strategie verließ, machte David einen weiteren großen psychologischen Fehler: Er und seine Freunde verliebten sich in das Unternehmen und seine Aktien. Sobald sie zu Anhängern wurden, verloren sie ihre Objektivität. Sie wagten es nicht, eine Aktie zu verkaufen, die sie als Familie betrachteten. Noch gefährlicher war, dass viele in der Gruppe eine ungewöhnlich große Anzahl von Aktien dieses Kleinstunternehmens besaßen.

Ich habe das schon bei anderen Investoren erlebt. Anstatt die Investments zu streuen oder weniger Geld zu investieren, setzten sie alles auf einen ihrer Lieblinge. Diese Anleger werden in der Regel bei einer Korrektur oder einem Crash vernichtet.

Es stimmt, dass David und seine Freunde wie Genies ausgesehen hätten, wenn das Medikament zugelassen worden wäre. Das ist es, was David übersehen hat: Diese Investition war ein Glücksspiel, ein Alles-oder-nichts-Geschäft. Trader sollten sich nie auf Alles-oder-nichts-Geschäfte einlassen. Das ist kein Trading – das ist ein wildes spekulatives Glücksspiel.

Obwohl niemand vorhersehen konnte, dass Athenex an einem bestimmten Tag ein Gap-Down bilden würde, war es an der Zeit, zu verkaufen und auszusteigen, sobald dies geschah. Die Aktie war so stark angeschlagen, dass es Jahre dauern könnte, bis sie sich erholt.

David wartete ein paar Tage, bevor er verkaufte. Als Athenex sich nicht sofort erholte, verkaufte er seine gesamte Position. Statt eines Gewinns von 187.000 Dollar machte er einen Verlust von etwa 51.000 Dollar. Hätte er nicht rechtzeitig verkauft, hätte er weitere 50.000 Dollar verloren.

••••••

Wenn Sie Gap-Trading für aufregend hielten (oder für beängstigend, wenn Sie risikoscheu sind), dann wird Ihnen das nächste Kapitel über das Trading mit Kryptowährungen gefallen. Der Handel mit Kryptowährungen ist eher eine Spekulation als eine Investition, aber da so viele Leser von diesem Produkt fasziniert sind, sah ich mich verpflichtet, es aufzunehmen. Ob man sie liebt oder hasst, Kryptowährungen werden bleiben.

Ich werde mein Bestes tun, um zu erklären, wie Kryptowährungen funktionieren und wie man mit ihnen Gewinne erzielen kann.

Kapitel 13

KRYPTOWÄHRUNGEN

Meine erste Begegnung mit Kryptowährungen fand 2015 statt, als mein Nachbar Leo mir von der ersten digitalen Währung, dem Bitcoin, erzählte, die für 300 Dollar pro Münze verkauft wurde. Ich war fasziniert, aber gleichzeitig verwirrt von der Idee einer Währung, die nur auf einem Computer existiert.

Leo erklärte, dass die Währung in digitaler Form auf dem Computer gespeichert sei. Er machte eine kühne Vorhersage: „Eines Tages wird jeder Bitcoin 50.000 Dollar wert sein."

Ich spottete über seine Vorhersage. „Glaubst du das wirklich?", fragte ich skeptisch. Natürlich habe ich ihm und seinen wilden Theorien nicht geglaubt.

Ich recherchierte ein wenig über die Technologie, hielt sie aber für zu spekulativ und verzichtete daher auf den Kauf auch nur einer einzigen Münze. Dennoch war Leo von Kryptowährungen besessen und wir hatten zahlreiche Gespräche über diese neue Technologie. Er zeigte mir sein Konto und erklärte mir, wie man handelt.

Als der Bitcoin ein paar Jahre später 3.000 Dollar pro Münze erreichte, konnte Leo nicht anders. Er rief mich an, um mir zu sagen, dass er 60.000 Dollar für 20 Bitcoin gezahlt habe, alles Geld, das er hatte. Ich habe den Gedanken weiterhin verworfen. Ich wusste, dass ich nicht auf Investitionstipps von Nachbarn oder Freunden hören sollte. Später werde ich Ihnen erzählen, was mit Leo und seinen 20 Bitcoin passiert ist.

Was mich betrifft, wenn ich seinem frühen Rat gefolgt wäre (eines der seltenen Male, dass ein Nachbar mit einer Investition richtiglag) und mich in den Bitcoin gestürzt hätte, würde ich dieses Buch auf meiner Luxusjacht vor der Küste Frankreichs schreiben.

In diesem Kapitel stelle ich Ihnen Kryptowährungen, die Technologie dahinter sowie ihre Risiken und Chancen vor. Ob man sie liebt oder hasst, Kryptowährungen werden noch sehr lange Thema sein.

Grundlagen von Kryptowährungen

Eine Kryptowährung ist eine digitale Währung, die nur in elektronischer Form existiert, weshalb sie auch als *digitales Gold* oder *elektronisches Geld* bezeichnet wird. Das Verwirrende für viele Menschen ist, dass sie durch einen Computercode *(Krypto)* geschaffen wurde. Kryptowährungen können als Zahlungsmittel für den Kauf von Waren oder Dienstleistungen von jedem verwendet werden, der diese spezielle Währung akzeptiert.

Die revolutionäre Idee hinter Krypto ist folgende: Während der Dollar, der Euro, der Peso, die Krone und der Yen alle von einer Regierung unterstützt werden, wurde die Kryptowährung absichtlich so geschaffen, dass keine einzelne Einheit die Währung reguliert oder kontrolliert. Es handelt sich um eine dezentralisierte Technologie, die auf Tausende von Computern verteilt ist, die die Transaktionen aufzeichnen und verwalten.

Die Technologie, mit der Kryptowährungen funktionieren, ist die *Blockchain*, ein Datenspeicherprogramm, das jede Transaktion enthält und nachverfolgt – verbunden durch alle Computer im Netzwerk (auf der Blockchain). Dabei wird ein verschlüsselter Computercode verwendet, der als *Kryptografie* bezeichnet wird.

Die Blockchain wurde so konzipiert, dass es schwierig ist, das System zu betrügen. Sie soll „unhackbar" sein, obwohl es bereits einige Vorstöße gab (zum Beispiel als Hacker die Blockchain-Protokolle außer Kraft setzten).

Die Blockchain ist eine öffentliche Liste aller Kryptowährungstransaktionen und -adressen, eine der Möglichkeiten, Kryptotransaktionen zu überprüfen und Duplikate zu vermeiden. Das Blockchain-Kontobuch erleichtert die Nachverfolgung von Geschäften.

Die Blockchain-Technologie macht es möglich, dass Kryptowährungen ohne Unterstützung durch eine Regierung oder Bank existieren können. Das bedeutet, dass eine Zentralbank oder eine Regierung den Wert der Währung nicht verwässern darf, indem sie mehr davon druckt. Dies ist einer der vielen Gründe, warum Kryptowährungen so wertvoll geworden sind. Das ist auch der Grund, warum viele Regierungen sie verabscheuen: Kryptowährungen wurden entwickelt, um staatliche Regulierung zu vermeiden.

Speichern von Kryptowährungen

Da es keinen physischen Geldschein oder eine Münze gibt, die man in der Hand halten kann, werden Kryptowährungen in einem elektronischen Gerät (zum Beispiel einem Computer, online, einer externen Festplatte oder einer *Wallet* [digitale Brieftasche]) mit einem digitalen oder *privaten Schlüssel* (einem Passwort) gespeichert.

Die einzige Möglichkeit, Zugang zu Ihren Kryptowährungsgeldern zu erhalten, ist eine *Krypto-Wallet-Adresse*, das heißt eine lange und eindeutige Zeichenfolge. Mit dieser Adresse können Sie die Kryptowährung in Bargeld umwandeln und schließlich auf ein Bankkonto übertragen. Über den Zugriff auf die Wallet können Sie auch Kryptowährungen senden und empfangen. Es versteht sich von selbst, dass Sie Ihre Kryptoadresse oder Ihren privaten Schlüssel nicht vergessen sollten.

Typen von Kryptowährungen

Die bekanntesten und größten Kryptowährungen sind Bitcoin und Ethereum, aber es gibt noch Tausende weitere, und es werden ständig neue Währungen durch einen aufwendigen Prozess namens *Mining* geschaffen. Manche Menschen häufen Kryptowährungen durch Mining an, was komplizierte mathematische Berechnungen erfordert.

> ***Ratschlag:*** Obwohl es Tausende von Kryptowährungen gibt (einige echt, einige gefälscht), sollten Sie sich an die beliebteste und liquideste Kryptowährung der Welt halten: den Bitcoin. Wenn Sie mehr Erfahrung gesammelt haben, können Sie auch mit anderen Währungen handeln. Aber irgendwo muss man ja anfangen, also fangen Sie mit dem Bitcoin-Handel an. (Nach Bitcoin ist Ethereum die zweitgrößte Währung.)

Warum Zentralbanken Kryptowährungen nicht mögen

Wenn Sie glauben, dass Kryptowährungen den meisten Zentralbanken Angst einjagen, haben Sie recht. Im Wesentlichen sind Kryptowährungen „staatenlos" und haben keine Verbindung zu einer Regierung oder einem Finanzinstitut. Eine große Gruppe von Computern kontrolliert das digitale Gut.

In einigen Ländern, vor allem in solchen mit autoritären Regierungen, können Menschen Kryptowährungen nutzen, um Geld ohne staatliche Beschränkungen rund um den Globus zu bewegen. Außerdem ist es für Kriminelle ein Leichtes, Geld unbemerkt in verschiedene Länder zu verschieben, was den Strafverfolgungsbehörden ein Dorn im Auge ist.

Obwohl sich einige Regierungen durch Kryptowährungen bedroht fühlen, halten nicht alle sie für eine schlechte Idee. El Salvador war zum Beispiel das erste Land, das Kryptowährungen als gesetzliches Zahlungsmittel eingeführt hat. In Zukunft werden einige Zentralbanken ihre eigene Version digitaler Währungen schaffen. Wie sagt man so schön: Wenn du sie nicht schlagen kannst, dann schließe dich ihnen an.

Die Vorteile

Der positive Aspekt von Kryptowährungen ist, dass ohne einen Vermittler wie eine Zentralbank niemand den Preis von Kryptowährungen nach oben oder unten bewegen kann. Er bewegt sich auf der Grundlage von echtem Angebot und echter Nachfrage.

Die größten Fans glauben, dass Kryptowährungen irgendwann traditionelle Währungen wie den Dollar, Euro oder Yen ersetzen werden. Tatsächlich haben viele Wall-Street-Firmen stark in Kryptowährungen investiert, was einer der Gründe dafür ist, dass der Wert von Kryptowährungen wie dem Bitcoin in die Höhe geschossen ist.

Darüber hinaus erlauben Unternehmen wie Microsoft, AT&T und Mastercard ihren Kunden, in Kryptowährung zu bezahlen, und weitere werden folgen. Angesichts der Unterstützung durch Institutionen und Unternehmen fällt es Kritikern schwer, Kryptowährungen nur als Modeerscheinung abzutun (vielleicht waren es dieselben Kritiker, die verkündeten, das Internet würde den Sommer nicht überstehen).

Die Risiken

Da Kryptowährungen nicht durch ein Finanzunternehmen abgesichert sind, gibt es keine Möglichkeit, eine Rückerstattung zu erhalten, wenn Ihre Kryptowährung gehackt wird oder wenn Sie Bitcoin an die falsche Person senden. Das ist einer von mehreren Gründen, warum Kryptowährungen so riskant sind.

Viele traditionelle Anleger heißen Kryptowährungen nicht gut. So sagte der stellvertretende Vorsitzende von Berkshire Hathaway, Charlie Munger, auf einer Aktionärsversammlung im Jahr 2021, Bitcoin sei nichts anderes als „künstliches Gold", das „den Interessen der Zivilisation zuwiderläuft".

Es gibt noch weitere Risiken. Wenn zum Beispiel die Online-Kryptobörse, die Ihre Transaktionen abwickelt, ihren Betrieb einstellt oder gehackt wird, wenn Sie Ihr Passwort verlieren oder Ihre Wallet „gestohlen" wird, ist Ihr Geld verschwunden. Es gibt keinen Kundendienst, der Ihnen hilft, Ihr Geld zurückzuholen – ein weiterer Grund, Ihren privaten Schlüssel gut zu schützen.

Das häufigste Problem ist, dass das Geld an die falsche Person geschickt wird. Wenn der Empfänger nicht bereit ist, die Kryptowährung zurückzugeben, gibt es keine Möglichkeit, die Transaktion rückgängig zu machen. Aus diesem Grund bestehen Betrüger darauf, in Krypto bezahlt zu werden.

Tipp: Wenn sich jemand weigert, andere Zahlungsmittel als Kryptowährungen zu akzeptieren, ist das ein Warnsignal.

Wo werden Kryptowährungen gespeichert?

Da die Währung, wie bereits erwähnt, nur als Computercode existiert, ist es wichtig, dass Kryptowährungen in einer digitalen Brieftasche (der Wallet) gespeichert werden – vorzugsweise offline auf einem Computer, einem USB-Stick oder einem mobilen Gerät.

Eine andere Möglichkeit besteht darin, Ihre Kryptowährung einfach bei einer Kryptowährungsbörse zu hinterlegen, wo Sie mit Hunderten von verschiedenen digitalen Währungen, einschließlich Bitcoin, handeln können. Die aktuell größte Plattform ist Coinbase. Es gibt noch andere Börsen, die Sie nutzen können, aber diese ist die bekannteste. Sie können Ihr Konto jederzeit auf andere Handelsplattformen umstellen.

In Zukunft werden auch andere Unternehmen Verwahrungsdienstleistungen für Kryptowährungs-Trader anbieten. So ging die State Street Corporation im Jahr 2022 eine Partnerschaft mit Copper.co ein, um digitale Vermögenswerte für institutionelle Kunden in einer Wallet zu verwalten.

Kryptobetrug

Wenn man sich mit diesem Produkt beschäftigt, ist das Schlimmste, dass das Krypto-Universum von Manipulatoren und Abzockern bevölkert ist, die in den sozialen Medien irreführende Ratschläge erteilen, Sie zum Kauf ihrer gefälschten Währungen verleiten oder versuchen, Sie davon zu überzeugen, sich ihren falschen Kryptobörsen anzuschließen. Im Moment ist Krypto eine spekulative Investition, und wenn Sie sich gut informiert haben, sollten Sie in der Lage sein, die schlimmsten Betrügereien zu vermeiden.

Am wichtigsten ist, dass Sie Kryptobörsen vermeiden, von denen Sie noch nie etwas gehört haben. Viele davon sind nur dazu da, Ihnen Ihr Geld aus der Tasche zu ziehen. Stellen Sie einige grundlegende Nachforschungen an und geben Sie Ihr Geld niemals an unbekannte Unternehmen. Viele kleinere Börsen sind zudem anfällig für Hackerangriffe.

Geschichte der Kryptowährungen

Die erste Kryptowährung, der Bitcoin, wurde 2008 in einem White Paper mit dem Titel „Bitcoin: A Peer-to-Peer Electronic Cash System" vorgestellt. Das von Satoshi Nakamoto (ein Pseudonym) verfasste Paper wurde einen Monat nach dem Zusammenbruch von Lehman Brothers im Zuge der Subprime-Krise veröffentlicht.

Ein Jahr später schuf Nakamoto die erste Blockchain-Datenbank. Die wahre Identität dieser Person oder Gruppe wurde nie bekannt gegeben. Nakamoto verschwand im Jahr 2010 und seitdem hat man nichts mehr von ihm gehört.

Am 22. Mai 2010 fand die erste Kryptowährungstransaktion statt, als ein Mann aus Florida, Laszlo Hanyecz, zwei Pizzen mit 10.000 Bitcoin bezahlte. Zu diesem Zeitpunkt waren diese Bitcoin nur vier Zehntel eines Cents pro Stück wert (insgesamt etwa 40 Dollar). Jedes Jahr feiern Kryptofans auf der ganzen Welt den 22. Mai als „Bitcoin Pizza Day".

Die Zukunft der Kryptowährungen

Viele Menschen wollen wissen, ob Kryptowährungen ein Betrug, die Welle der Zukunft oder eine riesige Blase sind, die eines Tages platzen wird. Das weiß niemand, aber die Hoffnung der Kryptobefürworter ist, dass das Bezahlen mit Kryptowährungen eines Tages so üblich sein wird wie das Bezahlen mit Bargeld oder einer Kreditkarte.

Unabhängig davon, was Sie von Kryptowährungen halten, ist der Besitz dieser Währung mit einer wilden Achterbahnfahrt in einem Freizeitpark vergleichbar. Deshalb sagen sich Kryptowährungshändler oft, dass sie sich besser gut festhalten sollten (englisch: hold on for dear life, HODL), wenn sie überleben wollen. Wenn Sie die steilen Rückgänge, die Volatilität und die zufälligen Kursspitzen verkraften können, kann die Rendite sehr lohnend (oder verheerend) sein.

Hinweis: Eine beliebte Quelle für Bitcoin-Händler ist TradingView (www.tradingview.com).

Nicht-fungible Token

Es werden viele einzigartige digitale Produkte entwickelt, darunter auch *nicht-fungible Token* (non-fungible tokens, NFTs). Technisch gesehen werden NFTs auf einer Ethereum-Blockchain gespeichert (obwohl einige auf einem anderen Blockchain-Netzwerk, der Binance Smart Chain [BSC], gehalten werden). Das Wort *nicht-fungibel* ist eine andere Art zu sagen, dass sie einzigartig und unersetzlich sind. Stellen Sie sich ein NFT als einen „intelligenten" Vertrag vor, der das Eigentum an einem digitalen Vermögenswert zertifiziert oder verifiziert.

NFTs erfreuen sich wachsender Beliebtheit, und viele Menschen fragen sich, warum. Sie haben insbesondere den Kunstmarkt aufgeschreckt, wo NFTs für digitale Kunst für Hunderttausende und sogar Millionen von Dollar verkauft wurden.

Was viele Menschen nicht verstehen, ist Folgendes: Einige NFT-Investoren zahlen viel Geld, um etwas zu besitzen, das von jedermann online eingesehen werden kann. Als Käufer eines digitalen NFT-Bildes zum Beispiel ist das Blockchain-Kontobuch Ihr Beweis dafür, dass Sie ein Token-Unikat auf der Blockchain besitzen. Wenn der Wert steigt, können Sie es zu einem höheren Preis weiterverkaufen. Oder Sie können die digitale Kunst behalten, weil Sie wissen, dass Sie ihr wahrer Eigentümer sind.

In Zukunft werden sich die NFTs von der Kunstwelt auf Spiele, Musik, Film und zahlreiche andere neue Medien ausweiten. Das steigende Interesse an NFTs wird wahrscheinlich anhalten, aber wie alles, was mit digitalen Transaktionen zu tun hat, ist auch ihre Zukunft ungewiss.

Kann man mit Kryptowährungen Geld verdienen?

Manche Menschen glauben, dass Kryptowährungen eine gute langfristige Investition sind, während andere sie nur als Spekulationsobjekt betrachten. Niemand kann sagen, welche Methode die bessere ist.

Die erste Frage, die sich die meisten Anfänger stellen, lautet: „Kann ich mit dem Kryptohandel Geld verdienen?" Die Antwort ist Ja, aber es erfordert Geschick, Disziplin und Sorgfalt. Kryptowährungen stecken noch in den Kinderschuhen, und es kann Jahre dauern, bis sie von den meisten Regierungen oder Institutionen akzeptiert und unterstützt werden. Bis dahin gilt: Vorsicht für Käufer.

Um Kryptowährungen zu kaufen oder zu verkaufen, können Sie ein Konto bei einer Onlinebörse für Kryptowährungen eröffnen. Wie bereits erwähnt, ist Coinbase das größte Kryptowährungsunternehmen, das an der US-Börse notiert ist. Denken Sie daran, dass Sie Kryptowährungen nicht über eine Börse handeln müssen, aber viele Leute tun es, weil es einfach ist.

Die zweite Frage, die sich Anfänger gewöhnlich stellen, lautet: „Ist dies der richtige Zeitpunkt, um Kryptowährungen zu kaufen?" Die Antwort ist einfach: Das weiß niemand.

Wie bei jeder neuen Technologie lässt sich der Wert von Kryptowährungen nicht mit herkömmlichen Methoden bestimmen. Das ist es, was Investoren wie Charlie Munger verärgert. Dennoch hat die Angst vor dem Unbekannten institutionelle Anleger nicht davon abgehalten, in Kryptowährungen zu investieren und von deren kometenhaftem Aufstieg zu profitieren.

Meiner Meinung nach befinden sich Kryptowährungen zwar noch in der Anfangsphase, aber wenn einige der Sicherheitsprobleme gelöst werden können und ein rechtlicher Schutz vorhanden ist, wird das Bezahlen mit Kryptowährungen schließlich von der Öffentlichkeit akzeptiert werden.

Optionsgeschäfte hatten in ihren Anfangsjahren ein ähnliches Problem. Tatsächlich dauerte es mehr als 100 Jahre, bis Optionen standardisiert und von der breiten Öffentlichkeit akzeptiert wurden. Vielleicht wird die Kryptowährung einen ähnlichen Weg einschlagen.

Solange nicht mehr Regeln aufgestellt werden und es mehr Verantwortlichkeit gibt, ist der Handel mit Kryptowährungen für die meisten Anleger noch zu volatil. Ich glaube, dass Kryptowährungen eine große Zukunft vor sich haben, aber es ist noch zu früh, damit die traditionellen Währungen zu ersetzen.

Mein Nachbar Leo

Ich wollte noch erzählen, was mit meinem Nachbarn Leo und seinen 20 Bitcoin passiert ist. Er hielt sich gut fest, während der Wert seiner Münzen in die Höhe kletterte (mit zahlreichen Irrungen und Wirrungen auf dem Weg dorthin). Dann, eines Tages, stieg der Bitcoin auf 20.000 Dollar pro Münze. An diesem Tag lag Leo mit 340.000 Dollar im Plus.

Er rief mich an diesem Tag an, um mir die gute Nachricht mitzuteilen. „Ich werde mir einen Lamborghini oder ein neues Haus kaufen", freute er sich. Ich konnte die Euphorie in seiner Stimme hören.

Als ich ihm vorschlug, ein paar Münzen zu verkaufen, spottete er. „Er wird auf 100.000 Dollar pro Münze steigen", prognostizierte er und verdoppelte damit seine ursprüngliche Vorhersage.

Einige Wochen nach diesem Gespräch stürzte der Bitcoin von 20.000 Dollar auf 6.000 Dollar ab. Leo verkaufte in Panik zu niedrigeren Preisen, konnte aber immer noch einen kleinen Gewinn erzielen.

Ein paar Monate später verkaufte er sein Haus, und seitdem habe ich nichts mehr von ihm gehört. Ich habe keine Ahnung, was mit ihm passiert ist. Hätte er seine ursprünglichen 20 Münzen behalten, hätte sein Gewinn 1.140.000 Dollar betragen, als der Bitcoin auf 60.000

Dollar pro Münze stieg. Vielleicht wird Leos Vorhersage von 100.000 Dollar doch noch wahr.

Ich habe lange über den Bitcoin und Leos Erfahrungen nachgedacht. Obwohl er mit seiner ursprünglichen Vorhersage richtiglag, erlag er seinen Emotionen, als der Bitcoin abstürzte. Durch ihn habe ich gelernt, dass man mit diesem Produkt Geld verdienen und verlieren kann, aber es ist ein schwieriges Unterfangen.

Vor dem Trading

Wenn Sie entschlossen sind, mit Kryptowährungen (oder einem anderen Finanzprodukt) zu handeln, sollten Sie Ihre Sorgfaltspflicht erfüllen. Schließlich dauert es seine Zeit, bis man eine zuverlässige Kryptowährung zum Kauf findet.

Überstürzen Sie den Kauf von Kryptowährungen nicht, und zwar aus denselben Gründen, aus denen Sie auch Aktien nicht überstürzt kaufen sollten. Genau wie der Aktienmarkt wird auch der Kryptomarkt noch da sein, wenn Sie sich entscheiden, daran teilzunehmen.

Nehmen Sie sich erst einmal die Zeit, sich über Kryptowährungen zu informieren. Nachdem Sie die Vorteile und Risiken abgeschätzt und eine Kryptowährung gefunden haben, deren Besitz sich lohnt, sollten Sie erst dann in Erwägung ziehen, an diesem Markt teilzunehmen.

> ***Hinweis:*** Wenn Sie mehr über Kryptowährungen und andere Produkte mit hohem Risiko und hoher Rendite wie NFTs erfahren möchten, lesen Sie „A Beginner's Guide to High-Risk, High-Reward Investing" von Robert Ross (Adams Media). Darüber hinaus gibt es viele weitere Bücher über Kryptowährungen im Internet und im Buchhandel.

• • • • • •

Wenn Sie auf der Suche nach anderen spekulativen Anlagen sind, ist das Trading mit Pennystocks, also Aktien, die für weniger als fünf Dollar pro Anteil verkauft werden, eine beliebte, aber riskante Möglichkeit. Es geht hier um Aktien von Unternehmen, die es nicht an die großen Börsen geschafft haben.

Obwohl die „Pennys" billig erscheinen, kann man beim Trading mit diesen Produkten leicht Geld verlieren, da fast alle von ihnen reine Spekulation sind. Dennoch interessieren sich viele Leute für das Trading mit Pennystocks – einer der Gründe, warum ich sie in das nächste Kapitel aufgenommen habe. Obwohl sie nicht für jeden (oder sogar für die wenigsten) geeignet sind, lohnt es sich, sich mit ihrer Funktionsweise zu befassen.

Kapitel 14

PENNYSTOCKS

In diesem Kapitel wird eine beliebte und risikoreiche Strategie vorgestellt: der Kauf von Pennystocks. Wie immer werde ich mein Bestes tun, um Sie über die Fakten dieser Strategie zu informieren, damit Sie die Risiken und Chancen einschätzen können. Während einige Trader von Pennystocks erfolgreich sind, ist dies bei vielen nicht der Fall.

Wenn Sie mit dem Gedanken spielen, mit Pennystocks zu traden, lesen Sie bitte zuerst das komplette Kapitel durch. (Das Geschrei, das Sie hören, kommt von den Anfängern, die ausbluten, weil sie diese Produkte gekauft haben, ohne zu wissen, was sie da tun. Ich bin hier, um Tränen und Blutvergießen zu verhindern.)

Trading mit Pennystocks

Nach Angaben der US-Börsenaufsichtsbehörde SEC (Securities and Exchange Commission) werden Pennystocks für weniger als fünf Dollar pro Aktie gehandelt. Da die Aktien dieser kleinen Unternehmen nicht die Mindestanforderungen für eine Notierung an einer großen Börse erfüllen, werden sie außerbörslich an der Nasdaq gehandelt. Sie werden *Pink-Sheet-Aktien* genannt, weil die Namen und Kurse dieser Aktien früher auf rosa Papier gedruckt wurden.

Pennystocks werden getradet, weil der extrem niedrige Aktienkurs für viele erschwinglich ist. Es besteht immer die Hoffnung, dass sich der Kurs eines „Pennys" verdoppelt und wieder verdoppelt, sodass die Trader mit einer kleinen Investition große Gewinne erzielen können.

Für nur 1.000 Dollar können Sie zum Beispiel 2.000 Aktien eines Pennystocks zu 0,50 Dollar pro Aktie kaufen. Wenn die Aktie jemals auf einen Dollar steigt, würde der Gewinn 100 Prozent betragen (in diesem Beispiel 1.000 Dollar). Das ist die Verlockung der Pennystocks, aber der niedrige Kurs ist meist eine Illusion.

Lassen Sie mich das erklären: Sie können eine Pennystock-Aktie für 1,00 Dollar kaufen und beobachten, wie sie innerhalb weniger Tage (oder sogar am selben Tag) auf 0,70 Dollar fällt. Das passiert immer wieder mit Pennystock-Aktien. Sie sind nicht ohne Grund billig. Es könnte sein, dass es sich um Aktien von Unternehmen handelt, die schlecht geführt werden, wenig oder gar keine Erträge erwirtschaften oder zu hoch verschuldet sind. Was auch immer der Grund sein mag, es gibt nicht genug Käufer, um die Aktien nach oben zu treiben.

Trotz ihres niedrigen Kurses besteht in der Regel kein großes Interesse an diesen Aktien. Daher ist das *Handelsvolumen* außergewöhnlich gering. So werden beispielsweise die meisten Aktien an den großen Börsen täglich mit Millionen von Anteilen getradet, während es bei einer Pennystock-Aktie vielleicht nicht mehr als 10.000 Anteile pro Tag und oft sogar noch weniger sind.

Eine Reihe von Tradern hat sich auf diese Aktien spezialisiert, doch um mit Pennystock-Strategien erfolgreich zu sein, sind Disziplin, Wissen, hervorragendes Timing und Glück erforderlich. Ein weiteres großes Problem beim Trading mit Pennystocks ist, dass der Kurs leicht zu manipulieren ist. Aufgrund des geringen Volumens kommt es bei den Pennys häufig zu Manipulationen.

Wenn zum Beispiel jemand 10.000 Anteile einer 1-Dollar-Aktie kauft, die nur 25.000-mal pro Tag getradet wird, wirkt sich dieser Trade auf den Kurs aus. Das ist auch der Grund, warum einige Leute, die viel Geld besitzen, mit Pennystocks traden: Sie können den Kurs dieser niedrig bewerteten Aktien beeinflussen. Nachdem der Kurs aufgrund einer großen Kauforder in die Höhe geschnellt ist, verkaufen sie ihre Anteile und lassen alle anderen im Regen stehen. Der Kurs stürzt ab, bevor die bestehenden Anleger aussteigen können.

Ich weiß, dass einige von Ihnen Ihre Investition in einen Pennystock damit rechtfertigen, indem Sie sich sagen: „Es kostet nur 1.000 Dollar, aber ich könnte 10.000 Dollar verdienen!“ Die bittere Wahrheit ist, dass es sehr unwahrscheinlich ist, mit einer Pennystock-Aktie einen Volltreffer zu landen.

Wenn Sie auf das Trading mit Pennystocks bestehen

Trotz der Risiken gibt es einige Möglichkeiten, erfolgreich mit den Pennys zu traden, aber es ist nicht einfach; statt Volltreffer zu landen, gehen die meisten leer aus. Obwohl die niedrigen Kosten verlockend sind, sollten Sie nicht versuchen, Pennystocks zu kaufen, um „schnell reich zu werden“. Das passiert selten.

Wenn Sie zu den wenigen Menschen gehören, die mit dem Pennystock-Trading Gewinne erzielen können, oder wenn Sie entschlossen sind, es zu schaffen, finden Sie hier ein paar Tipps:

- Suchen Sie nach Aktien, deren Charts gut aussehen (zum Beispiel wenn die technischen Indikatoren und Oszillatoren positiv sind).

- Wenn Sie eine 20- oder 30-prozentige Rendite erzielen, nehmen Sie das Geld und verschwinden Sie. In der Welt der Pennystocks kann dieser 30-prozentige Gewinn schnell verpuffen.
- Wählen Sie Pennystock-Aktien, die mit mindestens 100.000 Anteilen pro Tag getradet werden. Wie ich bereits erwähnt habe, sind Pennystocks mit geringem Volumen und geringer Liquidität leicht zu manipulieren.
- Verwenden Sie bei Pennystocks nur Limit-Orders, niemals Market-Orders. Pennystocks sind nicht ohne Grund billig, also traden Sie vorsichtig.
- Traden Sie nur mit einem kleinen Geldbetrag, denn es ist leicht, alles zu verlieren.

Hinweis: Die Website, auf der die Regeln erörtert werden und die weitere Informationen zu den außerbörslichen Aktien bietet, ist www.otcbb.com, ein von der Genehmigungsbehörde FINRA (Financial Industry Regulatory Authority) verwaltetes Schwarzes Brett, das von FINRA-Abonnenten genutzt wird. Wenn Sie kein Abonnent sind, klicken Sie auf die Lupe und suchen Sie nach „Over-the-Counter" oder „Penny Stocks". Es werden Informationen über diese Aktien angezeigt.

Empfehlung: Bevor Sie mit Pennystocks traden, sollten Sie eine Liste mit Regeln aufstellen, wann Sie kaufen und wann Sie verkaufen sollten. Pennystock-Trader müssen diszipliniert sein, und das bedeutet, dass Sie Ihre Regeln befolgen müssen.

PENNYSTOCK-TRADING-SIGNALE

Sie sollten wissen, dass aufgrund der geringen Liquidität und des geringen Handelsvolumens die technischen Indikatoren bei Pennystocks nicht durchgängig und oft überhaupt nicht funktionieren. Einige Pennystock-Trader wenden auf der Suche nach Antworten die Fundamentalanalyse an. Es ist ratsam, sich vor dem Kauf von Aktien umfassend über das Unternehmen zu informieren.

Hier finden Sie einige technische Indikatoren, die Sie beim Pennystock-Trading ebenfalls berücksichtigen sollten:

- **Gleitende Durchschnitte:** Sie suchen nach Pennystocks, die über ihre gleitenden 20-, 50- und 100-Tage-Durchschnitte ausbrechen.
- **MACD:** Sie wollen das Momentum auf Ihrer Seite haben (der MACD muss über der Nulllinie und über der 9-Tage-Signallinie liegen). Einige Trader halten den MACD für einen der zuverlässigsten Indikatoren für Pennystocks.
- **MACD-Histogramm:** Achten Sie darauf, dass die Balken dunkler werden, ein Zeichen dafür, dass das Momentum zunimmt. Als Pennystock-Trader möchten Sie, dass sich das Momentum verstärkt. Vergessen Sie nicht, dass sich das Momentum vor den Kursen bewegt, seien Sie also bereit, Ihre Position aufzugeben, wenn das Momentum nachlässt.
- **RSI:** Verwenden Sie den RSI, um überkaufte Bedingungen zu erkennen und um die Stärke des Aufwärtstrends zu bestätigen. Wenn der RSI plötzlich nach unten dreht, ist es möglich, dass der Aktienkurs eine Abwärtsdynamik entwickelt. Es ist nicht unbedingt ein Verkaufssignal, aber es ist ratsam, es durch andere Indikatoren zu bestätigen. Als Pennystock-Trader können Sie einen überkauften Pennystock nicht sehr lange halten, da Sie sonst auf der falschen Seite einer Long-Position gefangen sind.
- **Volatilität:** Wenn die Volatilität zunimmt, ist das ein positives Zeichen für Pennystocks. Dies geschieht häufig, wenn überkaufte Aktien in die Höhe schnellen. Am wichtigsten ist, dass Sie Ihren Besuch bei der „Penny-Party" nicht zu lang werden lassen, sonst könnten Sie in eine Falle geraten. Das erste Anzeichen für Probleme ist, wenn das Momentum nachlässt. Betrachten Sie das als Warnsignal.
- **Unterstützung und Widerstand:** Sie sind auf der richtigen Seite, wenn Sie long sind, wenn der Pennystock den Widerstand überwindet. Als Trader

sollten Sie den Aufwärtstrend so lange wie möglich mitmachen, aber vorsichtig sein. Selbst wenn die Aktie den Widerstand überwindet, sollten Sie nach einer Ausstiegsstrategie suchen. Jeder Pennystock-Trader hat seine eigenen Verkaufskriterien, also verwenden Sie, was gut für Sie funktioniert.

• • • • • •

Obwohl einige der oben genannten technischen Indikatoren Ihnen beim Trading mit Pennystocks helfen sollten, möchte ich Sie vor den häufigsten Pennystock-Intrigen, -Betrügereien und -Risiken warnen.

Risiken von Pennystocks

Wenn Sie versucht sind, mit Pennystocks zu traden, weil sie erschwinglich sind, möchte ich Ihnen einige der Risiken erläutern. Bitte lesen Sie, was alles schiefgehen kann, bevor Sie Ihren ersten Live-Trade tätigen.

Diese sogenannten Micro-Cap-Aktien zählen nicht ohne Grund zu den Pink Sheets, und zwar nicht, weil diese Unternehmen großartige Erträge oder überhaupt Erträge haben. Vielleicht waren es einmal gute Unternehmen, die vom Weg abgekommen sind, oder es sind sehr schwache Unternehmen mit geringen oder gar keinen Erträgen. Es gibt keine Mindeststandards für Pink Sheets, daher ist es möglich, dass Sie wertlosen Schrott kaufen.

Hinweis: Die Wahrscheinlichkeit, dass die meisten Pink-Sheets-Aktien scheitern, ist extrem hoch. Eines der wenigen Unternehmen, das sich tatsächlich von seinem Pennystock-Status erholte, war Apple. Die meisten sind sich einig, dass die Chancen eins zu einer Million standen und dass der Wiederaufstieg dem Genie Steve Jobs zu verdanken ist. Erwarten Sie nicht, dass Ihr Pennystock wie Apple sein wird. Diese Aktien befinden sich in der Regel nicht ohne Grund im Keller.

Betrug mit Pennystocks

Aufgrund ihres geringen Volumens, aber ihrer hohen Volatilität werden Pennystocks oft von Betrügern benutzt, um Sie zum Kauf billiger, aber fast wertloser Aktien zu verleiten. Sie rufen Sie an oder schicken Ihnen Phishing-E-Mails oder -SMS. Sie können Ihnen sogar gefälschte positive Pressemitteilungen schicken, die sie selbst verfasst haben.

Mein Rat: Wenn Sie ein Verkäufer oder ein Fremder anruft und Sie anfleht, eine Pennystock-Aktie zu kaufen, hören Sie nicht auf ihn. (Kaufen Sie grundsätzlich nie etwas von jemandem, der Kaltakquise betreibt.) Vielleicht hören Sie so etwas Ähnliches wie: „Mein lieber Freund, wie würde es Ihnen gefallen, eine Aktie zu kaufen, die nur zehn Cent pro Stück kostet? Für 1.000 Dollar können Sie 10.000 Anteile besitzen. Wenn die Aktie auf einen Dollar steigt, könnten Sie 9.000 Dollar verdienen. Wie hört sich das an? Kann ich bei einer Investition von 1.000 Dollar auf Sie zählen? Glauben Sie mir, diese Aktie ist heiß."

Einer der besten Filme darüber, wie leicht man zum Kauf von Pennystocks und anderen nicht begehrenswerten Anlageprodukten verleitet werden kann, ist der Film „Risiko – Der schnellste Weg zum Reichtum" (Originaltitel: „Boiler Room", 2000). Es wird gezeigt, was hinter den Kulissen in einem „Kesselraum" (englisch: boiler room) vor sich geht, wo Verkäufer unter hohem Druck geschult werden, um ahnungslose Anleger zum Kauf von Ramschaktien zu überreden.

Leider fallen jeden Tag Tausende von Menschen auf diese Anlagebetrügereien herein, sei es per E-Mail, Telefon oder im Internet. Die Pennystock-Broker verstehen es, Ihnen das Gefühl zu geben, dass Sie das Geschäft des Jahrzehnts verpassen, wenn Sie nicht innerhalb der nächsten zehn Minuten kaufen.

In Wirklichkeit ist es unwahrscheinlich, dass sich die Aktie jemals aus dem Keller befreien kann. Und wenn die Aktie wirklich so gut ist, sollten die Verkäufer sie dann nicht selbst kaufen? Warum rufen sie Fremde wie Sie an? Die Antwort: Sie erhalten erhebliche Provisionen für jedes Opfer, das den von ihnen verkauften Müll kauft.

Aufpumpen und wegschmeißen (Pump and Dump)

Eine weitere beliebte, aber betrügerische Masche ist es, wenn Insider eines kleinen, nicht börsennotierten Unternehmens potenzielle Opfer öffentlich auffordern, Aktien ihres Unternehmens zu kaufen, da es sich um eine „einmalige" Gelegenheit handelt.

Die Betrüger steigern das Interesse an der Aktie, indem sie positive Nachrichten in Chatrooms posten, Massen-E-Mails versenden, im Fernsehen oder Radio auftreten und übertrieben optimistische Pressemitteilungen und Newsletter veröffentlichen. Ihr Ziel ist es, den Kurs einer Aktie künstlich in die Höhe zu treiben, und zwar nicht aufgrund solider Fundamentaldaten, sondern aufgrund eines Hypes.

Wenn der Aktienkurs steigt (aufpumpen, englisch: pump), bereiten sich diejenigen, die den Kurs aufgepumpt haben, darauf vor, zu Höchstkursen zu verkaufen (wegschmeißen, englisch: dump). Wenn mehr Anleger Aktien kaufen, verkaufen Insider ihre Positionen zu einem künstlich hohen Preis. Schließlich sinkt der Aktienkurs.

Raten Sie mal, wer die Anteile der fast wertlosen Aktie hält? Sie haben es erraten – die ahnungslosen Anleger, die dem Hype geglaubt haben. Sie glaubten daran, dass der Aktienkurs noch weiter steigen könnte, und verkauften ihre Anteile nicht.

„Aufpumpen und wegschmeißen" ist eine der ältesten und effektivsten Börsenstrategien. Normalerweise wird das sogenannte „Pump and Dump" bei Pennystocks eingesetzt, die für weniger als drei Dollar pro Anteil verkauft werden, weil diese Aktien so leicht zu manipulieren sind.

Die Aufgabe von Betrügern ist es, Ihr Vertrauen zu gewinnen, damit sie Sie um Ihr Geld bringen können. Noch einmal: Geben Sie kein Geld an Fremde, die anrufen, eine SMS oder eine E-Mail schicken.

Hinweis: Das Gegenteil von „Pump and Dump" ist „Short and Distort". Bei dieser Masche äußern sich betrügerische Leerverkäufer negativ über ein Unternehmen, um dessen Aktienkurs zu drücken.

Meine Meinung: Trotz aller potenziellen Risiken sollten Sie, wenn Sie entschlossen sind, mit Pennystocks zu traden (oder zu „zocken"), klein anfangen. Mit den Skills, die Sie in diesem Buch bereits erlernt haben, hoffe ich, dass Sie eines Tages aus der Welt der Pennystocks aussteigen und Ihre Zeit nutzen, um mit Aktien der großen Marktindizes zu traden.

GEHEBELTE ETFS: NICHT EMPFEHLENSWERT

Sie wissen bereits, dass ETFs eine hervorragende Anlageidee sind. Sie bieten eine sofortige Diversifizierung und werden genau wie Aktien gehandelt. Es gibt jedoch eine Art von ETF, nämlich den *gehebelten ETF*, der ein extrem hohes Risiko birgt.

Anstelle der 1:1-Rendite, die Sie bei Standard-ETFs erhalten, kann das Verhältnis bei gehebelten ETFs 2:1 oder 3:1 sein, das heißt zwei- oder dreimal so hoch wie die Rendite des zugrunde liegenden Indexes. Der Hauptzweck eines gehebelten ETFs besteht darin, die Renditen der zugrunde liegenden Benchmark zu vervielfachen.

Das ist das Risiko: Aufgrund der komplexen Konstruktion dieser Hebelprodukte (Verwendung von *Derivaten* wie Terminkontrakten, Optionen, Termingeschäften, Swaps und so weiter) und aufgrund von Tracking-Fehlern (das heißt, wenn ein ETF von seiner Benchmark abweicht) ist dieses Produkt für fast jeden nicht begehrenswert.

Die einzige akzeptable Haltedauer für diese „Welpen" ist ein Tag, auf keinen Fall länger. Je länger man eines dieser Produkte in der Hand hält, desto schlechter ist die Performance.

Hier ist ein Beispiel: Wenn bei einer „traditionellen" Anlage Ihr Vermögen an einem Tag um fünf Dollar steigt und am nächsten Tag um fünf Dollar sinkt, haben Sie weder Gewinne noch Verluste zu verzeichnen. Bei einem gehebelten Produkt verliert der Vermögenswert in diesem Szenario jedoch an Wert. Lassen Sie mich das erklären.

Da das ETF-Portfolio ständig neu gewichtet werden muss, steigen die zusätzlichen Kosten für die Neugewichtung langfristig an. Unterm Strich gilt: Je länger ein Anleger gehebelte ETFs hält, desto geringer ist die Rendite. Rechnet man die höheren Gebühren und Kosten hinzu, sind die potenziellen Gewinne noch geringer als erwartet.

Allein aus diesem Grund sind gehebelte ETFs, ob long oder short, nur für die erfahrensten Day-Trader zu empfehlen. Für sie könnte das Trading mit gehebelten ETFs erstrebenswert sein. Aber allen anderen empfehle ich, dieses Produkt zu meiden. Es gibt zahlreiche ungehebelte ETFs, die Ihre Bedürfnisse erfüllen, ohne dass Sie sich in ein wildes Abenteuer stürzen müssen.

Fazit: Wenn Sie mit traditionellen, ungehebelten ETFs traden, müssen Sie sich um all diese Dinge keine Sorgen machen. Wenn Sie meine Warnungen ignorieren und einen gehebelten ETF kaufen, halten Sie ihn nicht über Nacht.

Tipp: Wenn ein ETF als „ultra" bezeichnet wird, handelt es sich um einen gehebelten ETF.

• • • • • •

Nachdem Sie nun einen Vorgeschmack auf die risikoreichen und lukrativen Wertpapiere bekommen haben, wollen wir sehen, was passiert, wenn Ihre schlimmsten finanziellen Albträume wahr werden: Korrekturen, Crashs und Bärenmärkte.

Im fünften Teil erfahren Sie nicht nur, wie Sie sich vorbereiten können, bevor eines dieser Ereignisse eintritt, sondern auch, was zu tun ist, wenn es so weit ist. Obwohl es nicht angenehm ist, an einen fallenden Markt zu denken, ist es hilfreich zu wissen, was Sie erwartet. Und wenn Sie Gruselgeschichten mögen, werden Sie den nächsten Teil sehr unterhaltsam finden.

TEIL
5

KORREKTUREN, CRASHS UND BÄRENMÄRKTE

Mein ursprünglicher Titel für diesen Abschnitt war „Im Notfall öffnen". Wenn Sie eines der oben genannten Ereignisse erleben, werden Sie froh sein, dass dieses Kapitel auf Sie wartet. Ich erkläre, was während einer Baisse zu erwarten ist, und führe ein Interview mit einem Bärenmarkt-Veteranen, der Einblicke gibt, wie man überleben kann, wenn eine Baisse kommt (nicht *falls* sie kommt).

Ehrlich gesagt ziehen es viele Long-Only-Anleger vor, nicht viel über Bärenmärkte oder Crashs nachzudenken, bis sie selbst einen erleben. Andere sind vielleicht neugierig auf das, was sie erwartet (vielleicht lesen Sie deshalb diese Zeilen). Ich habe mein Bestes getan, damit es wieder eine unterhaltsame und lehrreiche Lektüre wird.

Wenn die Marktindizes um mehr als 20 Prozent fallen, führt dies bei den meisten Anlegern zu einem geringeren

Nettovermögen. Innerhalb weniger Wochen können über Jahre angehäufte Gewinne zunichtegemacht werden, was zu hohem emotionalen Stress führt. Die schlimmsten Bärenmärkte dauern jahrelang an.

Ein Bärenmarkt ist besonders schmerzhaft für diejenigen, die an der Wall Street arbeiten, oder für alle, die am Aktienmarkt investiert sind. Wenn Sie sich nicht im Voraus darauf vorbereiten, kann dies eine lebensverändernde Erfahrung sein, und zwar keine gute. Einer der Gründe, warum Sie dies lesen, ist, dass Sie sich auf das Unvermeidliche vorbereiten wollen.

Leerverkäufe sind die erste Strategie, die in Teil 5 behandelt wird. Leerverkäufe, eine Methode für erfahrene Trader, ermöglichen es Ihnen, auch dann zu profitieren, wenn eine Aktie oder der Markt sich nach unten bewegt. Auch wenn dies für manche Neulinge verwirrend erscheinen mag, ist es eine wichtige Strategie, die man erlernen sollte, insbesondere in Zeiten von Korrekturen, Crashs und Bärenmärkten.

Kapitel 15

LEERVERKÄUFE

In diesem Kapitel gehe ich auf eine faszinierende, aber etwas riskante Strategie ein: *Leerverkäufe* (oder *Shortselling*). Bei dieser Strategie profitieren Sie, wenn eine Aktie oder der Gesamtmarkt fällt. Manche Menschen halten es für unethisch oder unpatriotisch, von fallenden Aktien zu profitieren. Ich glaube, daran ist nichts Unmoralisches. Schließlich sind Sie nur aus einem Grund auf dem Markt: um Geld zu verdienen.

Leerverkäufer sind wichtig für einen freien und unabhängigen Aktienmarkt. Die besten professionellen Leerverkäufer durchlöchern die „Zu gut, um wahr zu sein"-Verkündigungen der Marktbullen. Sie sind in der Lage, potenzielle finanzielle Probleme eines Unternehmens aufzudecken, und allein aus diesem Grund spielen Leerverkäufer eine wichtige Rolle (auch wenn sich die bullishen Anleger wünschen, sie würden verschwinden).

Das Leerverkaufen von Aktien ist eine Strategie, die sich am besten für erfahrene Trader eignet. Der Grund dafür ist einfach: Wenn Sie eine Aktie verkaufen, die Sie nicht besitzen, müssen Sie die Aktie irgendwann zurückkaufen, und zwar hoffentlich zu einem *niedrigeren*

Preis. Das Risiko besteht darin, dass Sie Geld verlieren, wenn sich die Aktie *nach oben* und nicht nach unten bewegt.

Leerverkäufe sind eine ausgeklügelte Strategie, mit der in Zeiten schlechter Konjunktur oder wenn eine bestimmte Aktie in Schwierigkeiten gerät, Gewinne erzielt werden können. Es ist nützlich, die Mechanismen dieser Strategie, die Gründe für ihre Anwendung und die verschiedenen Möglichkeiten, von einem fallenden Aktienkurs oder Index zu profitieren, kennenzulernen. Diese Strategie ist lohnend, solange man diszipliniert ist und Stop-Losses einsetzt.

> ***Hinweis:*** Anstelle von Leerverkäufen von Aktien können Sie auch inverse ETFs kaufen, die später in diesem Kapitel erläutert werden.

Die Grundlagen von Aktien-Leerverkäufen

Wenn Sie in eine Aktie investieren, in der Hoffnung, dass ihr Kurs steigt, gehen Sie *long*. Ihr Ziel ist es, zu einem bestimmten Preis zu kaufen und später zu einem höheren Preis zu verkaufen. Der Gewinn ergibt sich aus der Differenz zwischen dem Kauf- und dem Verkaufspreis, multipliziert mit der Anzahl der Aktien.

Wenn Sie dagegen eine Aktie *leerverkaufen* (short gehen), profitieren Sie, wenn der Kurs der Aktie, die Sie leerverkauft haben, fällt. Beim Leerverkauf einer Aktie leihen Sie sich zunächst Aktien vom Broker und verkaufen dann die Aktie (die Sie nicht besitzen).

Ziel ist es, die Aktie zu einem niedrigeren Kurs zurückzukaufen (die Short-Position zu decken). Wenn Sie noch nie bei Aktien short gegangen sind, mag es seltsam klingen, bis Sie es ein paar Mal gemacht haben. Es sollte keine Rolle spielen, ob Sie long oder short gehen, solange Sie Gewinne erzielen.

Ein kurzes Beispiel: So funktioniert es

Angenommen, Sie beobachten eine Aktie, YYYY, und glauben, dass ihr Kurs im nächsten Monat fallen wird. Vielleicht gibt es negative Nachrichten über das Unternehmen oder Sie stellen fest, dass das Unternehmen in letzter Zeit viele Schulden aufgenommen hat, die seinen Cashflow beeinträchtigen könnten. Sie beschließen, 100 Aktien von YYYY zum aktuellen Kurs von 40 Dollar pro Aktie zu verkaufen.

Um diesen Trade auszuführen, wählen Sie auf dem Bildschirm Ihres Brokers eine Limit-Order für „YYYY verkaufen" oder „short gehen". Da Sie die Aktie nicht besitzen, wird die Broker-Software Ihnen automatisch 100 Aktien von YYYY zu 40 Dollar pro Aktie „leihen".

Der Verkaufspreis von 4.000 Dollar (40 × 100 Dollar) wird auf Ihr Margin-Konto eingezahlt. Jetzt kommt der interessante Teil: Wenn YYYY auf 38 Dollar pro Aktie fällt, können Sie den Gewinn von 200 Dollar sichern, indem Sie die 100 Aktien zurückkaufen (wählen Sie „Buy to Close"/„Position schließen" auf dem Bildschirm Ihres Brokers).

Nachdem Sie die Eingabetaste gedrückt haben, haben Sie einen Gewinn von 200 Dollar erzielt. Die geliehenen Aktien werden an den Verleiher zurückgegeben, und Sie können zum nächsten Trade übergehen.

Was kann schiefgehen?

Obwohl Leerverkäufe eine unkomplizierte Strategie sind, kann eine Menge schiefgehen. Erstens: Wenn Sie Aktien kaufen, können Sie höchstens den Betrag verlieren, den Sie investiert haben. Das ist ziemlich schmerzhaft, aber wie viel kann man beim Leerverkauf verlieren? Die Antwort ist erschreckend: unendlich viel. Wenn eine Aktie leerverkauft wird, gibt es keine Grenze dafür, wie hoch der Kurs theoretisch steigen kann.

Nehmen wir zum Beispiel an, es gibt eine Gewinnveröffentlichung für YYYY. Anstatt wie erwartet zu sinken, erholt sich YYYY. Da Sie sich geirrt haben, verlieren Sie für jeden Punkt, um den YYYY steigt, 100 Dollar. Wenn YYYY also immer weiter steigt, häufen sich Ihre Verluste an.

Dies ist der Hauptgrund, warum Leerverkäufe einen schlechten Ruf haben. Wenn Sie nicht diszipliniert sind und die Verluste mit wenig oder gar keinem Risikomanagement fortsetzen, können Sie viel Geld verlieren.

Dennoch sind die meisten erfahrenen Leerverkäufer diszipliniert genug, um ihre Short-Positionen zu decken (zu schließen), wenn sich der Aktienkurs gegen sie entwickelt. Wenn ein Kunde bei einer Short-Position zu viel Geld verliert, ruft der Broker an – das ist die gefürchtete *Nachschussforderung*. Der Leerverkäufer muss zusätzliche Mittel auf das Konto einzahlen, sonst wird die Position geschlossen.

Dies ist nicht die Art von Strategie, die man einleitet und dann in den Urlaub fährt. Wenn Sie eine bestimmte Aktie leerverkaufen, müssen Sie diese genau beobachten, bis die Position gedeckt ist. (Sie können auch eine *Buy-Stop-Order* verwenden – eine automatische Order zum Rückkauf der Aktie, wenn sie einen bestimmten Kurs erreicht).

> ***Hinweis:*** Wenn Sie Leerverkäufe tätigen, ist es wichtig, die potenziellen Verluste mit einer Stop-Loss-Order auf maximal zehn Prozent zu begrenzen. Es wird auch empfohlen, mit einer kleinen Position short zu gehen, insbesondere wenn Sie diese Strategie noch nie verwendet haben.
>
> Ich empfehle auch, Dutzende von Short-Trades zu üben, bevor Sie echtes Geld einsetzen. Potenzielle Verluste können sich sehr schnell anhäufen, weshalb diese Strategie nur gelegentlich und immer mit äußerster Vorsicht angewendet werden sollte.

Um die mit Leerverkäufen verbundenen Risiken (das heißt unbegrenzte Verluste) auszuschalten, gibt es eine alternative Methode, mit der man bei fallenden Indizes Geld verdienen kann. Diese Methode, der Kauf *inverser ETFs*, wird später in diesem Kapitel erläutert. Der Kauf von inversen ETFs ist zwar mit Risiken verbunden, aber zumindest sind Ihre potenziellen Verluste nicht unbegrenzt.

Nachdem Sie nun die Grundlagen von Leerverkäufen kennengelernt haben, wollen wir untersuchen, wie diese Strategie eingesetzt werden kann.

Wie findet man Shorting-Kandidaten mit Potenzial?

Die gute Nachricht bei Leerverkäufen ist, dass es nicht schwer ist, Aktien zu finden, die schwach sind und nach unten tendieren. Wenn Sie short gehen, müssen Sie die Denkweise eines langfristigen Anlegers umkehren. Suchen Sie nach Aktien, die sich in einem Abwärtstrend befinden, und folgen Sie ihnen auf dem Weg nach unten. Hier sind einige Tipps:

- Suchen Sie nach Aktien, die sich an oder in der Nähe ihrer 52-Wochen-Tiefs befinden. Eine Liste mit solchen Aktien ist unter anderem auf MarketWatch, CNN Money, Yahoo Finance, Google Finance und Market Chameleon zu finden. Während einige Trader diese Aktien leerverkaufen könnten, könnten jene, die eine Buy-the-Dip-Strategie verfolgen, long gehen. Es handelt sich um zwei gegensätzliche Strategien, aber nur eine wird erfolgreich sein.
- Finden Sie Aktien, die vorbörslich nach unten tendieren. Die aktivsten Aktien, die kurz vor einem Kursrückgang stehen, finden Sie auf den oben genannten (und vielen anderen) Websites.
- Führen Sie ein Scanning in der Trading-Software Ihres Brokers durch. Die meisten Broker bieten die Möglichkeit, nach

vorbörslichen Verlierern zu suchen, oder welche finanziellen Kriterien Sie auch immer eingeben.

- Achten Sie auf Aktien, die in den Nachrichten erwähnt werden, bevor der Markt öffnet. Seien Sie vorsichtig, denn einige der Aktien mit negativen Schlagzeilen können bei der Eröffnung sinken und innerhalb von Minuten die Richtung wechseln.

  Dies ist eines der Risiken von Leerverkäufen. Wenn Buy-the-Dip-Algos beschließen, einen Bullenangriff auf eine von Ihnen geshortete Aktie zu starten, kann die finanzielle Pein, die Sie empfinden, unbeschreiblich sein (vgl. den Exkurs „Der Short-Squeeze" für ein Worst-Case-Szenario).
- Shorten Sie die schwächsten Aktien in den schwächsten Sektoren. Vermeiden Sie Aktien, die bereits ein hohes *Leerverkaufsinteresse* (Short Interest) aufweisen. Ob Sie es glauben oder nicht, einige der stärksten Aktien der Welt sind oft die am meisten geshorteten: Apple, Amazon und Microsoft, um nur einige zu nennen.

Hinweis: Das *Leerverkaufsinteresse* ist die Anzahl der Aktienanteile, die leerverkauft wurden. Ausgedrückt als Prozentsatz ist das Leerverkaufsinteresse der Bruchteil der Gesamtzahl der ausstehenden Aktien, die Anleger derzeit als Short-Position halten. Viele Trader verwenden das Short Interest als Indikator für die Marktstimmung. Ein hoher Anteil an Leerverkäufen bei einer bestimmten Aktie zeigt zum Beispiel, dass die Anleger in Bezug auf diese Aktie pessimistisch gestimmt sind.

Um Aktien mit Leerverkaufsinteresse zu finden, besuchen Sie zum Beispiel die Finanz-Website Finviz.com. Bei den meisten Aktien mit hohem Leerverkaufsanteil sind mindestens 20 Prozent des gesamten Aktienbestands leerverkauft (dies ist eine grobe Schätzung).

Bevor Sie Leerverkäufe tätigen, sollten Sie auf die technischen Signale achten, die im Folgenden aufgeführt sind.

TECHNISCHE LEERVERKAUFSSIGNALE

- **Gleitende Durchschnitte:** Achten Sie auf Aktien, die *unter* ihren gleitenden 20-, 50- oder 100-Tage-Durchschnitt gefallen sind (oder verwenden Sie kürzere Zeiträume, wenn Sie ein Intraday-Leerverkäufer sind).
- **MACD:** Wenn Sie short gehen, muss der MACD auf Ihrer Seite sein (der MACD muss unter der Nulllinie und unter der Signallinie liegen). Achten Sie außerdem auf rückläufige Divergenzen, da diese aussagekräftige Signale liefern (auch wenn das Signal langsamer ist als das der Stochastik). Sie können den MACD auch verwenden, um festzustellen, ob bei einer Aktie oder einem ETF das Risiko einer Umkehr besteht.
- **MACD-Histogramm:** Als Leerverkäufer möchten Sie sehen, dass die Preisdynamik auf dem Weg nach oben abnimmt und auf dem Weg nach unten zunimmt.
- **Langsame Stochastik:** Sie wollen sehen, dass %K und %D sich nach unten bewegen. Wenn jedoch %K und %D bei 20 oder darunter (überverkauft) liegen und sich die Signale kreuzen, ist dies ein bestätigtes Kaufsignal. Leerverkäufer müssen äußerst vorsichtig sein, wenn Aktien überverkauft sind, denn Umkehrungen sind sehr häufig.
- **RSI:** Verwenden Sie den RSI, um festzustellen, ob Ihre Aktie oder Ihr ETF *überverkauft* ist. Wenn Sie jedoch feststellen, dass der RSI plötzlich nach oben dreht, ist es möglich, dass der Aktienkurs eine Aufwärtsdynamik entwickelt. Es ist nicht unbedingt ein Signal zum Aussteigen, wenn Sie short gehen wollen, aber Sie sollten auf der Hut sein.

  Auch hier gilt: Halten Sie eine überverkaufte Aktie nicht zu lange. Sie wollen nicht in einer Short-Position gefangen sein, wenn die Algos beschließen, einen Bullenangriff durchzuführen.
- **Volatilität:** Unerfahrene Leerverkäufer gehen oft eine Short-Position ein, wenn eine Aktie steigt. Ihr größter Fehler ist, dass sie Oszillatoren wie Bollinger-Bänder oder RSI nicht beachten. Hätten sie bemerkt,

dass die Volatilität zunimmt, während eine Aktie (selbst eine überkaufte) steigt, hätten sie gewusst, dass es zu diesem Zeitpunkt einfach zu riskant ist, sie leerzuverkaufen.

Ein klügerer Ansatz ist es, zu warten, bis die Volatilität ihren Höhepunkt erreicht und dann *kontrahiert*. Deuten Sie dies als Hinweis, die Short-Seite zu erproben. Bitte beachten Sie: Die Betonung liegt auf „erproben". Wenn Sie Leerverkäufe tätigen, machen Sie nicht den beliebten Fehler, einen großen Einmalbetrag zu setzen. Wenn Sie sich irren, werden Sie sich fühlen, als würden Sie nackt schwimmen, wenn die Ebbe kommt (um Warren Buffett zu zitieren).

- **Unterstützung und Widerstand:** Sie sind auf der richtigen Seite, wenn der Aktienkurs unter die Unterstützungsniveaus fällt und die technischen Indikatoren negativ werden. Als Leerverkäufer sollten Sie den Abwärtstrend so lange wie möglich mitmachen, aber sehr vorsichtig sein (aus den oben genannten Gründen). Jeder Leerverkäufer hat seine eigenen Verkaufskriterien, die er anhand der technischen Indikatoren in diesem Buch festlegt.
- **Kerzendiagramm:** Wenn die Kerzen von Grün auf Rot wechseln und andere bearishe Kerzenmuster erscheinen, sollten Sie aufmerksam sein. Vielleicht passiert etwas Schlimmes mit der Aktie (was gut für Sie ist, wenn Sie short gehen).

Hinweis: Wenn Sie die Fundamentalanalyse verwenden, suchen Sie nach Aktien mit negativen Informationen wie entgangenen Gewinnen, schlechten Managemententscheidungen, schleppenden Verkäufen oder Unregelmäßigkeiten in der Rechnungslegung. Jedes dieser Probleme wirkt sich auf den Aktienkurs aus, und zwar nicht in positiver Weise.

• • • • • •

Shorten, was man kennt

Peter Lynch hat einmal gesagt, dass man in das „investieren sollte, was man kennt“. Er schlug den Anlegern vor, Einkaufszentren oder Geschäfte zu besuchen, um Aktienideen zu erhalten. Mit diesen Ideen sollten Sie weitere Nachforschungen anstellen, bis Sie ein Unternehmen finden, das hohe Gewinne und wenig Schulden hat.

Als Leerverkäufer können Sie auch die Methoden von Lynch anwenden, allerdings in umgekehrter Weise. Wenn Sie zum Beispiel vor einigen Jahren im Einkaufszentrum waren, haben Sie vielleicht bemerkt, dass alle bei Apple einkauften, während bei Sears nur wenige Kunden waren. Raten Sie mal, was passiert ist? Der Aktienkurs von Apple stieg weiter an, während die Aktien von Sears immer weiter sanken, bis das Unternehmen schließlich in Konkurs ging.

Obwohl Sears einst eines der bekanntesten Unternehmen der Welt war, hat die Geschäftsführung die Produkte zu spät im Internet angeboten. Irgendwann kauften die Menschen sehr viel online ein – und der Rest ist Geschichte.

Der Punkt ist, dass Sie als Leerverkäufer nach Unternehmen mit schwachen Erträgen, wenig Publikumsverkehr und einer hohen Verschuldung suchen sollten. Das sind die Arten von Unternehmen, die Sie für Leerverkäufe in Betracht ziehen können.

Übrigens hätte jeder, der Sears geshortet hat, gute Gewinne gemacht, denn die Aktien von Sears fielen von ihrem Allzeithoch von 195 Dollar im Jahr 2007 innerhalb von zehn Jahren auf den Status eines Pennystocks. Es ist nicht die Schuld der Leerverkäufer, dass Sears in Ungnade gefallen ist. Der CEO und die Geschäftsführung sind dafür verantwortlich, dass ein einst großartiges Unternehmen in den Ruin getrieben wurde.

Sie „muss“ nach unten gehen

Ich kenne viele Leerverkäufer, die eine bestimmte Aktie ins Visier nehmen (Tesla war ein Favorit), weil sie einfach „nach unten gehen muss“. Raten Sie mal! Wenn Sie eine Aktie aufgrund einer von Ihnen aufgestellten Regel leerverkaufen, zum Beispiel, dass eine Aktie nicht mehr als „x Tage“ steigen darf, werden Sie als Leerverkäufer *leer* ausgehen (Wortspiel beabsichtigt).

Letztendlich weiß niemand, wie hoch der Markt oder die Aktien steigen können. Selbst Aktien, die vollkommen überkauft sind, können weiter steigen (und das tun sie oft). Die Wall Street ist übersät mit den Gräbern von Leerverkäufern, deren letzte Worte waren: „Es kann nicht ewig so weitergehen!“

> ***Die Wahrheit:*** Der Kurs wird vielleicht nicht ewig steigen, aber er könnte lange genug steigen, um Ihr Trading-Konto auszulöschen. Auf dem Aktienmarkt ist alles möglich.

Tipps und Tricks

Für alle, die diese Strategie ernsthaft in Erwägung ziehen, gibt es hier einige Tipps und Tricks:

- Rufen Sie vor dem Leerverkauf Ihren Broker an, um sicherzustellen, dass Sie die Aktien leihen können. Einige Broker geben auf ihrer Trading-Plattform an, ob eine Aktie zum Leerverkauf verfügbar ist. Sie können Codes wie ETB (Easy to Borrow, deutsch: leicht zu leihen) oder HTB (Hard to Borrow, deutsch: schwer zu leihen) haben. Bei einigen Small-Cap-Aktien kann es schwierig sein, Aktien zum Leerverkauf zu finden. Fragen Sie den Broker auch, ob für das Leerverkaufen dieser Aktien Gebühren anfallen.

- Erschwerend kommt hinzu, dass Sie bei Leerverkäufen verpflichtet sind, die Dividende am Ex-Tag zu zahlen. Es kann sich um einen kleinen Betrag handeln, aber manche Aktien haben hohe Dividenden, die gezahlt werden müssen. Ein Beispiel: Die Dividende beträgt 1,00 Dollar und Sie haben 200 Aktien leerverkauft. Das ist zwar kein Beinbruch, aber in diesem Beispiel müssen Sie am Ex-Tag 200 Dollar bezahlen.

Tipp: Führen Sie ein Scanning durch oder prüfen Sie die Aktienstatistiken, um den jeweiligen Ex-Tag und die Höhe der Dividende zu erfahren. Eine ausgezeichnete Quelle ist MarketWatch (suchen Sie nach dem Dividendenkalender), aber auch Ihr Broker sollte diese Informationen haben.

- Leerverkäufe von Aktien sollten nie vor einer Gewinnveröffentlichung erfolgen. Die Ergebnisse werden in der Regel nach Börsenschluss veröffentlicht. Wenn Sie auf der falschen Seite dieses Ereignisses stehen (das heißt, wenn die Gewinne die Erwartungen übertreffen), könnten Sie mit äußerst schmerzhaften Verlusten aufwachen.

Tipp: Wenn Sie Leerverkäufe tätigen, sollten Sie nie unvorbereitet sein oder sich von unerwarteten Ereignissen wie einer Gewinnveröffentlichung, einer Fed-Sitzung oder negativen Nachrichten überrumpeln lassen. Wissen ist Ihr Verbündeter.

- Ziehen Sie in Erwägung, Short-Positionen an tiefen Abwärtstagen zu decken, da es am nächsten Tag häufig zu einer Gegenbewegung kommt. Dies ist keine Regel, denn manche Aktien fallen weiter, aber man sollte immer auf Umkehrungen gefasst sein.

The Big Short

Wenn Sie ein reales Beispiel für die Qualen professioneller Leerverkäufer suchen, können Sie sich den hervorragenden Film „The Big Short“ ansehen (oder das Buch von Michael Lewis lesen). Das biografische Drama beleuchtet die Erfahrungen des Hedgefonds-Managers Michael Burry und anderer Leerverkäufer.

Nach einer gründlichen Analyse kam Burry zu dem Schluss, dass sich der Immobilienmarkt 2008 in einer Blase befand und zusammenbrechen würde – insbesondere bei *Subprime-Hypotheken*. Burry hat den Immobilienmarkt mit komplizierten Derivatkontrakten (*Credit Default Swaps*) geshortet.

Jetzt kommt der ärgerliche Teil: Auch wenn Burry recht hatte, war er zu früh dran. Erinnern Sie sich, als ich von unbegrenzten Verlusten bei Leerverkäufen sprach? Burry und andere Leerverkäufer mussten schmerzlich mit ansehen, wie ihre Positionen weiterhin Geld verloren, während die zugrunde liegenden Wertpapiere immer höher stiegen. Während dieser Zeit erlitten Burry und andere Leerverkäufer Verluste in Millionenhöhe.

Der Durchschnittsbürger wäre nicht in der Lage gewesen, Verlustpositionen so lange zu halten. Diese Profis waren sich sicher, dass sie auf der Grundlage umfangreicher Untersuchungen richtiglagen, und verfügten über das Kapital, um den finanziellen Schaden zu verkraften, aber die Immobilienblase wuchs weiter – bis sie eines Tages platzte.

Das war der Tag, an dem Lehman Brothers zusammenbrach und zusammen mit Bear Stearns Konkurs anmeldete. Zu dieser Zeit verdienten Burry und andere Leerverkäufer Hunderte von Millionen Dollar mit ihren Short-Positionen.

Die Lektion: Selbst, wenn Leerverkäufer richtigliegen, verlieren sie oft Geld, wenn sie zu früh dran sind.

Shorting von Aktien mit inversen ETFs

Wenn Sie der Gedanke an Leerverkäufe von Aktien einschüchtert, gibt es einen einfacheren Weg: Kaufen Sie *inverse* ETFs (börsengehandelte Fonds). Der Fondsmanager versucht, die Wertentwicklung eines theoretischen Korbes von Aktien, die leerverkauft wurden, zu imitieren. Hier ist der wichtige Teil: Wenn sich die einzelnen Aktien des ETFs *nach unten* bewegen, *steigt* der Kurs des ETFs.

Hier erfahren Sie, warum inverse ETFs nützlich sind: Angenommen, Sie glauben, dass der S&P 500 im nächsten Monat fallen wird. Anstatt bestimmte Aktien zu shorten, was ein großes Margin-Konto erfordern würde, können Sie einen inversen ETF kaufen.

Um zu diesem Schluss zu kommen, müssen Sie stichhaltige fundamentale oder technische Gründe haben, nicht nur eine Vermutung. Der Tipp eines Freundes oder die Lektüre eines beängstigenden Artikels, in dem vor einem bevorstehenden Crash gewarnt wird, ist kein triftiger Grund, diesen Trade zu vollziehen.

Der Vorteil des Kaufes eines inversen ETFs liegt in seiner Einfachheit. Im Gegensatz zum Leerverkauf einzelner Aktien überlassen Sie dem ETF das Leerverkaufen. Noch interessanter ist, dass es inverse ETFs für die wichtigsten Indizes wie den S&P 500 und den Nasdaq sowie für Hunderte anderer Indizes und Aktiensektoren gibt.

Hier ein konkretes Beispiel, wie sie funktionieren: Wenn der S&P 500 heute um ein Prozent fällt, wird der inverse ETF um etwa ein Prozent *steigen*. Umgekehrt, wenn der S&P 500 um ein Prozent *steigt*, wird der inverse ETF um etwa ein Prozent *fallen*. Der inverse ETF ist so konzipiert, dass er sich in einem Verhältnis von eins zu eins mit dem S&P 500 bewegt, allerdings in umgekehrter Richtung.

Wie Sie sehen, ist es viel einfacher, einen inversen ETF zu kaufen, als einzelne Aktien zu shorten. Außerdem können Sie im Falle eines Fehlschlags höchstens Ihre gesamte Investition verlieren, aber nicht mehr. Wie Sie bereits wissen, können Sie bei traditionellen Leerverkaufsstrategien mehr verlieren, als Sie investiert haben. Daher könnte der Kauf von inversen ETFs eine wünschenswerte Strategie für alle sein, die auf einen fallenden Markt setzen wollen.

Hinweis: Beispiele für einen inversen ETF sind der ProShares Short S&P 500 und der ProShares Short QQQ ETF.

Hinweis: Nicht jeder ist Fan von inversen ETFs, weil sie manchmal Finanzinstrumente enthalten, die zu kompliziert sind, um sie hier zu erklären (zum Beispiel *Derivate* und *Swaps*). Deshalb sind einige Kritiker der Meinung, dass inverse ETFs besser für Day-Trader geeignet sind; nichtsdestoweniger sind diese Produkte nicht für ein langfristiges Kaufen und Halten konzipiert.

WARNUNG: Sie wissen bereits aus Kapitel 14, dass Sie keine *gehebelten* ETFs kaufen sollten, und das schließt den Kauf von *gehebelten inversen ETFs* ein. Hebelprodukte sind nur für Day-Trader geeignet und erhöhen die Risiken vor allem aufgrund ihrer Konstruktion (zum Beispiel durch Tracking-Fehler) erheblich.

DER SHORT-SQUEEZE

Wenn eine Aktie plötzlich in kurzer Zeit auf erstaunlich hohe Werte steigt, kann dies auf ein schmerzhaftes Phänomen zurückzuführen sein, das als *Short-Squeeze* bezeichnet wird. Wenn Sie auf der falschen Seite eines dieser Ereignisse stehen, können Sie nur zusehen, wie Ihr Konto dezimiert wird. Ein Short-Squeeze versetzt alle Leerverkäufer in Angst und Panik.

Leerverkäufer sind immer nur eine Fed-Ankündigung oder einen positiven Gewinnbericht von einem katastrophalen Verlust entfernt. Das passiert vielen unglücklichen Neulingen regelmäßig, Profis aber verbrennen sich nur selten die Finger.

Das heißt bis zum Januar 2021, als mit GameStop, einem angeschlagenen Einzelhändler, das Aushängeschild für Short-Squeezes auftauchte. Es stellte sich heraus, dass es der Traum eines Momentum-Traders und der Albtraum eines Leerverkäufers war.

GameStop war bei vielen an der Wall Street kein Favorit, einer der Gründe, warum viele Profis Short-Positionen hielten. Unbemerkt von den Profis, die für mehrere Hedgefonds arbeiteten, versammelten sich Tausende von Kleinanlegern auf Reddit, einem beliebten Internetforum, um gleichzeitig GameStop (GME) zu kaufen. Es handelte sich um einen koordinierten „Bullenüberfall", der sich jedoch eher zu einem Kaufrausch entwickelte.

Nachdem diverse Trader auf Reddit im Kollektiv Millionen von Aktien gekauft hatten, stieg GME innerhalb von zwei Wochen um mehr als 1.500 Prozent, was die Volatilität und den Aktienkurs von weniger als drei Dollar pro Aktie auf 483 Dollar in weniger als zwei Monaten in die Höhe schießen ließ.

Jeder, der diesen Videospielhändler leerverkauft hatte, wurde plattgemacht. Melvin Capital, ein Investmentfonds, der GameStop stark geshortet hatte, hat Berichten zufolge mehrere Hundert Millionen Dollar mit diesem Trade verloren. Es wurde auch berichtet, dass einige Hedgefonds zusammen mit Tausenden von privaten Leerverkäufern insgesamt sechs Milliarden Dollar (und ihr letztes Hemd) bei diesem einen Trade verloren haben.

Der Handel mit GameStop (und AMC, einer weiteren „Meme"-Aktie, die durch Leerverkäufe unter Druck gesetzt wurde) wurde ausgesetzt und die Hedgefonds zählten ihre Verluste. Dies war einer der seltenen Fälle, in denen der kleine Mann die Wall Street schlug – der Schock darüber war dort mehrere Wochen zu spüren.

Die Trader, die am meisten Geld mit GameStop und AMC verloren, waren diejenigen, die „nackte" Calls verkauften (das heißt, sie verkauften Optionen auf Aktien, die sie nicht besaßen).

Nicht nur die Leerverkäufer waren die Leidtragenden. Broker erzählten kopfschüttelnd von Kunden, die ihre Rentenfonds plünderten oder

Bargeldvorschüsse auf ihre Kreditkarten nahmen, um GameStop und AMC zu kaufen, nachdem der Short-Squeeze vorbei war. Einige gewannen, andere verloren, aber viele Anleger mussten feststellen, dass sie ein viel zu hohes Risiko eingegangen waren.

• • • • • •

Jetzt, da Sie gelernt haben, wie man Aktien shortet und inverse ETFs kauft, werden Sie in einer besseren Position sein, wenn der Markt abstürzt. Apropos Absturz: Wenn Sie weitere finanzielle Horrorgeschichten lesen möchten, sind Sie hier genau richtig. In Kapitel 16 werden Sie ein Trading-Umfeld betreten, in dem der Geist mächtiger ist als die Materie.

Kapitel 16

BÄRENMARKT-STRATEGIEN

Wenn Sie dieses Buch während einer Korrektur, eines Crashs oder eines Bärenmarktes lesen, sind Sie in diesem Kapitel genau richtig. Vielleicht lesen Sie es, damit Sie vorbereitet sind, falls etwas Schlimmes auf dem Markt passiert. Was auch immer der Grund sein mag, ich glaube, dass dieses Kapitel eine lehr- und aufschlussreiche Lektüre sein wird.

Um ehrlich zu sein, wollen nur wenige Marktteilnehmer über Marktrückgänge oder Korrekturen nachdenken, und wer kann es ihnen verdenken? Diese Bedingungen sind für die meisten Menschen nicht angenehm. Glücklicherweise gibt es Möglichkeiten, einen großen Abschwung nicht nur zu überleben, sondern auch erfolgreich zu meistern. Wenn Sie Teil 5 beendet haben, werden Sie eine Reihe von Strategien und Taktiken kennen, die Ihnen dabei helfen können.

> *Hinweis:* Wenn Sie dieses Kapitel während einer Hausse lesen, werden Sie vielleicht denken, das sei viel Lärm um nichts. Vielleicht glauben Sie, dass die Fed einen Weg gefunden hat, um Bärenmärkte der Vergangenheit angehören zu lassen. Ich versichere Ihnen, dass das nicht möglich ist.

> Schließlich wird es, solange es einen Aktienmarkt gibt, Korrekturen, Crashs und Bärenmärkte geben. Die Herausforderung besteht darin, vorherzusagen, wann eines dieser Ereignisse eintreten wird, und die Wahrheit ist, dass niemand das kann, obwohl viele Menschen es immer wieder versuchen.
>
> *Hinweis:* In den vorangegangenen Kapiteln habe ich Anregungen gegeben, wie man mit technischen Indikatoren erkennen kann, wann ein Aufwärtstrend zu Ende geht.
>
> Ich hoffe, dass Sie einige dieser Tools nutzen können, um Ihr Konto zu schützen, falls die Wall Street von einem großen, bösen Bären heimgesucht wird.

Beginnen wir mit Definitionen.

Definitionen, bitte

Die offizielle Definition eines *Bärenmarktes* ist ein Rückgang von 20 Prozent oder mehr gegenüber dem vorherigen Höchststand. Ein *Crash* hingegen ist ein plötzlicher, heftiger Einbruch des Marktes um mindestens 20 Prozent. Wenn es sich „nur" um einen zehnprozentigen Rückschlag handelt, wird er als *Korrektur* betrachtet.

Normalerweise dauern Korrekturen und Crashs nicht lange an, während Bärenmärkte ein oder zwei Monate oder ein Jahr (und manchmal länger) andauern können.

Ich möchte nicht den Eindruck erwecken, dass eine Marktkorrektur oder ein Börsencrash keine große Sache ist, denn das ist es sehr wohl, vor allem für diejenigen, die sich wie leichte Beute fühlen, wenn ihre Portfolios um 20, 30 oder 50 Prozent fallen.

Es ist schrecklich für diese Investoren und ihre Familien. Im schlimmsten Fall kann es Jahre dauern, bis sich der Markt wieder erholt, und bei einigen Aktien wird es nie der Fall sein.

Die einzige gute Nachricht ist, dass Korrekturen oder Crashs in der Regel nicht lange andauern, da Angst und Panik oft schnell abklingen. Dies ist der Zeitpunkt, an dem Schnäppchenjäger den Markt betreten. Eine Korrektur ist wie ein kleiner Piks im Vergleich zu einem Crash. Wie Sie später in diesem Kapitel feststellen werden, ist ein Bärenmarkt noch einmal etwas völlig anderes.

Was ist eine Korrektur?

Wie bereits erwähnt, müssen die Marktindizes um mindestens zehn Prozent von den jüngsten Höchstständen fallen, damit von einer Korrektur gesprochen werden kann. Die Korrekturen können zwischen einigen Wochen und mehreren Monaten dauern. Techniker halten Korrekturen für gesund, da sie dazu beitragen, überkaufte Märkte wieder auf den Boden der Tatsachen zu bringen. Von Zeit zu Zeit werden allzu übermütige Anleger daran erinnert, dass die Märkte fallen können.

Selbst Korrekturen können für jeden, der keine Maßnahmen zur Risikobegrenzung getroffen hat, schmerzhaft sein. Zum Risikomanagement gehören die Diversifizierung in verschiedene Anlagen oder Sektoren, der Verzicht auf Margen- oder Hebelprodukte und die Bereithaltung von Barmitteln, wenn möglich.

Was ist ein Crash?

Ein Crash ist ein plötzlicher, heftiger, kurzzeitiger Einbruch des Aktienmarktes. Das Wort *Crash* verbreitet bei Anlegern und Tradern seit der Gründung des Aktienmarktes Angst und Schrecken. Seitdem hat es Dutzende von Abstürzen gegeben, wobei der schlimmste im Jahr 1929 stattfand. Obwohl wir hoffen, dass sich ein Absturz dieses Ausmaßes nicht wiederholt, ist alles möglich. Die einzige gute Nachricht über Abstürze ist, dass sie in der Regel nur von kurzer Dauer sind.

Bei einem Crash fallen die Börsenindizes schnell und unerwartet um mehr als 20 Prozent. Crashs kommen aus heiterem Himmel, obwohl es im Nachhinein viele Hinweise und Warnzeichen gab.

Die meisten Anleger sind unvorbereitet und schockiert über den finanziellen Schaden. Wenn die Märkte steigen und die Anleger guter Laune sind, glauben nur wenige, dass der Markt so tief fallen könnte. Es ist nicht ungewöhnlich, dass ganze Portfolios innerhalb weniger Tage oder Wochen vernichtet werden. Manche Anleger erholen sich nie davon.

Solange sie keine extremen Risiken eingegangen sind, überleben die meisten Marktteilnehmer, wenn auch mit deutlich weniger Geld auf ihren Konten. Man braucht starke Nerven, um nichts Unüberlegtes zu tun, wie zum Beispiel in Panik während eines Crashs zu verkaufen. Viele Anleger treffen in diesen Zeiten irrationale Entscheidungen, da der Markt immer weiter einbricht.

Tipp: Ein gut durchdachter Plan, der auch Stop-Loss-Orders umfasst, kann einen großen Teil der Verluste bei einem Crash verhindern.

Der Tag des Crashs

Ich habe mehrere Personen kennengelernt, die durch einen Crash finanziell ruiniert wurden. Crashs haben das Potenzial, Leben und Existenzgrundlagen zu zerstören. Die Emotionen kochen hoch und die Angst grassiert währenddessen.

Am Tag des Börsencrashs, wenn Trader und Anleger in Panik eine Vielzahl von Verkaufsorders elektronisch eingeben, werden die Brokerfirmen wahrscheinlich erst nach Börsenschluss ans Telefon gehen. Broker-Websites sind dafür bekannt, dass sie sich bei extremen Abwärtsbewegungen abschalten (der Flash Crash am 6. Mai 2010 ist ein gutes Beispiel dafür). Das bedeutet, dass Sie an diesem Tag wahrscheinlich nicht online traden können; Sie können nur warten, bis der Massenverkauf vorübergehend nachlässt.

Wenn alle versuchen, gleichzeitig zu verkaufen, verstärkt sich der Crash, was andere Anleger und Trader in Panik versetzt. Wenn ein Markt in einem Land zusammenbricht, greift dies in der Regel auf andere Länder über und kann zu einem weltweiten Ausverkauf führen.

Es ist nicht hilfreich, wenn die Schlagzeilen im Internet zu lesen sind und fast jede Zeitung „Crash!" schreit. Wenn Sie in der Tinte sitzen, ist es ratsam, keine wichtigen finanziellen Entscheidungen zu treffen. Jetzt ist nicht der richtige Zeitpunkt, um der panischen Herde zu folgen und zu verkaufen.

Wenn sich die Panik schließlich legt – und das tut sie in der Regel nach ein paar Tagen –, kann die Fed hinter den Kulissen fieberhaft daran arbeiten, die Zinsen zu senken und eine Vielzahl von Tools zur Stabilisierung des Marktes einzusetzen. Wenn die Bemühungen der Fed erfolgreich sind, wird der Crash nur von kurzer Dauer sein.

Auf der Suche nach Schnäppchen inmitten von Ruinen

In der Regel erholen sich die Märkte nach einem großen Crash wieder. Aufmerksame Trader beobachten die Märkte genau und achten auf ein *Aufbäumen der Kurse*, eine andere Bezeichnung für eine gescheiterte Rally. Manchmal scheitert die Rally nicht und der Markt erholt sich tatsächlich wieder, was für die Anleger eine gute Nachricht ist.

Anstatt sich zu verstecken, ist es vielleicht ein guter Zeitpunkt, nach potenziellen Kaufgelegenheiten zu suchen. Wenn der Crash nur von kurzer Dauer ist, was fast jeder hofft, könnte es sich als ideal erweisen, die Buy-the-Dip-Strategie anzuwenden.

In der Vergangenheit wurden einige der weltweit größten Unternehmen während eines Crashs zum Sonderpreis angeboten. Nach einem Crash können Aktien, die zuvor für 400 Dollar pro Anteil verkauft wurden, für 300 Dollar oder weniger verkauft werden. Es ist nicht einfach, zu kaufen, wenn alle anderen verkaufen. Wenn Sie etwas Geld auf der Seite haben, könnte dies der richtige Zeitpunkt sein, um in den Markt einzusteigen.

Zugegeben, es ist kein einfaches Trading-Umfeld. Die erste große Rally nach dem Crash könnte nur vorübergehend sein, eine sogenannte *Bärenmarkt-Rally.* Diese vorgetäuschten Erholungen locken viele bullishe Anleger an, bevor der Markt wieder sinkt.

Tipp: Achten Sie nach einer Korrektur oder einem Crash auf Rallys. Wenn der Markt weiter ansteigt und die Aktien bei starkem Volumen über ihre gleitenden Durchschnitte steigen, ist das ein positives Signal und das Schlimmste könnte vorüber sein. Wenn die technischen Indikatoren bestätigen, dass der Aufschwung anhält, ist dies ein guter Zeitpunkt, um in den Markt einzusteigen.

Ich möchte nicht, dass Sie denken, es sei einfach, nach Kursrückschlägen zu kaufen. Der Markt wird in diesem Zeitraum unglaublich volatil sein, mit häufigen Schwankungen von drei bis fünf Prozent in beide Richtungen. Die Emotionen kochen hoch, und es ist leicht, blöde Fehler zu machen oder seinen Ängsten zu erliegen. Für viele ist es das Klügste, nichts zu tun. Wenn man in diesen wilden Zeiten in den Markt einsteigt, kann man sich leicht täuschen lassen.

Was ist ein Bärenmarkt?

Ein Bärenmarkt ist etwas anderes als ein Crash. Einige sind kurzlebig und dauern nur einige Monate, während andere in der Regel ein Jahr oder länger andauern. Die Baisse des Jahres 2002 war mit 929 Tagen offiziell eine der längsten und zerstörte das Leben und die finanziellen Träume vieler Menschen.

Lang andauernde Bärenmärkte sind für diejenigen, die an der Wall Street arbeiten, oder für alle, die Aktien besitzen, schrecklich. Obwohl die Chancen gut stehen, dass Sie eines Tages eine Baisse erleben werden, hoffe ich für Sie, dass sie nur von kurzer Dauer sein wird.

> *Hinweis:* Eine Korrektur oder ein Crash ist zwar nicht angenehm, aber man kann sie überleben, da beide nicht sehr lange andauern. Dagegen ist es für die Menschen schwierig, eine längere Baisse ohne emotionale und finanzielle Narben zu überstehen.

Der Tag der Abrechnung: Wie man sich vorbereitet

In einem Bärenmarkt kommt fast immer der Tag der Abrechnung. Dann scheint es, als ob alle gleichzeitig den Ausstieg suchen. An diesem Tag stellen diejenigen, die das Risiko oder die Volatilität ignoriert haben, plötzlich fest, dass sie die Schmerzen nicht mehr ertragen können, und steigen aus ihren Positionen aus. Oft führt dies zum Markttief.

Der Grund, warum Sie dieses Kapitel lesen, ist, dass Sie nicht in die Falle tappen wollen. Lange bevor es zu einem Crash oder einer Baisse kommt, sollte man immer nach Möglichkeiten suchen, das Risiko zu verringern. Wenn Sie das können, dann können Sie alles überstehen, was der Markt Ihnen entgegenwirft.

Auch wenn ein Crash nicht vorhersehbar ist, können Sie Maßnahmen ergreifen, um den Schaden zu begrenzen. Das Letzte, was Sie tun sollten, ist, aufgescheucht herumzulaufen. Die Zeit, sich darauf vorzubereiten, ist jedoch, *bevor* es zu einer Korrektur oder einem Crash kommt.

Genau wie bei der Vorbereitung auf einen Hurrikan besteht der erste Schritt darin, einen schriftlichen Katastrophenplan zu erstellen. Überprüfen Sie in regelmäßigen Abständen Ihre Positionen und die den einzelnen Anlagen zugewiesenen Beträge. Auch wenn Sie nicht auf jeden 5-Prozent-Einbruch am Markt reagieren wollen, sollten Sie nicht selbstgefällig sein.

Wenn Jahre oder sogar ein Jahrzehnt vergehen, in denen der Markt nur nach oben gegangen ist, glauben manche Anleger, dass der Markt „nie wieder nach unten gehen wird". Diese unrealistische Annahme bedeutet wahrscheinlich, dass sie auf den nächsten Abschwung nicht vorbereitet sind. In vielerlei Hinsicht ist Selbstgefälligkeit fast so gefährlich wie Angst.

Hinweis: Ich will Ihnen keine Angst einjagen, sondern Ihnen nur die Fakten liefern, damit Sie wissen, was Sie zu erwarten haben, bevor ein Bärenmarkt kommt. Während ein Crash schnell kommt und geht, sind lang anhaltende Bärenmärkte am zerstörerischsten. Sie können länger anhalten, als viele Anleger glauben.

Im Folgenden werden einige der Signale beschrieben, auf die man achten sollte, wenn ein Bärenmarkt eintritt.

KORREKTUR-, CRASH- ODER BÄRENMARKTSIGNALE

- **Gleitende Durchschnitte:** Die Aktien brechen unter ihren 50- und 100-Tage-Durchschnitt, manchmal sehr schnell. In einem Bärenmarkt bleiben die Aktien über einen langen Zeitraum unter ihren gleitenden Durchschnitten.
- **MACD:** Die MACD-Linie bewegt sich unterhalb der Nulllinie und der 9-Tage-Signallinie. Obwohl es sich um einen nachlaufenden Indikator handelt, sollten Sie auf Anzeichen für eine Umkehr achten. Wenn der MACD wieder über die Nulllinie und die 9-Tage-Signallinie ansteigt, könnte es an der Zeit sein, wieder long zu gehen.
- **MACD-Histogramm:** Die Balken des MACD-Histogramms verdunkeln sich, wenn die Märkte fallen. Verwenden Sie das Histogramm, um festzustellen, wann das Schlimmste vorbei ist. Achten Sie auf eine

Aufhellung des Histogramms, wenn das Momentum zunimmt. Das ist ein Hinweis darauf, dass die Kurse ebenfalls nach oben gehen könnten.

- **Langsame Stochastik:** %K und %D fallen, bis sie stark überverkauft sind (unter 20). Wenn %K und %D unter 20 fallen und sich kreuzen, ist das ein Kaufsignal. Die Stochastik kann falsche Signale geben, daher sollte man bei volatilen Marktbedingungen mit Bedacht traden.
- **RSI:** Während eines Crashs oder Bärenmarkts und danach fällt der RSI unter 30, was einen stark überverkauften Wert darstellt. Achten Sie darauf, dass der RSI wieder über 30 steigt, was ein Hinweis darauf sein könnte, wieder long zu gehen. Wenn Sie ein kurzfristiger Trader sind, bereiten Sie sich darauf vor, Ihre Long-Positionen aufzugeben, falls die Rally scheitert.
- **Volatilität:** Die Volatilität explodiert während und nach einem Crash und nimmt während eines Bärenmarktes zu. Erfahrene kurzfristige Trader haben das Potenzial, in diesen Zeiten zu profitieren, aber es ist nicht einfach. Viele Trader kaufen bei Kursrückgängen und verkaufen bei Erholungen, aber nur die Besten sind erfolgreich.

  Der Volatilitätsindex (VIX) steigt während einer Korrektur oder eines Crashs auf 50 und darüber, aber das hält in der Regel nicht lange an. Es sind wilde Zeiten, in denen man leicht Geld verdienen oder verlieren kann. Anfänger sollten während dieser volatilen Ereignisse nur wenig oder gar nicht traden.
- **Unterstützung und Widerstand:** Die großen Indizes werden unter die Unterstützungsniveaus fallen und darunter bleiben. Wenn sich der Markt schließlich erholt, werden die Indizes über den Widerstand steigen und dort bleiben. Sollte dies der Fall sein, könnte sich die Erholung fortsetzen, was ein Zeichen dafür wäre, dass es an der Zeit ist, wieder long zu gehen.

• • • • • •

Die Psychologie eines Bärenmarktes

Da ich in einer Familie von Börsenmaklern aufgewachsen bin, habe ich die Macht eines bösartigen, lang anhaltenden Bärenmarktes miterlebt. In unserem Haus wurde der Bärenmarkt wie ein Schimpfwort behandelt. Das erste Anzeichen für Probleme war, als mein Vater uns bat, das Licht auszuschalten, um Strom zu sparen.

Ich will damit nicht sagen, dass man sein Leben lang Angst vor einem Bärenmarkt haben sollte. Mein Rat an Sie: Lassen Sie sich nicht von Ihren Gefühlen leiten. Sie lesen dieses Kapitel, weil Sie mental auf den schlimmsten Fall vorbereitet sein wollen.

Wenn ein Bärenmarkt beginnt, geben nur wenige zu, dass der Bär aus dem Winterschlaf erwacht ist. Genau wie bei mir zu Hause spricht auch an der Wall Street niemand über diesen Begriff. Es ist auch kein beliebtes Thema auf einer Party oder einem Grillfest.

Während der Tiefpunkte eines Bärenmarktes glauben viele, dass der Markt nie wieder steigen wird, so wie sie dachten, er würde immer höher steigen. Aber, und das ist wichtig, der Markt *wird* aufhören zu fallen und der Bärenmarkt *wird* enden; nur weiß niemand, wann.

Kämpfen oder fliehen

Die Ursachen eines Bärenmarktes sind nicht so wichtig wie das Erkennen eines solchen, wenn er auftritt. Manche Anleger stecken den Kopf in den Sand, weigern sich, ihre Depotauszüge anzusehen, und sagen zu Ihrem Broker: „Weck mich, wenn es vorbei ist."

Um einen Bärenmarkt zu überstehen, ist es wichtig, einen klaren Kopf zu bewahren. Jetzt ist nicht der richtige Zeitpunkt, um in Panik zu geraten oder auf die Warnungen von Anpreisern zu hören, die noch schlechtere Bedingungen prophezeien. Wochen oder Monate zuvor waren dieselben Personen ausgelassen und übermütig, prahlten auf

Twitter mit ihrem verschwenderischen Lebensstil und taten so, als würde der Markt niemals fallen. Jetzt sieht man sie im Fernsehen mit zittriger Stimme.

Sollte man während eines Bärenmarktes verkaufen?

Während fast jeder Anleger behauptet, niedrig zu kaufen und hoch zu verkaufen, verwerfen die Menschen diese Strategie, wenn die Indizes fallen und die Angst überhandnimmt, und versuchen auszusteigen, bevor ihre Papierverluste noch größer werden.

Verstehen Sie mich nicht falsch: Ich möchte Ihnen nicht raten, während einer Baisse nicht zu verkaufen. Ich will damit sagen, dass wir strategisch und emotionslos vorgehen sollten. Verkaufen Sie, wenn Sie triftige technische oder fundamentale Gründe haben, die auf Logik, Hinweisen und Indikatoren beruhen.

Verkaufen Sie nur nicht in Panik, weil Sie „glauben", dass der Markt weiter fallen wird. Noch schlimmer: Hören Sie nicht auf Bekannte, die ebenfalls in Panik sind und Sie auffordern, ihnen in den Abgrund zu folgen.

Beobachten Sie die Rallys genau

Der Bärenmarktexperte Mark D. Cook hat oft gesagt, dass der Schlüssel zum Verständnis eines Bärenmarktes darin besteht, die Rallys genau zu beobachten. Manchmal gibt es starke Erholungen inmitten eines Bärenmarktes, die er als „One-Day-Wonder" bezeichnen würde. Andere Male waren die Rallys schwach, was ein Hinweis darauf war, dass der Bärenmarkt noch andauern könnte.

Was tun bei einem Bärenmarkt?

Da jeder Bärenmarkt anders ist, kann ich nur Empfehlungen und keine spezifischen Regeln anbieten. Wenn der Bärenmarkt nur von kurzer Dauer ist, wird er so schnell kommen und gehen, dass die meisten Anleger die Auswirkungen nicht spüren werden.

Wenn es sich um einen lang anhaltenden Bärenmarkt-Albtraum handelt, könnte er mehr Zeit in Anspruch nehmen und mehr Schaden anrichten, als den meisten Anlegern gewärtig ist. Die Hoffnung ist, dass Sie diversifiziert haben und Ihr Portfolio alternative Anlagen wie Gold, Anleihen und vielleicht sogar digitale Währungen enthält. Die Idee ist, das Risiko zu streuen, anstatt sich nur auf Aktien zu konzentrieren.

In der Regel ist während eines Bärenmarktes Bargeld König, trotz niedriger Zinsen. Eine andere Möglichkeit ist der Kauf von Anleihen, die je nach Zinssatz einen sicheren Hafen während eines Bärenmarktes darstellen können. Wenn die US-Notenbank die Zinssätze während einer Baisse senkt, können Anleihen oder Anleihefonds eine ausgezeichnete Wahl sein.

Die Bären sind los

In der tiefsten Phase eines Bärenmarktes, wenn der Schmerz am schlimmsten ist, sollten Sie die Nebengeräusche ignorieren und weiterhin auf die technischen Indikatoren achten. Viele Oszillatoren können extreme überverkaufte Bedingungen anzeigen, die als Hinweis darauf dienen, dass eine Umkehrung möglich ist.

Wenn Aktien oder der Markt so extrem überkauft sind und die Bewertungen sich in der Grauzone bewegen, ist eine Long-Position ein Spiel mit dem Feuer. Seien Sie geduldig, bevor Sie bei Kursrückschlägen kaufen.

Viele Anleger, die von den Auswirkungen eines zerstörerischen Bärenmarktes gezeichnet sind, könnten dem Aktienmarkt für immer abschwören. Wissen Sie was? Dies ist oft der beste Zeitpunkt, um seine Ängste abzubauen und zu investieren.

SICH ABZEICHNENDE ANZEICHEN FÜR EINEN BÄRENMARKT

Dieser Exkurs basiert auf meinen Gesprächen mit dem zwischenzeitlich verstorbenen Trader Mark D. Cook, einem Experten für Bärenmärkte. In einem ausführlichen Interview erklärte er mir die zehn Phasen eines Bärenmarktes. Da jeder Bärenmarkt anders ist, ist es möglich, dass diese in einer anderen Reihenfolge auftreten als hier aufgeführt.

1. Gescheiterte Rallys

Eines der ersten Anzeichen für einen bevorstehenden Bärenmarkt sind die Rallys. Wenn der Markt nicht kräftig anzieht oder seine Gewinne nicht halten kann, ist dies ein Hinweis darauf, dass der Markt verwundet ist. Er ist anfällig für weitere Verletzungen, wenn es „niedrigere Tiefs" und „niedrigere Hochs" auf dem Chart gibt.

2. Rallys mit geringem Volumen

Die Rallys sind lau, schwach und leblos in einem Umfeld mit geringen Umsätzen. Dies ist ein Hinweis darauf, dass institutionelle Investoren nicht kaufen. Institutionelle sind in der Regel eine Herde und beobachten ihre Mitstreiter genau. Wenn die gesamte Meute nicht sofort im Gleichschritt folgt, gerät die Rally ins Stocken. Die Leute werden sagen: „Diesmal ist es anders und die Geschichte wird sich nicht wiederholen." Hier eine Eilmeldung: Die Geschichte wiederholt sich immer.

Wenn der Markt nicht in der Lage ist, sich nach einem Ausverkauf schnell oder mit Eifer zu erholen, und wenn er nicht mindestens die Hälfte des Rückpralls aufholen kann, ist das ein Warnsignal. Der Bärenmarkt ist nahe.

3. Unvorteilhafte Charts

Ein weiterer Hinweis ergibt sich aus den Charts. Ein noch tieferes Tief auf dem Chart zeigt den Technikern, dass die Stimmung des einst unbesiegbaren Marktes gefährdet ist. Techniker, die die Charts studieren, glauben, dass die Käufer abwandern, wenn der Markt mit niedrigeren Tiefstständen schließt.

Die hartnäckigen Bullen halten ihre Positionen, aber auf ihrer Stirn bilden sich Schweißperlen. Sie sagen sich: „Hier kann ich nicht verkaufen." Also tun sie es nicht.

4. Starke Ausverkäufe

Der Markt beginnt, sich nach unten zu beschleunigen, indem er alle paar Tage einige Punkte des S&P 500 verliert. An den Tagen, an denen es aufwärtsgeht, ist der S&P 500 schwerfällig und langsam, und die Erholungen sind gering. Die Abwärtsbewegungen sind viel schneller und tiefer.

Zum jetzigen Zeitpunkt kaufen bullishe Anleger immer noch, aber nicht mehr so enthusiastisch. Daher nimmt das Volumen während der Abwärtsbewegungen zu, während die Aufwärtsbewegungen nicht so energisch sind. Dennoch denken die meisten Bullen nicht an einen Verkauf (ein Stadium, das sie erst erreichen, wenn es zu spät ist).

5. Rückkauf von Investmentfonds

Der Markt unterliegt einer Korrektur. Charttechnisch gesehen erreicht der Markt einen Tiefststand für das gesamte Quartal. Jetzt, wo die Portfolios um 15 oder 20 Prozent gefallen sind, denken die bullishen Anleger an einen Verkauf. Ein Rückgang von 20 Prozent führt zu Rückkäufen von Investmentfonds. Sogar einige Vermögensverwalter denken angesichts des zunehmenden Ausverkaufs an Verkäufe.

6. Von Selbstgefälligkeit zu Panik

Institutionen reduzieren ihre Positionen, weil sie befürchten, dass sich die Anleger zurückziehen. Das negative Quartal irritiert die Anleger und ist der erste Hinweis darauf, dass sich ihre Stimmung ändert. Schließlich gehen die Anleger von Selbstgefälligkeit zu Panik über, aber das braucht Zeit. Die hartnäckigsten Bullen haben ihre Positionen nicht aufgelöst, aber sie kaufen weniger. Zu gegebener Zeit wird der Markt alle seine bisherigen Gewinne wieder abgeben.

7. Nur noch schlechte Nachrichten

Je mehr der Bärenmarkt an Fahrt gewinnt, desto weniger gute Nachrichten gibt es. Wirtschaftsmeldungen werden nun mit mehr Skepsis betrachtet. Die Analysten konzentrieren sich auf die schlechten Nachrichten und misstrauen den guten Wirtschaftsnachrichten. Einige hartnäckige Bullen halten sich noch, aber ihre Schweißperlen werden dicker.

8. Institutionen sind zum Verkauf gezwungen

Manche Bullen können es nicht mehr ertragen. Da das Volumen mit den aufeinanderfolgenden Abwärtstagen zunimmt, haben die hartnäckigen Bullen schließlich das Handtuch geworfen. Nachdem sie über 20 Prozent verloren haben, hoffen viele, dass das Schlimmste überstanden ist. Diese Menschen glauben, dass die Fed sie retten wird, so wie sie es in der Vergangenheit getan hat.

Da der Markt immer weiter fällt, sind viele Institutionen gezwungen, auszusteigen, weil die Anleger ihre Anteile zurückgeben. An diesem Punkt wird die Fed ignoriert und es herrscht ein wildes Durcheinander. Zahlreiche Anleger sind verunsichert und verwirrt.

9. Ein Bärenmarkt wird ausgerufen

Da der Markt um 20 Prozent oder mehr gefallen ist und sich nicht erholt hat, rufen die Medien einen Bärenmarkt aus. Es ist sogar möglich, dass der Markt um bis zu 30 Prozent gefallen ist. Broker raten ihren nervösen Kunden, nicht zu verkaufen.

Da der Bärenmarkt nun Schlagzeilen macht, lösen viele Bullen ihre Positionen auf. Rote Tinte hat ersetzt, was nur Monate zuvor noch Gewinne waren.

Die Volatilität nimmt mit jedem Tag zu, da die Tage mit großen Kursverlusten häufiger werden.

10. Kapitulation

Nach wochen- oder monatelangen Kursverlusten schauen viele Anleger auf ihre Depotauszüge und geraten in Panik. Wenn sie erkennen, dass ihre Portfolios in absehbarer Zeit nicht wieder ausgeglichen werden, kapitulieren sie. Das Volumen wird mehr als das Dreifache des Normalwerts betragen.

Zu diesem Zeitpunkt ist der Markt dabei zu überhitzen und könnte kollabieren. Die Finanzunternehmen stehen kurz vor dem Zusammenbruch und immer mehr Unternehmen sind in Schwierigkeiten. Die Bullen liquidieren fast alle ihre Positionen und verwandeln einst profitable Portfolios in ein Blutbad. Viele Abrechnungen weisen Aktienverluste von 40 oder 50 Prozent und manchmal sogar mehr auf.

Die Anleger verlieren das Vertrauen in den Markt, da Brokerfirmen die Portfolios von Tradern, die mit Margin gehandelt haben, auflösen. Der Markt ist verhasst, und einige Anleger schwören, nie wieder zurückzukehren. Die jahrelangen Marktgewinne liegen in Trümmern. Keine Anlageklasse gilt als sicher, denn alle Finanzprodukte fallen gleichzeitig.

• • • • • •

Ich hoffe, dass Ihnen die finanzielle Horrorgeschichte, die Sie gerade gelesen haben, erspart bleibt, aber zumindest wissen Sie jetzt, was möglich ist. Ich werde die Diskussion über Bärenmärkte fortsetzen, indem ich Ihnen erzähle, wie die Profis mit Bärenmärkten umgehen. Einer ist ein professioneller Leerverkäufer und zwei sind langfristige Investoren. Wie Sie sehen werden, geht jeder auf unterschiedliche Weise mit Bärenmärkten um.

Kapitel 17

WIE PROFIS MIT BÄRENMÄRKTEN UMGEHEN

In diesem Kapitel erzähle ich Ihnen, wie drei Profis mit Bärenmärkten umgehen. Einer ist Trader, zwei sind Investoren, und jeder hat seine eigene Methode, die für ihn funktioniert. Wie Sie gleich sehen werden, reichen die Ratschläge vom Nichtstun bis zum Versuch, von der extremen Volatilität zu profitieren.

Ich beginne mit zwei erfolgreichen Investoren und ihrem Umgang mit Bärenmärkten. Wenn Sie selbst Investor sind, sollte Sie ihr Rat beruhigen, denn beide raten Ihnen, den Kurs zu halten. Mit anderen Worten: Wenn es den Anschein hat, dass ein Bärenmarkt nicht so bald zu Ende geht, lesen Sie die beruhigenden Worte dieser Veteranen und denken Sie daran, dass die „bösen Bären" eines Tages verschwinden werden, auch wenn es oft so aussieht, als gäbe es keine Hoffnung.

Peter Lynch

In meinem letzten Buch, „Aktien verstehen", habe ich ein langes Gespräch mit Peter Lynch geführt, den viele für den größten Fondsmanager der Geschichte halten. In den 1990er-Jahren erzielte er über 13 Jahre hinweg eine spektakuläre durchschnittliche jährliche Rendite von 29,2 Prozent und schlug damit 99 Prozent aller damaligen Aktienfonds. Er ist außerdem Autor von drei Bestsellern, darunter „Der Börse einen Schritt voraus".

Ich hatte die Gelegenheit, ihn über seinen Umgang mit Bärenmärkten zu befragen, und sein Rat war einfach und amüsant: „Wenn Sie wissen, welche Unternehmen Sie besitzen und wer ihre Konkurrenten sind, sind Sie in einer guten Position. Man gerät nicht in Panik, wenn der Markt sinkt und die Aktie fällt. Wenn Sie nicht verstehen, was ein Unternehmen tut, und der Aktienkurs um die Hälfte fällt, was sollen Sie dann tun? Wenn Sie sich nicht informiert haben, können Sie genauso gut eine Hellseher-Hotline anrufen, um sich beraten zu lassen."

Hat man vor, seine Aktien in Panik zu verkaufen, weil der Markt um 10 oder 20 Prozent fällt, so Lynch, „sollte man gar nicht erst in den Aktienmarkt einsteigen. Einer der schönsten Sätze lautet: ‚Es ist mehr Geld verloren gegangen, weil man sich über Korrekturen Sorgen gemacht hat, als durch die Korrektur selbst.'"

Er sagt: „Der wichtigste Körperteil ist nicht der Kopf, es ist der Bauch. Wenn Sie sich von Ihrem Bauchgefühl leiten lassen, werden Sie durchgeschüttelt, denn wenn der Markt sinkt, werden Sie wahrscheinlich verkaufen."

Der Schlüssel sei es, die negativen Hintergrundgeräusche zu ignorieren, erklärt er: „Wenn der Markt um zehn Prozent oder mehr fällt, sind die Talkshows negativ, die Nachrichtensendungen sind negativ, und es herrscht eine Menge Pessimismus. Um 7:15 Uhr hast du schon schlechte Laune."

Was sollte ein Anleger tun, wenn der Markt einbricht? Er rät: „Solange Sie das Geld in den nächsten 10, 20 oder 30 Jahren nicht für eine Hochzeit oder das Studium Ihrer Kinder brauchen, würde ich mich mit dem Aktienmarkt wohlfühlen. Das ist es, was einen guten Investor ausmacht."

Lynch sagt, dass der beste Zeitpunkt zum Kauf oder zur Aufstockung einer Position manchmal dann ist, wenn der Markt und die Wirtschaft schlecht aussehen. „Deshalb", sagt er, „ist der Bauch der wichtigste Körperteil."

John Bogle

Ich hatte auch die Gelegenheit, den zwischenzeitlich verstorbenen John Bogle über viele Jahre hinweg mehrmals zu interviewen. Er war der Gründer und ehemalige CEO der Vanguard Group. Er legte 1976 den ersten Indexfonds der Welt auf und war, wie nicht anders zu erwarten, ein großer Verfechter der Indexierung.

Ich wusste, dass Bogle in seinem Leben mehrere Bärenmärkte erlebt hatte, und fragte ihn, was er tun würde, wenn er einen weiteren Bärenmarkt kommen sähe. Würde er weiterhin den Indexfonds halten?

Er hat sofort geantwortet: „Ja. Erstens sollten Sie gut diversifizieren und Ihre Vermögensaufteilung muss stimmen. 60 Prozent Aktien und 40 Prozent Anleihen sind ein guter Anfang. Wenn Sie die Entwicklung eines Bärenmarktes im Voraus erkennen, müssen Sie auf dem Höhepunkt des Marktes aussteigen und wieder einsteigen, wenn der Markt seinen Tiefpunkt erreicht. Aber ich kenne niemanden, der Ihnen genau sagen kann, wann ein Bärenmarkt beginnt, und ich kann Ihnen ganz sicher nicht sagen, wann er endet. Das bedeutet, dass man zweimal richtigliegen muss. Die Chancen dafür sind so gering, dass Sie einfach an Ihrem langfristigen Investitionsplan festhalten sollten. Es ist ein guter Rat, mir zu sagen, ich solle vor einem Bärenmarkt aus Aktien aussteigen. Aber können Sie mir sagen, wenn es Zeit ist, wieder reinzukommen? Ich denke, die Anleger sollten den Kurs halten, egal ob es sich um einen Bärenmarkt handelt oder nicht. Versuchen Sie nicht, den Markt zu überlisten."

Daraufhin fragte ich: „Was raten Sie den Investoren?"

Er antwortete: „Achten Sie nicht zu sehr auf die täglichen Schwankungen an der Börse. Wenn Sie ein diversifiziertes Portfolio mit niedrigen Kosten haben, bleiben Sie einfach auf Kurs. Ja, Sie hätten recht, wenn Sie am Hochpunkt aus- und am Tiefpunkt wieder einsteigen würden, aber ich kenne nicht nur niemanden, der das getan hat, sondern auch niemanden, der jemanden kennt, der das getan hat."

••••••

Wenn Sie diese Zeilen während eines brutalen Bärenmarktes lesen, hoffe ich, dass die Ratschläge dieser beiden erfolgreichen Marktveteranen Ihre Nerven beruhigen. Beide machen deutlich, dass man keine komplizierten Strategien anwenden muss, um auf dem Markt Geld zu verdienen.

Wenn der unvermeidliche Bärenmarkt kommt, gibt es keinen Grund zur Panik, denn er wird irgendwann vorübergehen. Wenn Sie, wie Lynch sagte, wissen, was Sie besitzen, werden Sie gut dastehen, wenn es vorbei ist.

Mark D. Cook

Mark D. Cook ist ein Experte für Crashs und Bärenmärkte. Er erlebte die zerstörerische Kraft eines Crashs, als er für eine der führenden Brokerfirmen des Landes, E.F. Hutton, arbeitete. Die Brokerfirma hatte einen populären Slogan: „Wenn E.F. Hutton spricht, hören die Leute zu."

Als Belohnung holte das Unternehmen im Juli 1987 250 seiner besten Broker nach Manhattan. Das Unternehmen hatte gerade ein wunderschönes neues Gebäude fertiggestellt, von dem Cook sagte, es sei „das Opulenteste, was man je gesehen hat. Einige der Broker scherzten, dass dies für ein Markthoch spreche. Es stellte sich heraus, dass sie recht hatten."

„Denken Sie darüber nach“, sagte Cook. „Im Juli war E.F. Hutton einer der Besten in der Branche. Im Oktober gab es E.F. Hutton nicht mehr! Sie wurden vom Champion zu einem Namen, der in den Geschichtsbüchern steht.“

Cook sagte, dass das eigentliche Markthoch drei Monate vor dem Absturz im Oktober 1987 eintrat, was damals aber nur wenige wussten. Ein Anhaltspunkt war, dass der Anleihemarkt drei oder vier Monate zuvor zu fallen begann, was den Aktienmarkt nach unten zog.

Die Folgen des Crashs waren verheerend. „Wir sind von einem Allzeithoch zu einem Massaker übergegangen“, so Cook. Innerhalb von sechs Wochen gab der Markt Gewinne der letzten 18 Monate wieder ab.

Auf der Suche nach einem Sündenbock machten die Menschen den computerbasierten Handel für den Crash verantwortlich.

Keine Angst

Anstatt sich vor Bärenmärkten zu fürchten, lernte Cook, von ihnen zu profitieren. Ähnlich wie Hurrikanjäger, die in das Auge des Sturmes fliegen, freute sich Cook auf den nächsten Bärenmarkt. Er hatte Ehrfurcht vor der zerstörerischen Kraft der Bärenmärkte, aber auch Respekt vor ihnen.

Cook sagte, ein Monstercrash sei für niemanden gut. Er zog es vor, eine Korrektur zu sehen, bei der er das meiste Geld verdiente. Er stellte fest: „Ich hoffe, es handelt sich nur um eine Korrektur von 10 oder 20 Prozent. Dann wird die Volatilität auf den Markt zurückkehren. Andererseits gibt es nach einem großen Crash zunächst wenig Trading-Möglichkeiten, weil die Volatilität gering ist.“

Cook, ein altmodischer „Trendleser“, verließ sich in erster Linie auf seinen Lieblingsindikator, den NYSE TICK (dieser vergleicht die Anzahl der steigenden Aktien mit der Anzahl der fallenden Aktien an der NYSE).

Bevor Cook starb, war er schockiert, dass der 2009 begonnene Bullenmarkt so lange anhielt. Er war frustriert über die US-Notenbank, die seiner Meinung nach die Finanzinstrumente einsetzte, um den Bullenmarkt künstlich länger am Leben zu erhalten, als es angemessen war. Er war überzeugt, dass der Tag der Abrechnung kommen würde, der katastrophale Folgen haben würde.

Im Folgenden finden Sie ein Interview, das ich mit Mark über Bärenmärkte geführt habe.

Können Sie einen Bärenmarkt vorhersagen?

Cook: Viele Menschen versuchen, den nächsten Bärenmarkt vorherzusagen, und die meisten liegen falsch. Den Beginn oder das Ende eines Bärenmarktes vorherzusagen, ist unmöglich. Anstatt dieses Gesellschaftsspiel zu spielen, sollten Sie Ihre Zeit damit verbringen, einen Plan für den Ernstfall zu entwickeln. Vorbereitung ist der Schlüssel zum Überleben eines Bärenmarktes.

Was sollte man tun, wenn ein Bärenmarkt eintritt?

Cook: Ein lang anhaltender Bärenmarkt ist ein heikles Thema. Irgendwann wird sich eine Kaufgelegenheit bieten. Bis dahin halten Sie sich an Ihren Plan, der ein diversifiziertes Portfolio, viel Bargeld für Notfälle und Kaufgelegenheiten sowie Aktien oder Indexfonds für die langfristige Anlage umfassen sollte.

Es ist auch wichtig, emotional auf einen Bärenmarkt vorbereitet zu sein. Bärenmärkte sind am schmerzhaftesten für Anleger, die Aktien auf Marge geliehen haben. Es ist schon schlimm genug, das investierte Geld zu verlieren, aber es ist noch viel schlimmer, wenn man Geld verliert und es zurückzahlen muss. Das tut doppelt weh.

Was ist eine Bärenfalle?

Cook: Es gibt Zeiten, in denen der Markt sinkt, vielleicht kurz vor dem Ende eines Bärenmarktes, und Leerverkäufer und andere weiter auf der Short-Seite einsteigen. Anstatt weiter zu sinken, bleibt der Markt stehen und kehrt dann die Richtung um. Das verleitet die

Bären zu noch stärkeren Leerverkäufen und sie werden bei der Rally vernichtet. Es ist eine Falle.

Sollten Anleger bei einem Rückgang der Kurse die Dollar-Cost-Averaging-Strategie nutzen?

Cook: Dies ist eine kontroverse Frage. Viele Fachleute raten, unabhängig von der Marktentwicklung an der Dollar-Cost-Averaging-Strategie festzuhalten, das heißt über einen bestimmten Zeitraum, zum Beispiel jeden Monat, einen bestimmten Geldbetrag anzulegen. Mit dieser Strategie können Sie immer mehr Aktien zu immer niedrigeren Preisen kaufen. Die Erwartung und Hoffnung ist, dass der Bärenmarkt eines Tages zu Ende geht und die Indizes die Richtung ändern werden.

Wenn das passiert, werden alle Aktien, die Sie gekauft haben, als der Markt fiel, in nette Gewinne verwandelt. Es gibt keine Garantie dafür, dass sich die Indizes in absehbarer Zeit erholen werden, aber die Chancen stehen gut, dass diese Investitionen zu Gewinnern werden.

Kritiker sagen, dass man gutes Geld schlechtem Geld hinterherwirft. Es heißt, dass man eine Position, die Verluste macht, nicht aufstocken sollte. Es gibt keine Garantie dafür, dass sich die durch Dollar-Cost-Averaging gekauften Aktien wieder erholen werden.

Ein seltenes Worst-Case-Szenario ist der Eintritt in einen langfristigen Bärenmarkt. Wenn Sie dann zu immer niedrigeren Preisen kaufen, sinkt der Markt weiter, bis er erdrutschartig abfällt.

Was passiert bei einem Crash?

Cook: Ein Crash ist in der Regel ein beängstigendes, aber kurzlebiges Ereignis, das den Markt innerhalb weniger Tage oder Wochen auf ein lächerlich niedriges Niveau bringt. Crashs sind zerstörerisch und kurzlebig. Einer der schlimmsten Abstürze der Geschichte ereignete sich 2008, als der S&P 500 ein satanisches Tief bei 666 erreichte. Das hat Leben, Vertrauen und Unternehmen zerstört.

Zuerst glauben die Menschen, dass es sich dabei um eine Kaufgelegenheit handelt, aber wenn der Markt immer schneller und weiter fällt, wird der Crash zu einer tödlichen Kraft. Wenn er sich nach unten hin beschleunigt, wird er zu einer Lawine.

Sogar Buy-the-Dip-Strategen verlieren Geld, da der Markt weiter und schneller fällt, als alle vorhergesagt haben. Den Anlegern, die kaufen und halten, wird gesagt, sie sollen abwarten und zusehen, wie ihr Geld den Bach hinuntergeht. Viele Menschen scheuen sich, frühzeitig zu verkaufen, weil sie befürchten, die nächste Rally zu verpassen.

Gibt es Anzeichen für einen Crash?

Cook: Niemand kennt den Grund für einen Crash. Es gibt nur Hinweise, aber keinen eindeutigen Beweis. Erst im Nachhinein kann man die Hinweise erkennen. Es ist nicht verwunderlich, dass viele Menschen vor einem Crash glauben, dass der Markt unbesiegbar ist und niemals untergehen wird. Dann kommt es zu Abstürzen, wenn die Anleger unvorbereitet sind und denken, dass der Markt nur eine Richtung kennt – nämlich nach oben.

Während der Börsencrashs von 1987 und 2008 zum Beispiel basierte der steigende Markt nur auf heißer Luft. Schließlich konnte er nicht mehr höher steigen, die Luft war raus – und er drehte um. Es bleibt ein Rätsel, wie ein Markt von einem hässlichen Ausverkauf zu einem großen Ausverkauf wird.

Je höher der Markt steigt, desto größer ist die Wahrscheinlichkeit, dass es zu einem starken Rückgang kommt. Der Markt wird härter fallen, als man sich vorstellen kann. An der Spitze glaubt niemand, dass der Markt nach unten gehen wird.

Worauf achten Sie, wenn der Markt einbricht?

Cook: Ich achte auf die Geschwindigkeit der Bewegung, die das Volumen, die Volatilität und damit die Chancen erhöht. In Bärenmärkten kann man mehr Geld verdienen, weil der Markt dreimal schneller fällt, als er in einem Bullenmarkt steigt. Er geht schneller runter und ist liquider. Ein Zusammenbruch erzeugt Tempo, Hektik, Panik und Chaos.

Was geschieht nach einem Crash?

Cook: Viele Menschen glauben, dass sich direkt nach einem Crash eine Kaufgelegenheit bietet, aber das ist in der Regel nicht der Fall. Alle Erholungen nach einem Crash sind schwach, zumindest am Anfang. Die meisten Menschen sehen lieber eine Korrektur als einen Crash, weil die inneren Werte des Marktes intakt bleiben. Bei einem Crash gerät alles aus dem Gleichgewicht, und es ist schwer, in absehbarer Zeit wieder genug Vertrauen zu gewinnen, um Aktien zu kaufen.

Das Klügste, was man nach einem Absturz tun kann, ist, Geduld zu haben. Es ist möglich, dass sich der Crash zu einem Bärenmarkt entwickelt. Die Menschen haben Angst, ihre Altersvorsorge zu riskieren, indem sie in den Markt investieren, daher sind die Käufe lau oder gar nicht vorhanden.

Der Aktienmarkt kann sich nach einer Baisse jahrelang in einer toten Zone befinden. Es kann lange dauern, bis die Portfolios geheilt sind, wenn überhaupt. Je länger ein Bullenmarkt anhält, desto länger dauert in der Regel auch ein Bärenmarkt.

Was sind die Ursachen eines Bärenmarktes?

Cook: Das weiß niemand. Er kann aus dem Nichts kommen. Oft gibt es Hinweise, bevor es dazu kommt, und manchmal geht es ganz schnell, wenn die Indizes einbrechen und alle Ihre Gewinne mitnehmen.

Was sollten Anleger in einem Bärenmarkt tun?

Cook: Eine Sache, die betont werden muss, ist, dass Bärenmärkte nicht immer schlecht sind. Betrachten Sie Korrekturen und Bärenmärkte als Trading-Gelegenheiten. Es gibt eine Kaufpause und dann eine regelrechte Flucht, wenn der Grizzly ihnen auf den Fersen ist. Wenn ein Bärenmarkt eintritt, verfallen die Menschen in irrationales Denken und Handeln. Das passiert *immer*.

Nutzen Sie die Gelegenheit, sich über abwärtsgerichtete Märkte zu informieren. Sie sollten sich auch auf die nächste Hausse vorbereiten, die nach dem Ende des Bärenmarktes einsetzen wird. Das ist der Moment, in dem man wirklich gut abschneiden kann. Während das Trading auf der Short-Seite gutes Timing und Erfahrung erfordert, ist es einfacher, in einem steigenden Markt zu traden.

Ihre abschließenden Gedanken?

Cook: Wenn Sie kaufen, was niemand will, und verkaufen, was alle wollen, werden Sie niemals bankrottgehen. Ich reflektiere diese Worte täglich. Dieser einfache Denkansatz hat mich während meiner gesamten Laufbahn begleitet, aber ich habe Jahre gebraucht, um ihn zu verstehen. Ich habe auch gelernt, dass die Wahrscheinlichkeit, dass die Meinung falsch ist, umso größer ist, je mehr Menschen die gleiche Meinung haben. Während der nächsten Baisse wird die Büchse der Pandora geöffnet. Ich sage das nicht, um Panik zu verbreiten, sondern um finanzielle Leben zu retten.

DIE SHORTING-TAKTIKEN VON JESSE LIVERMORE

Jeder, der eines meiner früheren Bücher gelesen hat, weiß, dass ich viel von Jesse Livermore gelernt habe, der als einer der größten Stock-Picker der Geschichte gilt. Ein brillanter Mann, der seine Fehler hatte und dessen Leben mit seinen Auf und Abs einer griechischen Tragödie glich.

Livermore wurde berühmt, als er während des Börsencrashs von 1929 erfolgreich Leerverkäufe tätigte und in einer einzigen Woche mehr als 100

Millionen Dollar verdiente. Es war sein größter Erfolg, aber das Ganze endete in Herzschmerz und einer Tragödie.

Im Alter von 14 Jahren verließ er sein Elternhaus, um eine Stelle bei der Brokerfirma Paine Webber in Boston zu ergattern. Die Eigentümer waren von Livermores Fähigkeit, komplexe mathematische Berechnungen im Kopf zu lösen, so beeindruckt, dass sie ihn sofort einstellten. Es half, dass Livermore zudem ein fotografisches Gedächtnis hatte.

Nachdem er beobachtet hatte, wie sich Aktien verhielten, wenn sie bestimmte Kurse erreichten, tätigte Livermore seinen ersten Trade, als er 15 Jahre alt war, und erzielte dabei schnell einen Gewinn von fünf Dollar (eine anständige Summe im Jahr 1892). Er beobachtete auch, wie die erfolgreichsten Kunden des Unternehmens Geld verdienten. Es dauerte nicht lange, bis Livermore vom Aktienmarkt begeistert war. Die Lektionen, die er lernte, hielt er in seinem Notizbuch fest, ein Ritual, das er für den Rest seines Lebens beibehielt.

Jahre später nutzte Livermore die detaillierten Aufzeichnungen seiner Trades, um ein Buch zu veröffentlichen, in dem über die Erfahrungen eines gewissen Larry Livingston berichtet wird – eigentlich ist es eine Biografie von Livermore. Das Buch „Reminiscences of a Stock Operator" von Edwin Lefèvre wurde ein Bestseller und ist auch heute noch gefragt. Vieles von dem, was Livermore entdeckte, einschließlich des Trend-Tradings, war seiner Zeit weit voraus und ziemlich umstritten.

Als Livermore 20 Jahre alt war, hatte er so viel Geld verdient, dass er seine Arbeit aufgab, um Vollzeit als Aktienspekulant zu arbeiten. Er begann mit dem Trading in unregulierten „Bucket Shops", nicht lizenzierten Brokerfirmen, die eher Spielhöllen als Brokerfirmen waren. In den Bucket Shops schlossen die Kunden Richtungswetten ab, die vom Shop selbst verbucht und nicht in den Markt investiert wurden.

Livermore war so erfolgreich darin, die Richtung des Marktes zu erraten, dass er zunächst aus jedem Bucket Shop in Boston und schließlich auch in den USA verbannt wurde. Die Besitzer der Bucket Shops waren immer auf der Suche nach dem Trader, dem sie den Spitznamen „The Boy Plunger" gaben. Livermore musste sich oft verkleiden, um sich in einen Bucket Shop zu schleichen und wenigstens einen Tag lang zu traden.

Seinen Spitznamen erhielt er wegen seines jugendlichen Aussehens, aber auch wegen seiner Strategien: Wenn er sicher war, dass er richtiglag, „stürzte" (englisch: to plunge) er sich mit seinem ganzen Geld in eine Position und verdiente riesige Summen, wenn er richtig tippte; dabei vernichtete er jedoch die Konten der Bucket Shops.

Livermore hörte auf, in Bucket Shops zu gehen, nachdem sein Leben von einem unangenehmen Besitzer bedroht worden war, der es nicht gewohnt war, Geld an Kunden zu verlieren. In gewisser Weise war dies ein Segen; Livermore begann, bei traditionellen Brokern zu traden, obwohl er seine Strategien anpassen musste. Er wechselte vom Trading in den Bucket Shops zum Trading am Big Board, dem Spitznamen für die New Yorker Börse (NYSE).

Ein brillanter Trader mit Fehlern

Obwohl Livermore ein begnadeter Trader war, machte er viele Fehler. Einer der größten war vielleicht, dass er unwissentlich vom Trading zum Spekulieren überging. Dies war einer der Gründe, warum er dreimal in Konkurs ging. Am meisten Kummer bereitete ihm seine Strategie des Plungings und die Tatsache, dass er seine eigenen Regeln nicht befolgte.

Glücklicherweise gaben ihm die Brokerfirmen, mit denen er Geschäfte machte, jedes Mal, wenn Livermore in Konkurs ging, gern Startkapital, da sie wussten, dass er mit seinen Trading-Skills das verlorene Geld schließlich zurückgewinnen würde.

Livermore lernte aus seinen Erfahrungen, dass Short-Trading sehr unberechenbar war. An manchen Tagen war er sehr erfolgreich. Einmal hat er zum Beispiel innerhalb weniger Tage 10.000 Dollar in 50.000 Dollar verwandelt, indem er auf nur eine Aktie setzte. Tage später verlor er dann alle Gewinne, die er gerade gemacht hatte. Er ging oft short, was zu jener Zeit nicht gerade eine beliebte Strategie war.

Schließlich wandelte sich Livermore von einem Day-Trader, der auf kleine Aktienschwankungen wettete, zu einem längerfristigen Trend-Trader.

Es brauchte Jahre, aber Livermore lernte schließlich, auf Hinweise zu warten, die ihm sagten, wann er kaufen oder verkaufen sollte. Manchmal waren die Hinweise Ahnungen, manchmal beruhten sie auf Informationen, die er gehört hatte. Er verbrachte einen Großteil seiner Zeit mit dem Studieren von Aktienkursen, die die Grundlage für seine Trading-Strategien bildeten.

Livermores Trading-Methoden

Livermore lernte auch, dass es wichtig war, den gesamten Aktienmarkt zu beobachten, da dieser ebenfalls Hinweise auf die Marktrichtung gab. In der Tat sagte er, dass das Beobachten der allgemeinen Marktbedingungen eine seiner größten Entdeckungen war. Außerdem suchte er nicht mehr nach Prognosen, was der Markt als Nächstes tun würde, wie es früher seine Strategie gewesen war, sondern nach Signalen, die ihm halfen zu entscheiden, wann er kaufen oder verkaufen sollte.

Livermore entwickelte schließlich ein „regelbasiertes" Trading-System. Er sagte oft, dass er, wenn er seine Regeln befolgte, Geld verdiente. Wenn er seine Regeln nicht befolgte, verlor er Geld.

Er machte weitere Entdeckungen. Livermore begann, eine Strategie namens *Pyramiding* anzuwenden, eine Taktik, die darin bestand, Positionen aufzustocken, wenn sie im Preis stiegen. Die Idee, mehr Aktien zu kaufen, wenn man eine Wette gewinnt, erhöht die Rendite.

Wenn die Aktie weiter anstieg und Livermore richtiglag, konnte er seine Gewinne erheblich steigern. Ein weiterer Preisanstieg bestätigte, dass er recht hatte. Durch den Zinseszinseffekt stiegen die Erträge, was häufig zu großen Gewinnen führte.

Kaufen bei neuen Höchstständen

Livermore kaufte auch Aktien, nachdem sie einen neuen Höchststand erreicht hatten, eine Methode, die später von vielen erfolgreichen Investoren und Tradern wie Nicolas Darvas und William O'Neil angewandt wurde.

Eine der besten Ideen von Livermore war es, vor einer Investition zu „sondieren". Früher hatte er immer 1.000 Aktien auf einmal gekauft. Manchmal lag er richtig und machte Geld, aber wenn er falschlag, waren die Verluste enttäuschend. Bei der Sondierung kaufte er zunächst nur 200 Aktien, und wenn sich dies als richtig erwies, fügte er immer wieder 200 Aktien hinzu, bis er die vollen 1.000 Aktien besaß.

Im Grunde kaufte er zu Beginn eines Trades kleine Positionen, um zu testen, ob sich die Aktie in die richtige Richtung bewegte. War die erste Sondierung erfolgreich, fügte er seinen erfolgreichen Geschäften weitere Aktien hinzu: Er kaufte mehr Aktien, wenn sie weiter stiegen, und leerverkaufte mehr Aktien, wenn sie weiter fielen.

Wie Livermore Millionen machte

Livermore setzte weiterhin auf Pyramiden- und Sondierungsstrategien, und sie funktionierten. Am 24. Oktober 1907 machte Livermore mit seinen Methoden drei Millionen Dollar an einem einzigen Tag, indem er den Markt leerverkaufte, als er abstürzte.

Der einzige Grund, warum er mit dem Leerverkauf aufhörte, war, dass der berühmteste Banker Amerikas, J. P. Morgan, ihn persönlich darum bat, aufzuhören, um einen finanziellen Zusammenbruch zu verhindern. Livermore erzählte anderen, dass er sich wie ein „König für einen Tag" fühlte. Es war seine Sternstunde und sein Ansehen wuchs im gleichen Maß wie sein Bankkonto.

Schließlich entwickelte Livermore eine Strategie, bei der er nach „großen Ausschlägen" im Markt Ausschau hielt. Er entdeckte, dass er beträchtliche Gewinne erzielen konnte, wenn er Marktführer, das heißt Aktien, die an starken Aufwärtstrends teilnahmen, ausfindig machen konnte, und das tat er auch. Er nahm an der Hausse der 1920er-Jahre teil und profitierte wie alle anderen auch.

Shorting im Bullenmarkt von 1929

Ende 1928 begann Livermore jedoch zu glauben, dass der Markt überbewertet war. Wie die meisten Menschen wissen, war der Markt ein Jahrzehnt lang in einem phänomenalen Tempo gestiegen. Als der Markt im Sommer 1929 begann, sich seitwärts zu bewegen, nahm Livermore Sondierungen auf der Short-Seite vor. Er achtete darauf, dass seine Sondierungen funktionierten, auch wenn viele von ihnen kostspielig waren.

Es gab viele Anzeichen dafür, dass sich auf dem Aktienmarkt Probleme zusammenbrauten. Erstens erreichten die führenden Aktien zu diesem Zeitpunkt keine neuen Höchststände mehr, was sich als Warnhinweis erwies, auch wenn das damals nur wenige wussten.

Darüber hinaus verkauften kluge Trader wie Bernard Baruch und Joseph Kennedy im Stillen ihre Positionen, als der Markt weiter anstieg. Im Nachhinein betrachtet war der Markt so überkauft, dass es nicht genug Käufer gab, um den Markt viel höher zu treiben.

Im Oktober 1929 brach der Markt zusammen. Nachdem seine Sondierungen funktioniert hatten, stürzte sich Livermore auf der Short-Seite mit Marge in den Markt und machte in einer Woche mehr als 100 Millionen Dollar. Einige Leute gaben ihm sogar die Schuld an dem Absturz, weil er einer der wenigen war, die davon profitiert hatten. Wie die meisten wissen, verloren Millionen von Anlegern an der Börse alles, und bald darauf folgte die Große Depression.

Livermores Untergang

Selbst nachdem er 1929 ein Vermögen gemacht hatte, meldete Livermore 1934 zum dritten Mal Konkurs an, nur fünf Jahre nach dem größten Auszahlungstag seines Lebens. Während des Börsencrashs von 1929 brachte ihm das Plunging zwar ein Vermögen ein, aber er ging durch diese Strategie auch bankrott. Das ist so, als würde man im Casino alles auf Rot oder Schwarz setzen; es ist das genaue Gegenteil von richtigem Risikomanagement.

Der Verlust seines gesamten Geldes und andere persönliche Probleme führten dazu, dass Livermore schwer depressiv wurde. Im Jahr 1940, als er sich in einer tiefen Depression befand, bestellte er an der Bar seines New Yorker Lieblingsrestaurants einen Drink, stand auf, ging in die Garderobe und beging mit einer Schusswaffe Selbstmord.

Obwohl Livermore einst millionenschwer war, sich mit glamourösen Schauspielerinnen verabredete und mehrere große Häuser und Boote besaß,

> wurde sein Vermögen zum Zeitpunkt seines Todes im Alter von 63 Jahren auf weniger als 10.000 Dollar beziffert.
>
> ***Hinweis:*** Teile dieser Erzählung wurden in meinem Buch „Make Money Trading Options“ (McGraw Hill, 2021) veröffentlicht.

• • • • • •

Nachdem Sie nun erfahren haben, wie die Profis mit Bärenmärkten umgehen, ist es an der Zeit, die nächste Seite aufzuschlagen und über Verkaufsstrategien und -taktiken zu sprechen. Der Kauf von Aktien ist zwar oft angenehmer, aber wenn man sich nicht die Zeit nimmt, um zu lernen, wie man verkauft, kann man leicht einen Teil oder seine gesamten hart verdienten Gewinne verlieren.

Als besonderes Extra zeige ich Ihnen im sechsten Teil auch, wie Sie gedeckte Calls (gedeckte Kaufoptionen) verkaufen können, eine Optionsstrategie, mit der Sie monatliche Einnahmen oder Cashflow erzielen können. Selbst wenn Sie noch nicht bereit sind, gedeckte Calls zu verkaufen, ist dies eine Strategie, die Sie kennen sollten.

TEIL 6

VERKAUF VON AKTIEN UND OPTIONEN

Ob Sie es glauben oder nicht, dies ist der letzte Teil (die Zeit vergeht wirklich schnell!). In diesem Buch haben Sie eine Reihe verschiedener Kauf- und Verkaufssignale mithilfe der Technischen Analyse kennengelernt. Zum Abschluss möchte ich noch auf verschiedene Verkaufsstrategien und -taktiken eingehen. Ich hoffe, dass Sie erkennen, dass der Verkauf einer Position genauso wichtig ist wie der Kauf.

Ich habe auch eine beliebte Optionsstrategie aufgenommen, die für alle interessant ist, deren Hauptziel der Kauf und das Halten von Aktien ist. Diese Strategie, der *Verkauf gedeckter Calls*, ist für konservative Anleger gedacht, die ihre Aktien für kurze Zeiträume an Optionskäufer „vermieten" wollen. Als Gegenleistung für das „Ausleihen" der Aktien erhalten Sie einen Ausgleich, das heißt Bargeld.

Sie fragen sich vielleicht, was eine Optionsstrategie in einem Buch über den Aktienmarkt zu suchen hat. Der Grund dafür ist einfach: Dies ist eine ausgezeichnete Strategie zum Geldverdienen für jeden, der sich mit dem Aktienmarkt auskennt (und das tun Sie jetzt). Es besteht keine Eile, diese Strategie zu erlernen, aber sie ist da, wenn Sie daran interessiert sind.

Lassen Sie uns nun verschiedene Strategien für den Verkauf von Aktien diskutieren.

Kapitel 18

DIE KUNST DES VERKAUFENS

Die meisten Trader und Anleger verbringen viel Zeit damit, darüber nachzudenken, welche Aktien sie kaufen sollten, aber weniger Zeit damit, über den Verkauf nachzudenken. In Wirklichkeit ist der Verkauf nicht nur genauso wichtig wie der Kauf, sondern in vielerlei Hinsicht sogar noch wichtiger.

Während der Kauf eine angenehme Erfahrung ist, weil wir erwarten, Geld zu verdienen, und sogar noch mehr Spaß macht, wenn wir erfolgreiche Aktien auswählen, kann der Verkauf zum richtigen Zeitpunkt eine Herausforderung sein. Es scheint, dass man, egal wann eine Aktie verkauft wird, nie den höchsten Preis erzielt. Das ist für viele Trader frustrierend.

Wenn Sie zu früh verkaufen, ist es ärgerlich, wenn Sie eine Aktie steigen sehen und denken, dass Sie Gewinne verpasst haben, selbst wenn Sie Gewinne erzielt haben. Wenn man zu spät verkauft, ist es ärgerlich zu sehen, wie aus einem Gewinner ein Verlierer wird.

Nichts ist schmerzhafter für Ihr Ego und Ihr Konto als der Verlust all Ihrer bisherigen Gewinne. Einige Anleger lösen dieses Problem, indem sie eine „Niemals verkaufen“-Haltung einnehmen. Während dieser Gedanke während der Hausse funktioniert, kann er während einer Korrektur oder einer Baisse zu großen Verlusten führen.

Letztendlich ist es eine persönliche Entscheidung, ob und wann Sie verkaufen. Da Sie dieses Buch lesen, gehe ich davon aus, dass Sie es vorziehen, Indikatoren und Oszillatoren zu verwenden, um Ihre Ausstiegsentscheidung zu treffen. Das ist klug.

Ich stelle Ihnen einige Strategien vor, die nützlich sein könnten. Einige werden Sie sinnvoll finden, andere vielleicht nicht. Wählen Sie diejenigen aus, die für Sie am sinnvollsten sind, und ignorieren Sie den Rest.

Verkauf von Aktien

Wie Sie wissen, gibt es zwei Hauptgründe für den Verkauf von Aktien oder anderen Wertpapieren. Erstens: verkaufen, um Gewinne zu sichern. Zweitens: verkaufen, um Verluste zu vermeiden. Vor diesem Hintergrund sollten wir uns eine Reihe von Verkaufsstrategien und -taktiken anschauen.

Drei grundlegende Richtlinien für den Verkauf

Hier sind drei der grundlegendsten Richtlinien für den Verkauf, die jeder berücksichtigen sollte:

1. **Verwenden Sie eine Limit-Order, keine Market-Order.** Mit einer Limit-Order kontrollieren Sie den Preis, aber nicht immer den Zeitpunkt. Bei einer Market-Order haben Sie die Kontrolle über das Timing, aber es kann sein, dass sie nicht zu einem für Sie günstigen Kurs ausgeführt wird. Deshalb sind Limit-Orders in der Regel die bessere Wahl, auch wenn die Ausführung dieser Order mehr Zeit in Anspruch nimmt.

Auf der anderen Seite kann die Verwendung einer Limit-Order dazu führen, dass der Verkauf gänzlich verpasst wird. Das ist der Fall, wenn sich der Aktienkurs gerade dann ändert, wenn Ihre Order eingegeben wird.

2. **Verwenden Sie niemals eine Market-Order im vorbörslichen Trading.** Und ich meine wirklich *niemals*. Glücklicherweise blockieren einige Broker vorbörsliche Market-Orders, und das ist auch gut so. Überlassen Sie das Trading nach Feierabend den Profis.
3. **Haben Sie es nicht eilig, eine Aktie zu verkaufen.** Selten ist es notwendig, eine Aktie „sofort" zu verkaufen. Die einzige Ausnahme ist dann gegeben, wenn Sie in einem sich schnell bewegenden Markt Verluste sofort reduzieren oder Gewinne sichern müssen. In der Regel führt der Adrenalinrausch, den man verspürt, zu schlechten Entscheidungen.

Jetzt stelle ich zwei wichtige Verkaufsstrategien vor.

Strategie Nr. 1: Verlierer schnell verkaufen

Die wichtigste Regel für das Risikomanagement lautet: Verlierer schnell verkaufen. Jeder Trader hat eine andere Definition für „Verlierer" und „schnell". Ein *Day-Trader* kann beispielsweise eine Aktie mit Verlust innerhalb von Minuten verkaufen. Andererseits können *Swing-* oder *Positions-Trader* je nach ihrem Gewinn/Verlust-Ziel eine Woche oder einen Monat später verkaufen. Unabhängig davon, wann Sie verkaufen, besteht das Ziel darin, einen verlustreichen Trade rechtzeitig zu beenden.

Darüber hinaus können Sie jede Aktienposition, die im Minus liegt, als *Verlierer* definieren. Für mich ist ein Verlierer eine Position, die einen vorher festgelegten Prozentsatz verloren hat. Sie könnten zum Beispiel Ihre Verluste begrenzen, wenn der Aktienkurs um drei bis fünf

Prozent fällt. Andere können ihre Verluste bei sieben oder acht Prozent kappen. Es gibt keine richtige Antwort, denn sie hängt von Ihren Zielen für die Aktie ab.

Es ist nicht leicht, Verlierer auszusortieren. Trader gehen mit großen Hoffnungen ihre Geschäfte ein, und wenn sich der Aktienkurs in die falsche Richtung entwickelt, fällt es manchen Tradern schwer, zuzugeben, dass sie sich geirrt haben.

Viele glauben, dass die Verlustaktie wieder ins Gleichgewicht kommt oder sich auf wundersame Weise erholt, wenn sie noch ein wenig länger durchhalten. In der realen Welt neigen Verlierer-Aktien dazu, weiter zu verlieren. Und doch können viele Trader ihre Lieblinge einfach nicht loslassen (erinnern Sie sich, als David und seine Freunde sich in Athenex verliebten?).

Wenn es Ihnen hilft, sich daran zu erinnern, hängen Sie eine Notiz mit der Aufschrift „Verkaufe Verlierer" an Ihre Wand oder Ihren Computer. Manchmal wird aus einer Verlustaktie ein Gewinner, aber nicht oft genug, um diese Regel zu ignorieren. Wenn jemand eine bessere Verkaufsstrategie hat, lassen Sie es mich bitte wissen. Bis dahin: Verkaufen Sie Verlierer!

Strategie Nr. 2: Festlegen eines Stop-Loss-Kurses oder -Prozentsatzes

Dies ist eine der grundlegendsten Verkaufsstrategien, aber auch eine der wichtigsten. Bevor Sie eine Aktie kaufen, sollten Sie sich im Voraus darüber im Klaren sein, an welchem Punkt Sie den Trade beenden wollen. Nachdem Sie den Kauf getätigt haben, geben Sie die Stop-Loss-Order ein. Jeder Trader kann seinen eigenen Stop-Loss-Kurs oder -Prozentsatz festlegen.

Wie bereits erwähnt, ist es eine vernünftige Strategie, Verluste auf höchstens sieben bis acht Prozent zu begrenzen. Jeder Trade ist anders, also seien Sie flexibel bei der Verkaufsentscheidung.

Sie können einen mentalen oder harten Stop-Loss setzen (die wir im Exkurs am Ende dieses Kapitels besprechen), aber die Hauptregel ist einfach: Legen Sie selbst einen bestimmten Prozentsatz oder Betrag fest. Dadurch wird verhindert, dass ein kleiner Verlust zu einem großen Verlust wird.

Wenn eine Aktie sinkt, ist das nicht der Zeitpunkt für Hoffnungen oder Wünsche. Fragen Sie sich selbst: Warum halte ich diese Aktie zu ihrem aktuellen Kurs? Begrenzen Sie den Verlust an dem von Ihnen festgelegten Punkt und setzen Sie das Geld anderweitig ein.

> *Fazit:* Das Befolgen dieser einen Regel verhindert schwere Verluste. Das Problem ist, dass unsere Emotionen, in der Regel die Hoffnung, uns daran hindern, zu verkaufen, wenn unser Stop-Loss-Kurs erreicht ist.

Manchmal müssen Sie die Regeln brechen

Einer der Gründe, warum Trading ebenso sehr Kunst wie Wissenschaft ist, sind die Ausnahmen. Sie haben gerade gelesen, dass man Verlierer schnell zu einem bestimmten Kurs verkaufen sollte. Und doch gibt es Zeiten, vor allem bei der Markteröffnung, in denen dies der falsche Schritt sein kann.

Ein Beispiel: Sie wachen eines Morgens auf und stellen fest, dass Ihre Aktie vorbörslich um zehn Prozent gefallen ist. Vielleicht hat das Unternehmen die Schätzungen verfehlt oder es gab eine negative Schlagzeile. Wenn der Markt öffnet, ist Ihre Aktie um zwölf Prozent oder mehr gefallen. Ich habe das schon Dutzende Male bei einigen der besten Unternehmen der Welt erlebt.

Wenn der Aktienkurs eines starken Unternehmens einbricht, sollten Sie nicht in Panik geraten. Es ist möglich, dass der Rückgang nur vorübergehend ist, sodass es in diesem Fall ratsam ist, abzuwarten. Dies ist einer der Fälle, in denen Sie die Regel „Verluste begrenzen“ ignorieren müssen.

Die Chancen stehen gut, dass die Aktienkurse starker Unternehmen ihre Verluste größtenteils, wenn nicht sogar vollständig, wieder aufholen. Vieles hängt vom Grund des Ausverkaufs ab; manchmal kann es lange dauern, bis sich die Aktien erholen.

Wenn Sie in Panik geraten, ist das der falsche Zeitpunkt für einen Verkauf. Es ist jedoch der richtige Zeitpunkt, um sich den Plan anzuschauen, den Sie erstellt haben, um solche Rückschläge zu überwinden. Sie haben doch einen Plan für Notverkäufe, oder? Wenn nicht, ist es an der Zeit, einen Plan zu erstellen, der genaue Anweisungen enthält, was im Katastrophenfall zu tun ist.

> *Fazit:* Meistens ist es die richtige Entscheidung, das finanzielle Ausbluten zu stoppen und die Verluste zu begrenzen. Gelegentlich ist es angebracht, noch eine Weile zu warten, vielleicht sogar noch ein paar Tage, um zu sehen, wie die Aktie reagiert.

Ich hoffe, dass Sie nach der Lektüre dieses Abschnitts genauso viel darüber nachdenken, wann Sie verkaufen sollten, wie darüber, wann Sie kaufen sollten. Die folgende Strategie soll Ihnen den Einstieg erleichtern.

Einen Verkaufsplan haben

Ein Verkaufs- oder Trading-Plan ist eine Liste von „Was zu tun ist"-Regeln. Wenn man keinen Plan hat, vor allem bei volatilen Märkten, trifft man spontane Entscheidungen, und das führt oft zu zufälligen Trading-Ergebnissen. Ein Plan oder ein Skript, ähnlich einer Straßenkarte, hilft Tradern, in Zeiten emotionalen Stresses gute Entscheidungen zu treffen.

Es ist gut, sowohl einen Plan zur Gewinnmitnahme als auch einen Fluchtplan für Verlustgeschäfte zu haben. Überlegen Sie vor dem Kauf einer Aktie, zu welchem Kurs Sie Verluste begrenzen oder Gewinne sichern wollen.

Nutzen Sie die zahlreichen Verkaufssignale, die in den Kapiteln zur Technischen Analyse erwähnt wurden. Oder vielleicht sagt Ihnen Ihre Analyse, dass Sie nur einen Gewinn von 20 Prozent erwarten können. Legen Sie in diesem Fall diesen Wert als Ziel fest und erteilen Sie eine Verkaufsorder in der Nähe dieses Kurses.

Sie haben viele Möglichkeiten. Das Wichtigste ist, dass Sie eine solide Verkaufsstrategie haben, die Sie umsetzen können, sobald Sie die Eingabetaste drücken und die Aktien kaufen.

> *Tipp:* Verwenden Sie die Software Ihres Brokers, um Warnungen einzurichten, einschließlich Verkaufsauslöser, wenn bestimmte Preispunkte erreicht werden. Durch die Automatisierung eines harten Stopps wird der Entscheidungsprozess aufgehoben und der Verkauf des Finanzprodukts erzwungen.

Leider gibt es an der Börse keine Möglichkeit, einen Rückzieher zu machen. Wenn Sie einen Fehler machen oder Geld verlieren, aus welchem Grund auch immer, ist das Geld weg. Denken Sie nach dem Verkauf einer Position nicht daran, wie viel Geld Sie „hätten verdienen können", wenn Sie nicht verkauft hätten.

Sie haben nur die Möglichkeit, aus Ihren Fehlern zu lernen und es beim nächsten Mal besser zu machen. Je schneller Sie Verluste als Teil Ihrer Geschäftstätigkeit als Trader akzeptieren können, desto besser. Nutzen Sie diesen Schmerz, um ein besser informierter Trader, Investor und Mensch zu werden.

Manche Trader können eine Niederlage nicht akzeptieren und wollen sich an einer Aktie rächen. Tappen Sie nicht in diese emotionale Falle. Wenn Sie Geld verlieren, lassen Sie es liegen und gehen Sie zu einem anderen Trade über. Es gibt viele Fische im Börsenmeer.

Da ich Sie nun zum Nachdenken gebracht habe, lassen Sie uns einige spezifische Verkaufstaktiken erörtern, die bei der Verwaltung von Positionen hilfreich sein können.

Taktik #1: Aus einer Position aussteigen, wenn eine Aktie überkauft ist

Es ist nicht leicht zu verkaufen, wenn die Aktie weiter steigt. Bei guten Gewinnen kann es dennoch ratsam sein, aus der Position teilweise (zum Beispiel zu einem Viertel oder zur Hälfte) auszusteigen. Der wichtigste Punkt ist, darüber nachzudenken, etwas vom Tisch zu nehmen. Sicherlich werden Sie weitere Gewinne verpassen, wenn die Aktie weiter steigt. Die Alternative ist jedoch, dass man zusehen muss, wie ein ansehnlicher Gewinn schwindet. Leider kann niemand vorhersagen, welche Aktien weiter steigen und welche zurückgehen werden.

Wie das Sprichwort sagt: „Vorsicht ist besser als Nachsicht." Disziplin bedeutet, das Gefühl der Gier zu ignorieren und zumindest einen Teil der Position zu verkaufen, wenn eine Aktie oder ein Index extrem überkauft ist.

Sie haben bereits über das *Einsteigen* in eine Position durch Zukäufe (Skalierung) gelesen. Das gleiche Verfahren gilt für das *Verlassen* einer Position. Wenn Sie zum Beispiel 1.000 Aktien besitzen, verkaufen Sie 250 Aktien auf einmal. Wenn Sie Gründe haben, mehr zu verkaufen, vielleicht 500 Aktien, dann tun Sie das. Diese strategische Verkaufsmethode ist besser als pauschale Verkäufe in Panik.

Früher wäre diese Strategie mit hohen Provisionskosten verbunden gewesen, aber das ist vorbei. Sie können aus einer Position mit so vielen oder so wenigen Anteilen aussteigen, wie Sie möchten, und das kostenlos, da fast alle Brokerfirmen provisionsfrei arbeiten.

Taktik #2: Die Hälfte (oder alles) verkaufen

Diese Strategie ist vergleichbar mit dem skalierten Ausstieg aus einer Position, allerdings in weniger Schritten. Beginnen Sie mit dem Verkauf der Hälfte der Position und verkaufen Sie dann die andere Hälfte. Vielleicht fällt die Aktie schnell und Sie möchten Ihre Verluste schnell begrenzen. Oder vielleicht hat der Aktienkurs bei der Eröffnung einen

Sprung nach oben gemacht und Sie möchten einen Teil des Gewinns sichern und die andere Hälfte steigen lassen. In beiden Beispielen ist der Verkauf der Hälfte eine gute Strategie.

> ***Hinweis:*** Ich habe festgestellt, dass der Verkauf der gesamten Position bei Verlierern oft am besten funktioniert. Bei Gewinnern ist es jedoch oft ratsam, nur die Hälfte zu verkaufen und den Rest zu behalten. Die Theorie besagt, dass die Gewinner immer wieder gewinnen und die Verlierer immer wieder verlieren.
>
> Denken Sie an dieses wichtige Zitat des Finanziers und Traders Bernard Baruch: „Ich habe bei meinen Börsengeschäften immer wieder eine Aktie verkauft, während sie noch stieg – und das war ein Grund, warum ich mein Vermögen behalten habe."

Taktik #3: Schnell verkaufen, wenn Sie einen Fehler machen

Es ist ärgerlich, wenn eine neue Position sofort anfängt, Geld zu verlieren. Vielleicht sind Sie zu einem ungünstigen Zeitpunkt eingestiegen oder die Order wurde schlecht ausgeführt. Es könnte zu unmittelbaren Verlusten kommen und dagegen ist nichts zu machen. Das heißt aber nicht, dass Sie einen Fehler gemacht haben.

Manchmal laufen die Märkte gegen Ihre Indikatoren. Das ist ein Teil des Tradings. Sie müssen sich darüber im Klaren sein, dass diese Indikatoren nicht immer zu 100 Prozent funktionieren. Geben Sie also nicht immer sich selbst die Schuld, wenn Sie mit einem Geschäft Geld verlieren. Ihre Aufgabe ist es nun, den Trade zu verwalten.

Wenn die Indikatoren immer noch ein Kaufsignal geben, sollten Sie den Trade fortsetzen. Andererseits gibt es auch Geschäfte, die als Verlierer eingestuft werden müssen, und wenn dies der Fall ist, sollten Sie nicht zögern, zu verkaufen, selbst wenn dies am selben Tag geschieht, an dem Sie Ihren Kauf getätigt haben. Einige Leser mögen das als Day-Trading betrachten, und vielleicht ist es das auch, aber es ist besser, die Verluste schnell zu begrenzen, als auf einer Position sitzen zu bleiben, die nicht in Ihr Portfolio gehört.

> *Fazit:* Es ist nicht verkehrt, aus einem schlechten Geschäft schnell auszusteigen. Das ist ein notwendiger Bestandteil des Tradings. Starten Sie an einem anderen Tag einen neuen Versuch.

Taktik #4: Verschieben Sie einen Teil Ihres Gewinns in weniger riskante Produkte

Sie haben bereits gelesen, wie Jesse Livermore während des Börsencrashs von 1929 in einer Woche über 100 Millionen Dollar verdient hat. Danach spekulierte er weiter mit riskanten Strategien wie Verdoppeln und Plunging. Infolgedessen verlor er innerhalb von fünf Jahren sein gesamtes Geld. Am meisten bedauerte er, einen Teil seiner Gewinne nicht in Bargeld oder festverzinsliche Wertpapiere umgeschichtet zu haben.

Das ist auch einem meiner früheren Nachbarn passiert. Er saß auf einem Gewinn von über 800.000 Dollar in einer Aktie. Anstatt Anteile zu verkaufen, um seine Hypothek zu tilgen oder etwas für Notfälle zurückzulegen, hielt er um jeden Preis an den Papieren fest.

Als die Aktie während einer Baisse zusammenbrach, verlor er den Großteil seines Geldes und auch sein Haus, weil er die Hypothekenzahlungen nicht mehr leisten konnte. Ich hatte ihn gewarnt, dass er zu viel Geld in einer Aktie hatte, aber er wies meine Bedenken mit den Worten zurück: „Ich weiß, was ich tue."

Hier ist ein Vorschlag: Lernen Sie aus den Fehlern anderer, auch aus denen meines Nachbarn. Nehmen Sie routinemäßig *einige* Gewinne vom Tisch, nur für den Fall, dass ein Worst-Case-Szenario eintritt. Das bedeutet nicht, dass man alles verkaufen muss, nur weil man große Gewinne erzielt. Aber denken Sie darüber nach, einen Teil der Position zu verkaufen und die Erträge sicherer anzulegen.

Taktik #5: Frühzeitig verkaufen

Einige der erfolgreichsten Anleger der Geschichte behaupten, dass sie früh verkaufen. Auf die Frage nach seinem Erfolgsgeheimnis antwortete der Contrarian Nathan Rothschild: „Ich kaufe nie am Tiefpunkt und ich verkaufe immer frühzeitig."

Außerdem sagte der Investor Bernard Baruch auf die Frage, wie er reich geworden sei: „Ich habe mein Geld damit verdient, dass ich frühzeitig verkauft habe."

Auch wenn frühzeitiges Verkaufen gegen fast alles verstößt, was in der Ausbildung gelehrt wird, hilft diese Regel, die Rolle von Emotionen, insbesondere von Angst und Gier, bei Ihrem Trade zu verringern. Zugegeben, es ist nicht einfach, frühzeitig zu verkaufen, vor allem nicht mit großen Gewinnen, aber niemand weiß, dass es zu früh ist, wenn der Trade getätigt wird.

Anstatt zu versuchen, den letzten Penny aus einer Transaktion herauszuquetschen, geht es darum, zu einem Kurs zu verkaufen, der einen angemessenen Gewinn bringt. Diese Strategie verringert auch das Marktrisiko. Rothschilds Regel: Sie müssen bereit sein, auf potenzielle Gewinne zu verzichten, um das Risiko zu verringern.

Diese Taktiken und Richtlinien sind nicht als das letzte Wort zu verstehen. Je mehr Sie traden, desto mehr werden Sie lernen, wann Sie mit einem zufriedenstellenden Gewinn verkaufen sollten. Leider gibt es nie einen „besten" Zeitpunkt, weil wir immer denken, wir hätten es besser machen können.

STOP-LOSS-ORDER UND TIME STOP

In diesem Abschnitt stelle ich zwei Methoden zum Verkauf von Aktien oder anderen Wertpapieren vor. Die eine ist die traditionelle Stop-Loss-Methode und die andere ist eine Methode, von der Sie vielleicht noch nichts gehört haben (es sei denn, Sie haben meine anderen Bücher gelesen).

Stop-Loss-Order: Schutz vor Katastrophen

Es gibt viele Möglichkeiten, den Wert Ihres Portfolios zu schützen, falls sich eine oder mehrere Ihrer Aktien in die falsche Richtung entwickeln. Einige Trader verwenden „mentale" Stop-Loss-Orders, das heißt, sie überlegen sich ein Kursziel und verkaufen, wenn das Ziel erreicht ist. Andere richten eine Art Warnsystem ein, das sie benachrichtigt, wenn das Ziel erreicht ist.

Beide Methoden sind hervorragend, solange Sie die Warnungen nicht ignorieren, was nur allzu häufig der Fall ist. Daher ist eine „harte" Stop-Loss-Order die bessere Wahl. Dabei handelt es sich um eine Order zum Verkauf einer Position, wenn der Aktienkurs auf oder unter einem bestimmten Niveau gehandelt wird. Legen Sie einen bestimmten Betrag oder einen Prozentsatz des investierten Gesamtbetrags (zum Beispiel sieben Prozent des Aktienkurses) fest, den Sie bereit sind, bei diesem Trade zu verlieren.

Wenn ein Kauf getätigt wurde und die Stop-Loss-Order ausgeführt wird, gibt es zwei Möglichkeiten, was passieren könnte: Handelt es sich um eine Stop-Loss-Market-Order, wird der Verkauf automatisch zum besten verfügbaren Kurs ausgelöst. Handelt es sich um eine Stop-Loss-Limit-Order, wird sie zwar aktiv, kann aber unter Umständen nicht ausgeführt werden.

Ich kann gar nicht genug betonen, wie wichtig es ist, bereits beim Kauf von Aktien einen Verkaufspreis festzulegen. Es kann eine harte oder eine mentale Stop-Loss-Order sein, aber entscheiden Sie sich für einen Ausstiegspunkt.

Fazit: Wann immer Sie eine Position besitzen, legen Sie einen Ausstiegskurs als Teil Ihres Trading-Plans fest und gehen Sie nicht ohne diesen aus dem Haus.

Warnung: Wenn eine Aktie in einem volatilen Markt nach unten ausbricht, kann der nächste verfügbare Marktpreis um viele Punkte niedriger sein als der letzte Preis. Dies ist eines der Probleme mit harten Stop-Losses.

Time Stops: Verkaufen nach Kalender

Ein Time Stop ist eine nützliche, aber zu wenig genutzte Taktik, um Verluste zu begrenzen oder Gewinne zu sichern. Legen Sie nach dem Kauf von Aktien einen Zeitpunkt fest, zu dem Sie die Position verkaufen, unabhängig davon, ob sie rentabel ist. Legen Sie zum Beispiel nach dem Kauf von 100 Aktien fest, an welchem Tag oder zu welcher Uhrzeit Sie verkaufen wollen.

Diese Entscheidung hängt von Ihrer Trading-Strategie ab. Day-Trader werden natürlich einen Intraday-Time-Stop festlegen, während langfristige Trader eine Woche, einen Monat oder länger wählen. Sie können zum Beispiel bis Freitag verkaufen (was ich als Wochen-Trader bezeichne).

• • • • • •

Da Sie nun besser wissen, wann Sie verkaufen sollten, erfahren Sie im nächsten Kapitel, wie Sie gedeckte Calls verkaufen können. Es handelt sich um eine konservative Optionsstrategie, die Einkommen oder Cashflow bringt. Ich habe sie für all jene aufgenommen, die ihre eigenen Aktien nutzen wollen, um zusätzliches Einkommen zu erzielen.

Kapitel 19

VERKAUF GEDECKTER CALLS

Sie fragen sich vielleicht, was ein Kapitel über den Verkauf von Optionen in einem Buch über den Aktienmarkt zu suchen hat. Der Grund für die Aufnahme dieser Strategie in das Buch ist einfach: Nachdem Sie sich mit dem Aktienmarkt vertraut gemacht haben, möchten Sie vielleicht irgendwann zusätzliches Einkommen oder Cashflow erzielen, indem Sie Aktien, die Sie besitzen, an andere „vermieten".

Aus diesem Grund habe ich beschlossen, diese konservative Optionsstrategie, den Verkauf von gedeckten Calls (Covered Calls), in dieses Buch aufzunehmen. (Ein weiterer Grund war, dass ich ein Bestseller-Buch mit dem Titel „Keine Angst vor Optionen" geschrieben habe und eine der besten Strategien aus diesem Buch vorstellen wollte.)

Wenn Sie alle Hände voll zu tun haben, um sich mit dem Aktienmarkt vertraut zu machen, und keine Lust haben, etwas über Optionen zu lernen, können Sie dieses Kapitel getrost auslassen. Es wird auf Sie warten, wenn Sie diese Strategie in Zukunft nutzen wollen. Wenn der Gedanke, Optionen auf eigene Aktien zu verkaufen, jedoch faszinierend klingt, dann lesen Sie weiter. Sie werden in eine andere Welt eintauchen und ein völlig neues Vokabular verwenden.

Hinweis: Dies ist die verkürzte, einführende Version des Verkaufs von gedeckten Calls.

Warum Sie mit Optionen handeln sollten

Wenn Sie gehört haben, dass Optionen zu riskant oder nur etwas für Spekulanten sind, habe ich eine Überraschung für Sie. Obwohl es viele Optionsstrategien gibt, die spekulativ sind, ist die Strategie, die ich in diesem Kapitel vorstelle, für Investoren gedacht. Ich bin überzeugt, dass es Ihnen Spaß machen wird, über diese Strategie zu lesen – mit dem Verkauf von Optionen können Sie auf zwei Hochzeiten gleichzeitig tanzen.

Hier sind die vier wichtigsten Gründe, warum Sie Optionen kaufen oder verkaufen sollten:

- Einkommen erhöhen
- Aktienportfolio schützen
- Gegen das Aktienmarktrisiko absichern
- Spekulieren

In diesem Kapitel zeige ich Ihnen, wie Sie Ihr Einkommen durch den *Verkauf gedeckter Calls* steigern können. Bei der Covered-Call-Strategie verkaufen Sie Optionen auf Aktien, die Sie bereits besitzen, und erzielen so Einkommen oder Cashflow.

Verkauf von gedeckten Calls

Es gibt zwei Hauptgründe für den Verkauf von gedeckten Calls (auch bekannt als *Schreiben gedeckter Calls*):

1. Einkünfte erzielen oder Cashflow erhöhen mit Aktien, die Sie bereits besitzen.
2. Aktien verkaufen, die Sie nicht mehr in Ihrem Portfolio haben wollen.

Bei dieser Strategie „vermieten" Sie Ihre Aktien an den Optionskäufer. Im Gegenzug muss der Käufer eine Gebühr (die sogenannte *Prämie*) für das Recht zahlen, Ihre Aktien zu einem vorher festgelegten Preis (dem *Ausübungspreis*) zu kaufen. Die Prämie ist das Geld, das Sie dafür erhalten, dass Sie die Kontrolle über Ihre Aktien aufgeben.

> *Hinweis:* Die im obigen Absatz enthaltenen Fachbegriffe werden in diesem Kapitel noch ausführlich erläutert.

Das Risiko beim Verkauf gedeckter Calls besteht darin, dass der Kurs der zugrunde liegenden Aktie um mehr als die eingenommene Prämie fällt. Trotz dieses Risikos ist der Verkauf von gedeckten Calls eine der ersten Strategien, die Sie ausprobieren sollten, wenn Sie neu auf dem Optionsmarkt sind.

Optionenvokabular lernen

In vielerlei Hinsicht ist das Erlangen von Wissen über Optionen mit dem Erlernen einer neuen Sprache vergleichbar. Auf den ersten Blick mag das verwirrend erscheinen. Sobald Sie jedoch das einzigartige Vokabular gelernt haben und Ihren ersten Handel tätigen, wird es viel einfacher.

Im Folgenden finden Sie einige Fakten über Optionen, die Ihnen helfen sollen zu verstehen, wie sie funktionieren:

- Aktienoptionen sind Verträge, die ihren Inhabern das Recht geben, Aktien zu kaufen oder zu verkaufen. Jede Aktienoption ist an eine bestimmte Aktie, den sogenannten *Basiswert,* gebunden oder gekoppelt. Einer der Begriffe, die zur Beschreibung von Optionen verwendet werden, ist *Derivat,* was bedeutet, dass der Wert von einem anderen Finanzinstrument abgeleitet ist. In diesem Beispiel ist dieses Instrument eine bestimmte Aktie.

- Es gibt nur zwei Arten von Optionen: *Calls* und *Puts*. Mit Calls kann der Besitzer Aktien kaufen (eine bullishe Strategie), mit Puts kann er Aktien verkaufen (eine bearishe Strategie). Es gibt zwar Dutzende von ausgefallenen Optionsstrategien, aber alle basieren auf dem Kauf und Verkauf von Calls und Puts.
- In diesem Kapitel wird nur der *Verkauf* von Calls behandelt. Der Verkauf eines Calls auf Aktien, die Sie besitzen, wird als *Covered* Call (*gedeckter* Call) bezeichnet.
- Wenn Sie gedeckte Calls verkaufen, wird die Prämie im Voraus eingenommen und steht Ihnen zu. Dies ist der Hauptgrund, warum diese Strategie für Anleger sinnvoll ist und warum es wichtig ist, sie zu erlernen.
- Es gibt noch etwas, was Sie über Optionen wissen sollten: Ein *Call* entspricht dem „Recht", 100 Aktien zu kaufen. Somit entsprechen fünf Optionskontrakte 500 Aktien. Wenn Sie 200 Aktien besitzen, können Sie entweder einen oder zwei gedeckte Optionskontrakte verkaufen.
- Ein weiteres besonderes Merkmal von Optionen ist, dass sie einen *Verfallstermin* haben. Zu einem im Vertrag festgelegten Datum und Zeitpunkt läuft die Option aus. Sobald der Verfallstermin erreicht ist, wird eine Option entweder in eine Aktienposition umgewandelt oder sie ist wertlos (sie hat keinen Wert). Beim Verkauf von Optionen ist der Zeitablauf ein positives Feature.

Im Gegensatz zu Optionskäufern, die befürchten, ihr gesamtes Geld zu verlieren, wenn der Verfallstermin gekommen ist, begrüßen Optionsverkäufer ihn. Bei Ablauf der Frist können zwei gute Dinge passieren: Entweder verfällt die Option wertlos und die Optionsverkäufer halten weiterhin ihre Aktien (vorausgesetzt, ihre Strategie ist der Verkauf von gedeckten Calls), oder ihre Aktien werden zum Ausübungspreis verkauft, wodurch der gewünschte Gewinn gesichert wird.

- Der *Ausübungspreis* ist der festgelegte Preis, zu dem der Inhaber der Kaufoption die zugrunde liegende Aktie kaufen oder der Inhaber der Verkaufsoption sie verkaufen kann. Wenn Ihnen das verwirrend vorkommt, werden die Beispiele in diesem Kapitel mehr Licht ins Dunkel bringen.
- Der Verkauf von gedeckten Calls gilt als eine konservative Optionsstrategie, die weniger riskant ist als der Kauf von Calls und Puts. Das bedeutet nicht, dass es kein Risiko gibt, aber Optionsverkäufer verlieren in der Regel weniger Geld als Optionsspekulanten.

Wie man gedeckte Calls verkauft

Nachdem Sie nun ein grundlegendes Verständnis des Optionenvokabulars haben, das von Verkäufern (Schreibern) gedeckter Calls verwendet wird, wollen wir uns nun genauer ansehen, wie man gedeckte Calls verkauft. Zum Verständnis: Wenn Sie Kaufoptionen verkaufen, erhalten Sie Geld (die Prämie).

Im Gegenzug gehen Sie die Verpflichtung ein, zum Beispiel eine Kaufoption oder 100 Aktien zu einem bestimmten Preis (dem Ausübungspreis) in einem begrenzten Zeitraum (bis zum Verfallstermin) zu verkaufen. Unabhängig davon, wie sich der Aktienkurs entwickelt, können Sie die Prämie behalten.

Wenn Sie zum ersten Mal mit Optionen zu tun haben, wird Ihnen die Vorgehensweise im Laufe der Lektüre klarer werden. Vergewissern

Sie sich, dass Sie zunächst die Begriffe verstehen, bevor Sie handeln, was Zeit erfordert. Das folgende Beispiel sollte Ihnen dabei helfen.

Verkauf Ihrer ersten gedeckten Kaufoption

Am 17. Juni besitzen Sie 100 Aktien der ZYX Corporation, die derzeit zu 34 Dollar pro Aktie gehandelt werden. Nachdem Sie sich bei Ihrem Broker-Account angemeldet haben, sehen Sie sich die *Optionskette* an (eine Liste von Calls und Puts, die für den Handel verfügbar sind, mit ihrem aktuellen *Geld-/Briefkurs, Verfallsdatum* und *Ausübungspreis*).

Nachdem Sie die Optionskette studiert haben, beschließen Sie, einen Optionskontrakt (ein Kontrakt = 100 Aktien) mit einem Verfallsdatum am 18. Juli (in einem Monat) zu verkaufen. Sie wählen eine Option mit einem Ausübungspreis von 35 Dollar. Das bedeutet, dass der Inhaber der Kaufoption das Recht hat, Ihre Aktien zu 35 Dollar pro Aktie zu kaufen. Dieses Recht erlischt mit Ablauf des Verfallsdatums (das heißt am dritten Freitag des Verfallsmonats, in diesem Beispiel also am 18. Juli).

Ihre einzige Verpflichtung besteht darin, Ihre Aktien zu einem Preis von 35 Dollar pro Aktie zu verkaufen, unabhängig davon, wie hoch oder niedrig der Aktienkurs ist. Selbst wenn der Aktienkurs auf 40 Dollar steigt, sind Sie verpflichtet, Ihre Aktien zu 35 Dollar, dem Ausübungspreis, zu verkaufen.

> *Hinweis:* Sie müssen Ihre Aktien nur dann zum Ausübungspreis verkaufen, wenn der Optionsinhaber beschließt, die Option zum Kauf der Aktien *auszuüben*.

Wenn die Aktie bei Fälligkeit unter 35 Dollar liegt, wird der Inhaber der Kaufoption Ihre Aktien nicht übernehmen (die Option also nicht ausüben), und Sie können die Aktien sowie die erhaltene Prämie behalten.

Wenn Sie sich den Geld-/Briefkurs für den ZYX-Call vom 18. Juli ansehen, sehen Sie, dass der Geldkurs bei 2,40 Dollar pro Aktie liegt. Erwarten Sie daher, dass Sie für jeden verkauften Call mindestens 240 Dollar erhalten.

Hinweis: Wenn Sie 200 Aktien besitzen, beträgt die Prämie (das Geld, das Sie erhalten) für den Verkauf von zwei Calls 480 Dollar. Wenn Sie 500 Aktien besitzen, beträgt die Prämie für den Verkauf von fünf Calls 1.200 Dollar.

Nach dem Verkauf der Calls müssen Sie den zugrunde liegenden Basiswert (in diesem Fall die ZYX-Aktie) weiterhin besitzen, bis die Option am 18. Juli ausläuft. Es handelt sich um einen fairen Handel; im obigen Beispiel wurde Ihnen eine Prämie (240 Dollar) dafür gezahlt, dass Sie die Verpflichtung eingegangen sind, diese Aktien zu 35 Dollar zu verkaufen.

Was kann bei der Covered-Call-Strategie schiefgehen? Erstens würden Sie Geld verlieren, wenn der Kurs von ZYX um mehr als die Prämie sinkt. Das zweite Problem besteht darin, dass Sie Gewinne, die über dem Ausübungspreis liegen, nicht generieren können. Unabhängig davon, wie hoch ZYX steigt, sind Sie verpflichtet, 100 Aktien von ZYX zu 35 Dollar pro Aktie zu verkaufen. Wenn Sie glauben, dass Sie eine Gewinner-Aktie besitzen, die stark steigen wird, ist der Verkauf von gedeckten Calls nicht die richtige Strategie.

Der ideale Markt für einen Optionsverkäufer ist ein Markt, in dem sich die Aktien seitwärts oder leicht nach oben bewegen. In einem Seitwärtsmarkt ist es unwahrscheinlich, dass bestimmte Aktien sehr hoch steigen, weshalb der Verkauf von gedeckten Calls bei Anlegern so beliebt ist.

Tipp: Suchen Sie auf Ihrer Watchlist nach Aktien, die die Merkmale eines idealen Kandidaten für gedeckte Calls erfüllen. Eine Aktie, die flach oder leicht steigend ist, ist ein guter Ausgangspunkt. Das schlechteste Umfeld für den Verkauf gedeckter Calls ist ein Bärenmarkt oder eine Aktie, die sich auf dem Weg nach unten befindet.

Wenn Sie noch nicht sicher sind, wie man gedeckte Calls verkauft

Als ehemaliger Lehrer weiß ich, dass es Zeit braucht, um eine neue Strategie wie den Verkauf von gedeckten Calls zu erlernen. Ich erinnere mich auch an die Schwierigkeiten, die ich hatte, als ich mich zum ersten Mal damit befasste. Deshalb habe ich zusätzliche Beispiele angefügt, die Ihnen helfen sollen, diese Strategie besser zu verstehen. Das ist auch der Grund, warum ich einige der oben genannten Informationen in diesen Beispielen wiederholen werde.

Hinweis: Wenn Sie bereits wissen, wie man gedeckte Calls verkauft, können Sie den folgenden Abschnitt überspringen.

Ein bisschen tiefer graben

Der Grund für den Verkauf gedeckter Calls ist die Erzielung von Erträgen bei gleichzeitiger Verringerung des Risikos, das mit dem Besitz einer Aktie verbunden ist. Wenn der Aktienkurs fällt, wird der Verlust um die eingenommene Prämie reduziert. Bevor Sie eine Optionsstrategie anwenden können, müssen Sie von Ihrem Broker für den Optionshandel zugelassen sein.

Wie bereits erwähnt, gibt es zwei potenzielle Risiken: Erstens kann der Aktienkurs einbrechen, was bei Aktienbesitz immer ein Risiko darstellt. Zweitens gehen potenzielle Gewinne oberhalb des Ausübungspreises an den Optionsinhaber und nicht an Sie.

Wenn Sie einen gedeckten Call verkaufen, müssen Sie die zugrunde liegenden Aktien besitzen. Dann verkaufen Sie jemandem das „Recht“, diese Aktien zu einem bestimmten Preis (dem Ausübungspreis) zu kaufen, bis die Option ausläuft. Der Ausübungspreis ist Teil des Vertrags und ändert sich nicht, egal wie sich der Markt entwickelt.

Hinweis: Wenn Sie die zugrunde liegenden Aktien besitzen, ist der Call *gedeckt*. Wenn Sie die zugrunde liegenden Aktien nicht besitzen, spricht man von einer *ungedeckten* Kaufoption (*Naked* Call), eine Strategie, die für Optionsneulinge nicht geeignet ist.

Warum sollten Sie die Rechte an Ihren Aktien verkaufen wollen? Weil Sie dafür Geld erhalten. Für manche Menschen ist ein zusätzliches Einkommen aus Aktien so erstrebenswert, dass sie bereit sind, auf die Möglichkeit großer Gewinne zu verzichten.

Beispiel #1: Verkauf eines gedeckten Calls

Nehmen wir an, Sie besitzen im Februar 100 Aktien von XYZ, die derzeit 40 Dollar pro Aktie kosten. Sie beschließen, einen Call zu verkaufen.

Der Ausübungspreis

Sie, der Optionsverkäufer, haben zugestimmt, diese 100 Aktien zu einem vereinbarten Preis, dem sogenannten Ausübungspreis, zu verkaufen. Wenn Sie die Optionskette betrachten, finden Sie eine Reihe von Ausübungspreisen. Der Ausübungspreis der von Ihnen gewählten Option bestimmt, wie viel Prämie beim Verkauf der Option eingenommen wird. Bei Kaufoptionen sinkt die Prämie, wenn der Ausübungspreis steigt.

Das bedeutet, dass eine Option mit einem Ausübungspreis von 35 Dollar immer teurer ist als eine mit einem Ausübungspreis von 37 Dollar. Warum? Das Recht, 35 Dollar pro Aktie zu zahlen, ist mehr wert als das Recht, 37 Dollar pro Aktie zu zahlen. Unterm Strich gilt: Je niedriger der Ausübungspreis, desto teurer ist die Kaufoption.

Der Verfallstermin

Sie entscheiden sich nicht nur für den am besten geeigneten Ausübungspreis, sondern auch für einen Verfallstermin, den dritten Freitag des Verfallsmonats. Nehmen wir an, Sie wählen im Februar einen Verfallstermin im Mai; dann endet der Handel mit der Option am dritten Freitag im Mai.

Am Verfallstermin gibt es im Wesentlichen zwei Möglichkeiten: Entweder wird Ihre Option *zugeteilt* (was den Verkauf der Aktie zum Ausübungspreis erzwingt) oder Sie behalten die Aktie. Da manche Leute ihre Bestände nicht zu lange binden wollen, wählen sie vielleicht Verfallstermine, die nur einen oder zwei Monate entfernt sind.

Tipp: Je weiter der Verfallstermin entfernt ist, desto wertvoller ist die Option, da die zugrunde liegende Aktie durch die zusätzliche Zeit mehr Gelegenheit hat, sich weit über den Ausübungspreis hinaus zu bewegen.

Hinweis: Die Erfahrung hilft den Anlegern, Ausübungspreise und Verfallstermine zu finden, die ihrem Risiko-Ertrags-Profil entsprechen. Als neuer Optionsanleger sollten Sie sorgfältig abwägen, zu welchem Preis Sie bereit sind, Ihre Aktien zu veräußern, und wie viel Prämie erforderlich ist, um eine für Sie akzeptable Rendite zu erzielen.

Beispiel #2: Verkauf eines gedeckten Calls

Es ist der 15. Januar und Sie besitzen 100 Aktien von ZYX, die derzeit bei 50 Dollar pro Aktie liegen. Sie beschließen, einen gedeckten Call mit einem Basispreis von 52 Dollar zu verkaufen, der am 20. Februar ausläuft. Der *Angebotspreis* für diese Option beträgt 1,25 Dollar.

Wenn Sie bereit wären, diesen Handel per Telefon einzuleiten, würden Sie dem Broker sagen: „Ich möchte einen ZYX-Februar-52-Call zu einem Limitpreis von 1,25 Dollar verkaufen, der nur für diesen Tag gilt. Er ist gedeckt."

Wenn der Call, wie erwartet, zu 1,25 Dollar verkauft wird, beträgt die erhaltene Prämie 125 Dollar (100 Aktien × 1,25 Dollar).

Tipp: Erteilen Sie immer eine Limit-Order, keine Market-Order.

Werfen wir einen Blick darauf, was bei dieser Transaktion gut oder schlecht laufen könnte.

- **SZENARIO 1:** Die zugrunde liegende Aktie, ZYX, liegt am Verfallstermin *über* dem Ausübungspreis von 52 Dollar.

  Liegt die zugrunde liegende Aktie bei Fälligkeit über dem Ausübungspreis, und sei es auch nur um einen Penny, wird die Aktie „abgerufen". In der Optionsterminologie bedeutet dies, dass die Aktie aus Ihrem Bestand genommen und zum Ausübungspreis verkauft wird. Um die Bedingungen des Optionsvertrags zu erfüllen, sind Sie verpflichtet, 100 Aktien zu 52 Dollar pro Aktie (in diesem Beispiel) zu verkaufen. Der Handel findet am 20. Februar statt.

  Manche Leute verkaufen Monat für Monat gedeckte Calls, um Cashflow zu generieren. Wenn Sie die Covered-Call-Strategie anwenden, müssen Sie damit rechnen, dass Sie Ihre Aktien zumindest teilweise verkaufen müssen. Wenn Ihre

Aktie abgerufen wird, können Sie sie jederzeit zurückkaufen und einen weiteren gedeckten Call verkaufen.
Einer der Kritikpunkte am Verkauf gedeckter Calls ist, dass er Gewinne begrenzt. Mit anderen Worten: Wenn ZYX plötzlich auf 57 Dollar pro Aktie steigen würde, würde die Aktie immer noch zu 52 Dollar (dem Ausübungspreis) verkauft werden. Sie würden nicht an den Gewinnen über den Ausübungspreis hinaus beteiligt. Wenn Sie einen großen Coup landen wollen, ist der Verkauf von gedeckten Calls nicht die ideale Strategie.

- **Nutzen:** Sie behalten die Prämie, alle Aktiengewinne bis zum Ausübungspreis und die Dividenden.
- **Risiko:** Potenzielle Gewinne, die über dem Ausübungspreis liegen, gehen Ihnen verloren. Darüber hinaus sind Ihre Aktien gebunden – Sie können sie bis zum Verfallstermin nicht verkaufen.

Hinweis: Wenn die Aktie bei Fälligkeit weniger als 48,75 Dollar (aktueller Aktienkurs abzüglich Prämie) wert ist, haben Sie mit der Position Geld verloren. Die erhaltene Prämie von 125 Dollar ist jedoch immer noch ein besseres Ergebnis als das jedes anderen Aktionärs, der keinen gedeckten Call verkauft hat.

- **SZENARIO 2:** Die zugrunde liegende Aktie liegt am Verfallstermin *unter* dem Ausübungspreis.

  Wenn die zugrunde liegende Aktie bei Geschäftsschluss am Verfallstermin unter 52 Dollar (Ausübungspreis) liegt, ist die Option nicht ausgeübt worden, sie verfällt und ist nun wertlos. Sie behalten die Aktie und die Prämie. Wie bereits erwähnt, können Sie jederzeit einen weiteren Call verkaufen, wenn Sie dies wünschen.

  Manche Menschen hoffen zwar, dass der Aktienkurs sinkt, damit sie sowohl die Aktien als auch die Prämie behalten können, aber seien Sie vorsichtig damit, was Sie sich wünschen. Wenn ZYX beispielsweise auf 45 Dollar pro Aktie fällt, verringert die Prämie von 125 Dollar zwar den Schmerz, aber Sie verlieren immer noch 375 Dollar (ein Verlust von 500 Dollar wird mit der Prämie von 125 Dollar verrechnet).

- **Nutzen:** Der größte Vorteil ist, dass Sie die Prämie behalten. Wenn die Aktie über 48,75 Dollar liegt, ist die Position profitabel.
- **Risiko:** Sie verlieren Geld, wenn die Aktie unter den Break-even-Preis von 48,75 Dollar fällt.

- **SZENARIO 3:** Die zugrunde liegende Aktie liegt am Verfallstermin *nahe* dem Ausübungspreis.

  Man könnte sagen, dass dies das zufriedenstellendste Ergebnis für einen Verkäufer eines gedeckten Calls ist. Wenn die zugrunde liegende Aktie bei Fälligkeit etwas unter dem Ausübungspreis liegt, behalten Sie die Prämie und die Aktie. Sie können dann einen gedeckten Call für den nächsten Monat oder einen beliebigen Verfallsmonat verkaufen und so zusätzliche Erträge erzielen.

  - **Nutzen:** Sie behalten die Aktie und die Prämie und können weiterhin Calls auf dieselbe Aktie verkaufen.
  - **Risiko:** Die Aktie fällt um mehr als die eingenommene Prämie, was Sie Geld kostet.

Hinweis: Manche Leute verkaufen gedeckte Calls auf Aktien, die sie nicht mehr besitzen wollen. Wenn die Strategie erfolgreich ist, wird die Aktie zum Ausübungspreis abgerufen. Sie behalten die Prämie und können die nicht benötigten Aktien verkaufen.

Wenn Sie gedeckte Calls verkaufen wollen

Es könnte sich für Sie lohnen, eines Tages zu lernen, wie man gedeckte Calls verkauft. Nachdem Sie sich gründlich darüber informiert haben, wie Sie an der Börse Gewinne erzielen können, sollten Sie lernen, wie Sie gedeckte Calls auf einige Ihrer Aktien verkaufen können.

Wie bei jeder anderen Investition ist dies eine ideale Strategie, solange Sie die „richtige" Aktie auswählen und das allgemeine Marktumfeld günstig ist (leicht steigend oder flach). Für viele Anleger ist es wunderbar, durch den Verkauf von Calls auf ihre Aktien Geld zu erhalten. Diese Strategie ist auf jeden Fall eine Überlegung wert.

• • • • • •

Ob Sie es glauben oder nicht, wir haben das Ende des Buches erreicht! Im nächsten Abschnitt schließe ich das Buch mit Anregungen, was Sie als Nächstes tun sollten. Der nächste Teil enthält auch Quellenangaben für weitere Studien und ein Indikator-Glossar mit Definitionen aller wichtigen Indikatoren und Oszillatoren.

Rat zum Schluss

WAS SIE JETZT TUN KÖNNEN

Ich gratuliere Ihnen, dass Sie dieses Buch vollständig gelesen haben! Ich möchte Ihnen dafür danken, dass Sie sich die Zeit genommen haben, über die vielen Börsenstrategien und -taktiken zu lesen. Ich hoffe, Sie haben gelernt, wie Sie das Risiko verringern und gleichzeitig die Gewinne steigern können.

Die ausführliche Erörterung von Indikatoren und Oszillatoren sollte Ihnen zusätzliche Erkenntnisse darüber vermitteln, wie Sie die Technische Analyse nutzen können, um sich einen Vorteil gegenüber anderen Tradern zu verschaffen. Dies ist der wissenschaftliche Teil des Tradings, der für Ihren Erfolg als Trader unerlässlich ist.

Ich bin auch froh, dass Sie wissen, was Sie im Falle einer Korrektur, eines Crashs oder eines Bärenmarktes zu erwarten haben. Mit Sicherheit werden Sie eines dieser Ereignisse (oder vielleicht alle drei) erleben. Es ist wichtig, sich vorzubereiten, *bevor* ein Worst-Case-Szenario eintritt.

Ein Thema, das sich durch das gesamte Buch zieht, ist die Bedeutung der Disziplin. Das heißt, dass man eine Reihe von Regeln und Richtlinien aufstellt und diese dann auch befolgt. Egal wie gut Ihre Trading-Skills sind: Wenn es Ihnen an Disziplin mangelt, wird es schwierig sein, Gewinne zu erzielen.

Eine Möglichkeit, die Disziplin zu verbessern, ist das Führen eines Trading-Tagebuchs oder -Journals. Schreiben Sie Einzelheiten zu Ihren Trades auf und notieren Sie eventuelle Fehler. Fehler zu machen ist ein natürlicher Bestandteil des Tradings. Ihr Ziel ist es jedoch, diese Fehler nicht zu wiederholen.

Ich möchte Sie auch daran erinnern, wie wichtig die Diversifizierung ist. Das bedeutet, dass Sie eine Vielzahl von Finanzprodukten wie Aktien, Indexfonds, Gold, Anleihen und vielleicht auch digitale Währungen besitzen. Es ist auch wichtig, etwas Geld beiseitezulegen; für Notfälle oder um Aktien zu kaufen, die gerade im Angebot sind.

Wenn Sie jetzt nicht das Geld haben, um zu diversifizieren, gibt es keinen Grund zur Eile. Investieren Sie in oder traden Sie das, was Sie sich leisten können, aber streben Sie eine Diversifizierung an, wenn Ihr Einkommen steigt und Sie mit der Zeit Vermögen aufbauen.

Tappen Sie nicht in die Falle, dass Sie gezwungen sind, schnell Geld zu verdienen. Das Erzielen von Gewinnen auf dem Aktienmarkt braucht Zeit. Konzentrieren Sie sich vorerst darauf, ein möglichst guter Trader oder Investor zu sein, und der Rest wird sich von selbst ergeben. Wie ich schon früher geschrieben habe, liegt der Schlüssel zum Erfolg am Aktienmarkt darin, Wege zu finden, das Risiko zu reduzieren. Das bedeutet, dass man mentale oder harte Stop-Losses einsetzt und keine großen Wetten auf fragwürdige Investitionen eingeht.

Ich erzähle Ihnen das nicht, weil es gut klingt. Dies beruht auf meinen eigenen schmerzlichen Erfahrungen und denen anderer, die Geld verloren haben, weil wir alle das Risiko nicht respektiert haben. Die Verringerung des Risikos sollte immer Ihre höchste Priorität sein. Dann können Sie an der Steigerung der Gewinne arbeiten.

Zu viele Marktteilnehmer haben eine Laissez-faire-Haltung gegenüber Gewinnen und sind schockiert, wenn das Geld eines Tages verschwindet. Da ich nicht möchte, dass Ihnen das passiert, sollten

Sie alles in Ihrer Macht Stehende tun, um etwaige Gewinne zu schützen.

Mein ehrlicher Rat

Ich bin mir sicher, dass Sie jetzt eifrig mit dem Traden beginnen wollen, aber zunächst möchte ich Ihnen ein paar Tipps geben. Dies sind nur Vorschläge, die Sie nach eigenem Ermessen verwenden oder verwerfen können. Diese Meinungen beruhen auf meinen eigenen Erfolgen und Misserfolgen am Aktienmarkt.

- **Kaufen Sie einen Indexfonds.** Eine der einfachsten Möglichkeiten für den Einstieg in den Aktienmarkt ist der Kauf von Anteilen an einem Indexfonds. Diesen Rat gebe ich in fast jedem Buch, das ich schreibe, weil er funktioniert. Sie können ein kurzfristiger Trader sein und gleichzeitig einen Teil Ihres Geldes in einem unantastbaren Indexfonds haben. Widerstehen Sie dem Drang, Geld von diesem Konto abzuheben.
- **Kaufen Sie einzelne Aktien oder ETFs.** Jetzt, wo Sie dieses Buch gelesen haben, sind Sie bereit, Aktien oder ETFs zu kaufen. Mit dem Kauf von Aktien von Unternehmen mit beliebten Produkten oder Dienstleistungen, vielen treuen Kunden, klugen Managern und ausgezeichnetem Kundenservice kann man nichts falsch machen.

  Der Besitz von Aktien ist eine hervorragende Möglichkeit, Vermögen aufzubauen, aber seien Sie sehr wählerisch bei den Aktien, die Sie kaufen. In diesem Buch habe ich Ihnen viele Tipps gegeben, wie Sie gewinnbringende Aktien finden können. Machen Sie sich jetzt auf die Suche nach ihnen.
- **Üben Sie, bevor Sie traden.** Wie Sie wahrscheinlich wissen, bin ich ein Verfechter der Verwendung eines Simulations- oder

Papiergeldprogramms, um das Trading zu üben. Dies ist eine ausgezeichnete Methode, um Ihre Trading-Skills zu verfeinern und gleichzeitig Ihr Wissen zu erweitern. Sie können das Papiergeldkonto sogar nutzen, um Gewinner-Aktien zu identifizieren.

- **Geld verdienen.** Um an der Börse zu profitieren, braucht man die richtige Einstellung, technische Tools, Disziplin und ein gutes Timing. Unabhängig von Ihrem Alter können Sie erfolgreich sein. Obwohl ich hoffe, dass dieses Buch Ihnen geholfen hat, diese Ziele zu erreichen, liegt es nun an Ihnen, das Gelernte zu nutzen, um an der Börse Geld zu verdienen. Ich glaube, Sie können es schaffen.

Es ist Zeit, sich zu verabschieden

Bevor ich ende, möchte ich mit Ihnen einen Brief meines Großvaters, einem erfolgreichen Inhaber einer Börsenmaklerfirma in Chicago, teilen (ein Artikel des *Wall Street Journal* mit ähnlichen Ratschlägen war dem Brief beigefügt). Der Brief enthielt die folgenden finanziellen Ratschläge, in denen Ziele genannt wurden, die meiner Meinung nach auch heute erstrebenswert sind, obwohl sie für die meisten Menschen nicht leicht zu erreichen sind:

1. Tilgen Sie zunächst alle Ihre Schulden.
2. Wenn Sie schuldenfrei sind, dürfen Sie nicht in Versuchung kommen, Ihr Geld für riskante finanzielle Spekulationen auszugeben.
3. Für die meisten Menschen ist es schon schwer genug, ihren Lebensunterhalt zu verdienen. 95 Prozent von ihnen sind nicht in der Lage, ein Vermögen zu halten oder zu erwerben. Dies soll Sie nicht entmutigen, sondern Sie warnen und Ihnen Mut

machen, noch härter zu kämpfen, um zu den fünf Prozent zu gehören.

4. Seien Sie immer darauf vorbereitet, dass Sie Ihre Eltern unterstützen müssen.
5. Sie wollen das Privileg, den Bedrängten und Verarmten zu helfen.
6. Der wichtigste Maßstab für Erfolg ist Integrität, harte Arbeit und die Tatsache, dass man in mehr als 55 Prozent der Fälle recht hat. Das bedeutet auch, dass man die Risiken streuen muss, damit es nicht zum Zusammenbruch kommt, wenn man sich irrt.
7. Unterschreiben Sie niemals Schuldscheine, um anderen zu helfen.
8. Kaufen Sie niemals Aktien von kleinen Unternehmen, um Freunden eine Freude zu machen – sie sind leicht zu kaufen, aber schwer zu verkaufen.
9. Seien Sie nicht leichtfertig, wenn es darum geht, Geld zu verleihen, außer in extremen Fällen (zum Beispiel wenn Sie einen guten Freund nicht im Stich lassen wollen).
10. Nur konkrete Erfahrungen, die durch Fakten belegt sind, sollten Sie beeindrucken und dazu veranlassen, die soeben dargelegten Regeln zu befolgen.

Apropos Erfahrung: Ich habe gelernt, dass die beste Investition, die man tätigen kann, die in Menschen ist. Sie können nichts falsch machen, wenn Sie Geld für eine Ausbildung, ein Haus, ein neues Unternehmen, Ihre Kinder, Haustiere oder für Menschen ausgeben, die dringend Ihre Hilfe benötigen. Denn warum sollte man Geld verdienen, wenn man es nicht dazu verwendet, sein Leben oder das Leben anderer zu verbessern?

So viel über den Aktienmarkt zu lernen, kann überwältigend sein, also machen Sie sich keine Sorgen, wenn Sie sich so fühlen. Dieses

Gefühl wird mit zunehmender Erfahrung verschwinden. Dieses Buch bietet eine solide Einführung in das kurzfristige Trading und das Investieren, aber es gibt noch viel mehr zu lernen.

Viel Glück beim Investieren und Traden mit Aktien, und nochmals vielen Dank dafür, dass Sie mein Buch gelesen haben. Es gibt immer irgendwo eine Gewinner-Aktie, und es ist Ihre Aufgabe, sie zu finden. Es war mir ein Vergnügen, mein Wissen und meine Erfahrungen mit Ihnen zu teilen, und ich wünsche Ihnen, dass alle Ihre finanziellen Träume in Erfüllung gehen.

Wenn Sie Kommentare oder Fragen zu meinem Buch haben, können Sie mir gern eine E-Mail an msincere@gmail.com schicken. Sollten Ihnen Fehler auffallen, lassen Sie es mich bitte wissen, damit ich sie in der nächsten Auflage korrigieren kann. Und schließlich, wenn Sie Zeit haben, besuchen Sie meine Website www.michaelsincere.com.

QUELLEN

Wenn Sie weitere Nachforschungen anstellen möchten, einschließlich des Besuchs von Websites und der Lektüre von Büchern, die sich mit dem Aktienmarkt befassen, sollten Sie folgende Quellen zurate ziehen.

Bücher

Für Anfänger-Investoren

One Up on Wall Street von Peter Lynch und John Rothchild (Simon & Schuster, 2000). Wie man mit einem langfristigen Investitionsansatz, der eine grundlegende Recherche vor dem Kauf einer Aktie beinhaltet, vom Markt profitieren kann.

The Little Book of Common Sense Investing von John Bogle (Wiley, 2017). Bogle erörtert die Vorteile von Indexfonds und warum sie in das Portfolio eines jeden Anlegers gehören sollten.

Für Trading-Anfänger

Reminiscences of a Stock Operator von Edwin Lefèvre (Wiley Investment Classics, 2017). Früher Klassiker über die Trading-Erfahrungen von Jesse Livermore, einem legendären Trader des frühen 20. Jahrhunderts.

A Beginner's Guide to Short-Term Trading von Toni Turner (Adams Media, 2008). Ein leicht zu lesendes Buch für Neulinge auf dem Gebiet des kurzfristigen Tradings, das nützliche Trading-Taktiken und Tools enthält.

Trading for a Living von Alexander Elder (Wiley, 2014). Wie man die psychologischen Herausforderungen des Marktes meistert und wie man technische Indikatoren verwendet.

Market Wizards (Wiley, 2012) und *The New Market Wizards* (Harper Business, 2008) von Jack D. Schwager. In einem Frage-und-Antwort-Interview taucht Schwager in die Gedankenwelt profitabler Trader ein.

How I Made $2,000,000 in the Stock Market von Nicolas Darvas (Martino Fine Books, 2018). Klassisches Buch über einen Börsenneuling, der Unterstützung und Widerstand zusammen mit Pyramidenbildung nutzt, um während eines Bullenmarktes ein Vermögen zu machen.

Jesse Livermore: Boy Plunger von Tom Rubython (Myrtle Press, 2015). Rubython befasst sich mit dem Leben und den Trading-Taktiken des legendären Leerverkäufers Jesse Livermore.

How to Make Money in Stocks von William O'Neil (McGraw Hill, 2009). Eine Einführung in CAN SLIM, das Tradern zeigt, wie sie mit einem regelbasierten, systematischen Ansatz, der Technische und fundamentale Analyse kombiniert, Geld verdienen können.

How to Day Trade for a Living von Andrew Aziz (Manjul Publishing House, 2021). Der Autor hilft Anfänger-Day-Tradern zu Vollzeit-Day-Tradern zu werden.

Trading in the Zone von Mark Douglas (Prentice Hall, 2000). Ein Buch darüber, wie man die psychologischen Herausforderungen des kurzfristigen Tradings meistert.

Für erfahrene Investoren

The Intelligent Investor von Benjamin Graham (Harper Business, 2006). Klassisches Buch für Wertanleger, das zeigt, wie man mithilfe der Fundamentalanalyse feststellen kann, ob ein Unternehmen und seine Aktien eine gute Investition sind.

Für erfahrene Trader

Technical Analysis of Stock Trends von Robert D. Edwards und John Magee (Martino Fine Books, 2011). Dieses klassische Buch führt Trader in alle Aspekte der Technischen Analyse ein, einschließlich Indikatoren, Oszillatoren und Chartmuster.

Technical Analysis of the Financial Markets von John Murphy (New York Institute of Finance, 1999). Murphy erklärt alle Aspekte der Technischen Analyse mithilfe von über 400 Charts.

Japanese Candlestick Charting Techniques von Steve Nison (Prentice Hall, 2001). Nison, dem die Einführung von Kerzendiagrammen im Westen zugeschrieben wird, erklärt, wie man mit deren Hilfe tradet.

A Beginner's Guide to High-Risk, High-Reward Investing von Robert Ross (Adams Media, 2022). Ross stellt eine Reihe von spekulativen Anlageideen vor und gibt für jede Strategie eine Schritt-für-Schritt-Anleitung, die er mit seinen persönlichen Geschichten untermauert.

Investmentklubs und -verbände

Wenn Sie einem Investmentklub beitreten oder einen eigenen Klub gründen möchten, sollte die gemeinnützige National Association of Investment Clubs (NAIC) Ihre Bedürfnisse erfüllen. Informationen zur Mitgliedschaft finden Sie auf der NAIC-Website unter BetterInvesting.org.

Nützliche Websites für Anleger und Trader

AAII*: http://www.aaii.com
Bankrate: http://bankrate.com
Barchart: http://www.barchart.com
Barron's:* http://www.barrons.com
Benzinga: http://www.benzinga.com
Bloomberg: http://www.bloomberg.com
Briefing: http://www.briefing.com
CNBC: http://www.cnbc.com
CNN Business: http://Money.cnn.com
ETEcom: http://www.etf.com
Financial Times:* http://www.ft.com
Finscreener: http://www.finscreener.com
Finviz: http://www.finviz.com
Forbes Magazin: http://www.forbes.com
Fox Business News: http://www.foxbusiness.com
Google Finance: http://www.google.com/finance
Investopedia: http://www.investopedia.com
Investor's Business Daily:* http://www.investors.com
Kiplinger*: http://www.kiplinger.com
Market Chameleon: http://www.marketchameleon.com
MarketWatch: http://www.marketwatch.com
Die MoneyShow: http://www.moneyshow.com
Morningstar: http://www.morningstar.com
The Motley Fool: http://www.fool.com
MSN Money: http://www.msn.com
MutualFunds: http://mutualfunds.com
Nasdaq: http://www.nasdaq.com

---

* Kostenpflichtiges Abonnement erforderlich.

NerdWallet: http://nerdwallet.com
New York Stock Exchange: http://www.nyse.com
Real Clear Markets: http://www.realclearmarkets.com
SEC: http://www.sec.gov
Seeking Alpha: http://www.seekingalpha.com
Stock Rover*: http://www.stockrover.com
StockCharts: http://www.stockcharts.com
The Street*: http://www.thestreet.com
TradingView: http://www.tradingview.com
Value Line*: http://www.valueline.com
*Wall Street Journal**: http://www.wsj.com
Yahoo Finance: https://finance.yahoo.com/
Zacks Investment Research*: http://www.zacks.com

* Kostenpflichtiges Abonnement erforderlich.

INDIKATOR-GLOSSAR

Obwohl es Hunderte von technischen Indikatoren gibt, finden Sie im Folgenden eine kurze Auflistung und Definitionen der gängigsten Indikatoren, die in der Software vieler Broker zu finden sind.

Accumulation Distribution Line (ADL). Die ADL ist ein kumulativer Indikator, der bewertet, wie viel Geld in eine Aktie hinein- und aus ihr herausfließt.

Average Directional Index (ADX). Der ADX bestimmt die Stärke des aktuellen Trends.

Average True Range (ATR). Der ATR ist ein einfacher gleitender Durchschnitt der wahren Spanne (Differenz zwischen Höchst- und Tiefstkursen pro Tag) und ist eine Methode zur Messung der Volatilität einer einzelnen Aktie.

Bollinger-Band-Breite. Dieser Indikator ist einer von zwei Indikatoren (der andere ist %B), die von Bollinger-Bändern abgeleitet werden können.

Bollinger-Bänder. Bollinger-Bänder messen Volatilitätsausdehnungen und -rückgänge anhand von Bändern, die zwei Standardabweichungen über und unter dem gleitenden 20-Tage-Durchschnitt liegen.

CBOE Nasdaq Market Volatility (VXN). Der VXN misst die Volatilität des Nasdaq-Marktes anhand der impliziten Volatilität der Optionspreise des Nasdaq 100 Index.

CBOE-Volatilitätsindex (VIX). Der VIX misst die Volatilität von 500 Aktien im S&P 500 Index anhand der impliziten Volatilität von S&P-500-Aktienindexoptionen.

Chaikin Money Flow (CMF). Anhand dieses Indikators lässt sich feststellen, ob bei einzelnen Aktien ein Akkumulations- (Kauf) oder Distributionsdruck (Verkauf) besteht.

Chande Momentum Oscillator. Dieser Oszillator bestimmt, ob eine Aktie überkauft oder überverkauft ist.

Commodity Channel Index (CCI). Der CCI ist ein weiterer Oszillator, der verwendet wird, um festzustellen, ob eine Aktie überkauft oder überverkauft ist, und um zyklische Schwankungen bei Rohstoffen zu erkennen.

Exponentiell gleitender Durchschnitt. Ein gleitender Durchschnitt, der den letzten Schlusskursen größeres Gewicht beimisst.

Keltner-Kanal. Der Keltner-Kanal ist ein Hüllkurvenindikator mit einem festen Band und misst die Bewegungen von Aktien oder Rohstoffen.

McClellan-Oszillator. Hierbei handelt es sich um einen Momentum-Oszillator für Nettozuwächse (Zuwächse abzüglich Rückgänge). Er gibt

Auskunft über die Statistiken der Advance-Decline-Linie (AD-Linie) und misst die Beschleunigung, die bei den Marktbreitenzahlen auftritt.

McClellan Summation Index. Dieser Breitenindikator zeigt den aktuellen Trend des Marktes an.

Money Flow Index (MFI). Dies ist ein Momentum-Indikator, der die Stärke des Geldflusses in und aus einer Aktie misst, entweder positiv oder negativ.

Moving Average Convergence Divergence (MACD). Dies ist ein Momentum-Indikator, der das Verhältnis zwischen zwei gleitenden Durchschnitten anzeigt und zur Bestimmung von Ein- und Ausstiegen verwendet wird.

Moving Average Envelope. Dieser Indikator, der von zwei weiteren gleitenden Durchschnitten (der Hüllkurve) umgeben ist, dient dazu, Trendumkehrungen zu erkennen.

Negativer Volumenindex. Dieser Index analysiert den Volumenrückgang gegenüber dem Vortag.

NYSE TICK. Der NYSE TICK wird in erster Linie von Intraday-Tradern verwendet, um kurzfristige überkaufte oder überverkaufte Bedingungen zu überwachen, indem verglichen wird, wie viele der letzten Kurse Aufwärts- oder Abwärtsbewegungen sind.

NYSE TRIN (Arms Index). Der Arms Index ist ein Breitenindikator, der überkaufte oder überverkaufte Bedingungen anzeigt.

On Balance Volume (OBV). OBV ist ein Momentum-Indikator, der den Volumenstrom in und aus einzelnen Aktien analysiert.

Parabolische SAR. Damit können Sie je nach Trendrichtung Trailing-Kursstopps für Short- oder Long-Positionen setzen.

Positiver Volumenindex (PVI). Dieser Indikator zeigt die Tage an, an denen das Volumen gegenüber dem Vortag gestiegen ist.

Price/Earnings (P/E) Ratio (Kurs-Gewinn-Verhältnis, KGV). Das Kurs-Gewinn-Verhältnis, der Urvater der Fundamentalindikatoren, hilft den Anlegern bei der Entscheidung, welche Aktie einen besseren Wert hat.

Preis-Oszillator (PO). Dieser Momentum-Oszillator, der mit dem MACD fast identisch ist, generiert Kauf- und Verkaufssignale, wenn die gleitenden Durchschnitte divergieren und konvergieren.

Price Rate of Change (ROC). Dieser Momentum-Oszillator dient als Indikator für überkaufte oder überverkaufte Einzelaktien.

Relative Strength Comparison (RSC). Dieser Indikator vergleicht die Performance einer Aktie mit einem bestimmten Index, um ihre Relative Stärke oder Schwäche zu ermitteln.

Relative Strength Index (RSI). Der RSI ist ein Momentum-Indikator, der verwendet wird, um überkaufte oder überverkaufte Bedingungen festzustellen.

Stochastik. Dieser Momentum-Indikator wird verwendet, um überkaufte und überverkaufte Bedingungen sowie Momentum- und Trendänderungen festzustellen. (Die Berechnungen, die der Stochastik zugrunde liegen, sind am Ende dieses Abschnitts aufgeführt.)

Volume-Weighted Average Price (VWAP). Der VWAP ist eine Handelsbenchmark, die den durchschnittlichen Preis berechnet, zu dem ein

Wertpapier an einem Tag gehandelt wurde, und zwar auf der Grundlage von Volumen und Preis.

Williams %R. Der Williams-%R-Momentum-Indikator wird verwendet, um überkaufte und überverkaufte Bedingungen festzustellen.

Hinweis: Weitere Informationen zu den oben genannten Indikatoren finden Sie in den Schulungsbereichen von StockCharts, Investopedia oder Barchart oder auf der Website Ihres Brokers.

Wie der tägliche Stochastik-Oszillator berechnet wird

Ich weiß, dass einige von Ihnen von der Stochastik fasziniert sind und einen Blick unter die Haube werfen wollen, um zu sehen, wie sie konstruiert wurde. Auch wenn dies keine Pflichtlektüre ist, werden im Folgenden die brillanten Berechnungen hinter der Stochastik erläutert.

Das stochastische Diagramm setzt sich aus drei Informationen zusammen: der %K-Linie, der %D-Linie und der Kursspanne der Aktie. Lassen Sie sich nicht von der ungewöhnlichen Nomenklatur irritieren. Die %K-Linie ist lediglich eine Darstellung des stochastischen Oszillators. Die %D-Linie ist ein einfacher gleitender Durchschnitt der letzten drei Datenpunkte der %K-Linie. Es handelt sich um einen gleitenden 3-Tage-Durchschnitt der %K-Linie.

Die %K-Linie vergleicht das niedrigste Tief und das höchste Hoch in einem bestimmten Zeitraum (14 Tage), um eine Preisspanne zu definieren. Anschließend wird der letzte Schlusskurs als Prozentsatz dieser Spanne angezeigt.

Der Aktienchart in Abbildung 7.2 (siehe Kapitel 7) enthält eine vertikale Linie, die von den Höchst- und Tiefstkursen (der Spanne) für jeden Handelstag ausgeht. Der letzte Schlusskurs wird durch eine horizontale Linie angezeigt.

Der tägliche Stochastik-Oszillator ist die Zahl, die auf dem Diagramm angezeigt wird. Die Verbindung dieser Punkte ergibt die %K-Linie. Der tägliche Datenpunkt wird anhand dieser Schritte berechnet:

1. Ziehen Sie den Tiefstwert des (14-tägigen) Zeitraums vom aktuellen Schlusskurs ab.
2. Teilen Sie durch die Gesamtspanne (höchster Höchstwert minus niedrigster Tiefstwert) für den Zeitraum.
3. Multiplizieren Sie mit 100.

Hier ist ein Beispiel:

1. Heute schloss XYZ bei 87,33.
2. In den letzten 14 Tagen (einschließlich heute) lag der Höchstkurs bei 91,18 und der Tiefstkurs bei 86,04.
3. Die Stochastik für diesen Tag ist 100*(87,33 – 86,04)/(91,18 – 86,04) = 25,10

Führen Sie anschließend die gleiche Berechnung für so viele Tage in der Vergangenheit durch, wie Sie untersuchen möchten, und zeichnen Sie die Punkte in ein Diagramm ein. Das ist die %K-Stochastik-Indikator-Linie.

Um die %D-Linie zu erstellen, nehmen Sie die drei letzten Stochastik-Punkte (die Punkte, die die %K-Linie ergeben) und bilden den Durchschnitt.

Da die stochastische %D-Linie auf einem gleitenden Durchschnitt basiert, ist die %D-Linie glatter (sie ändert sich langsamer) als die %K-Linie. Daher wird die %K-Zeile als die „schnellere" Zeile und die %D-Zeile als die „langsamere" Zeile bezeichnet.

Ich hoffe, dass diese Informationen Ihnen helfen werden zu verstehen, warum die Stochastik bei vielen Tradern so beliebt ist.

DANKSAGUNG

An die leitende Lektorin Judith Newlin bei McGraw Hill für ihre Unterstützung, dieses Buch so gut wie möglich zu gestalten. Dieses Buch hätte ohne ihre großartige Hilfe und die vieler anderer Mitarbeiter von McGraw Hill nicht fertiggestellt werden können.

Stephen Isaacs, meinen Lektor bei McGraw Hill, der mir zu zwei Bestsellern verholfen hat. Ich werde seine klugen Ratschläge und Einsichten vermissen.

Ich danke auch Alison Shurtz für ihre hervorragende Arbeit, die dazu beigetragen hat, ein fehlerfreies Buch zu erstellen.

Mein Dank geht auch an Patricia Wallenburg, die dieses Buch bis zur Ziellinie gebracht und gleichzeitig dafür gesorgt hat, dass das Endprodukt von höchstmöglicher Qualität ist.

Vielen Dank an Peter Lynch für das Gespräch über den Aktienmarkt und die Einblicke, wie man ein erfolgreicher Anleger wird.

Ich danke auch Dr. Marvin Appel (dem Sohn von Gerald Appel), dem Präsidenten von Signalert Asset Management, für seine zusätzlichen Einblicke in den MACD.

Ich möchte CMT Jeff Bierman („The Quant Guy“), Professor für Finanzen an der Loyola University in Chicago, dafür danken, dass er seine tiefgreifenden Erkenntnisse und Erfahrungen im Bereich der Technischen Analyse mit uns teilte.

Ich bin dem Autor, Lektor und Optionsexperten Mark Wolfinger dankbar, der jedes Kapitel, insbesondere die Indikatoren und Oszillatoren, sorgfältig redigiert und auf Fakten geprüft hat. Ohne seine Hilfe hätte dieses Buch nicht fertiggestellt werden können.

Vielen Dank an den Dividendenexperten Warren Kaplan, der mir geholfen hat, seine Anlagestrategien für Dividendenaktien zu verstehen und davon zu profitieren.

Ich weiß es zu schätzen, dass Jonathan Burton von MarketWatch mir so viele Möglichkeiten geboten hat, für die Website zu schreiben.

Vielen Dank auch an den TikTok-Star Robert Ross für seine Einblicke in Kryptowährungen und andere Strategien mit hohem Risiko und hohen Gewinnen.

Ich danke dem Optionsexperten Mark D. Cook für die Weitergabe seines Wissens und seiner umfangreichen Erfahrung mit Bärenmärkten. Leider verstarb er, bevor das Buch fertiggestellt wurde, aber ich werde mich immer an seinen scharfen Verstand und seine unverblümten Warnungen vor extrem überkauften Märkten erinnern.

Ein Dankeschön an die fleißigen Mitarbeiter des Moon Thai Restaurant in Florida, die mich während der Arbeit an diesem Buch mit hervorragendem Essen versorgt haben.

Ich möchte auch meiner jungen, künstlerisch begabten Nachbarin Lauren dafür danken, dass sie so viele ihrer fantasievollen Ideen mit mir geteilt hat. Ich hoffe wirklich, dass sie die Ratschläge in diesem Buch befolgt, damit sie eines Tages die finanzielle Freiheit hat, ihre eigenen Träume zu verfolgen.

Jag vill också tacka mina vänner i Sverige, Norge, Danmark, Frankrike, och Tjeckien för deras fantastiska stöd.
Ich danke den vielen deutschen Lesern, die meinen letzten Bestseller, „Keine Angst vor Optionen", gekauft haben.
También agradezco el apoyo de mis amigos en Bolivia, Nicaragua, Colombia, Brasil, Perú, y El Salvador.

Abschließend möchte ich den folgenden Freunden und Bekannten für ihre Unterstützung und Ermutigung danken: Alexandra Bengtsson, Angela Bengtsson, Harvey Small, Betsy Kagan, Sanne Mueller, Lucie Stejskalova, Hazel Hall, Edith Augustin, Evrice Cornelius, Giovanna Stephenson, Tine Claes, Karina Benzineb, Michael Puyanic, Anna Ridolfo, Chuck Jaffe und Bert Silverman.

ÜBER DEN AUTOR

MICHAEL SINCERE befragte einige der besten Trader und Finanzexperten des Landes, um herauszufinden, welche Lektionen sie auf dem Markt gelernt hatten, damit er anderen helfen konnte, die Fehler zu vermeiden, die er gemacht hatte.

Er schrieb ein Buch über diese Lektionen, gefolgt von weiteren Büchern, darunter „Keine Angst vor Optionen: Profiwissen für Einsteiger – so handeln Sie von Anfang an richtig“ (Börsenbuchverlag), „Aktien verstehen: Das Standardwerk der Geldanlage“ (Börsenbuchverlag), „All About Market Indicators“ (McGraw Hill), „So werden Sie zum Daytrader: Das Daytrading-ABC für Einsteiger“ (Börsenbuchverlag) und „Make Money Trading Options“ (McGraw Hill).

Sincere hat zahlreiche Kolumnen und Zeitschriftenartikel über das Investieren und Trading geschrieben. Er wurde in den USA in Dutzenden von landesweiten Radiosendungen interviewt und trat in Finanznachrichtensendungen zum Beispiel bei *CNBC* sowie bei *ABC*s „World News Now“ auf, um über seine Bücher zu sprechen. Zusätzlich zu seiner Tätigkeit als freiberuflicher Schriftsteller und Autor schreibt Sincere eine Kolumne für MarketWatch, sie trägt den Namen „Michael Sincere's Long-Term Trader“.

Wenn Sie Fragen oder Kommentare haben, schreiben Sie dem Autor an msincere@gmail.com. Sie können auch die Website des Autors besuchen und seinen Blog unter www.michaelsincere.com lesen.